TRAITÉ ET FORMULAIRE

EN REGARD

DES TESTAMENTS

AUTHENTIQUES

MYSTIQUES ET OLOGRAPHES

ET

DES LEGS

PAR

A. DEFRÉNOIS

EX-PRINCIPAL CLERC DE NOTAIRE A PARIS

Auteur du *Traité pratique et Formulaire général du Notariat*; du *Répertoire général périodique*
en matière de Notariat; du *Traité des Liquidations*, etc.

DEUXIÈME ÉDITION

Entièrement refondue et considérablement augmentée

PARIS

Chez l'Auteur, rue de Ponthieu, 22

ET CHEZ

DELAMOTTE FILS ET Cie

QUAI DES GRANDS-AUGUSTINS, 53

ADMINISTRATION
DU JOURNAL DES NOTAIRES ET DES AVOCATS

RUE DES SAINTS-PÈRES, 52

1879

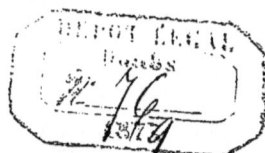

TRAITÉ ET FORMULAIRE

DES TESTAMENTS

ET DES LEGS

Besançon. — Imprimerie Outhenin-Chalandre fils et Cie.

TRAITÉ ET FORMULAIRE

EN REGARD

DES TESTAMENTS

AUTHENTIQUES

MYSTIQUES ET OLOGRAPHES

ET

DES LEGS

PAR

A. DEFRÉNOIS

EX-PRINCIPAL CLERC DE NOTAIRE A PARIS

Auteur du *Traité pratique et Formulaire général du Notariat;* du *Répertoire général périodique en matière de Notariat;* du *Traité des Liquidations,* etc.

DEUXIÈME ÉDITION

Entièrement refondue et considérablement augmentée

PARIS

Chez l'Auteur, rue de Ponthieu, 22

ET CHEZ

DELAMOTTE FILS ET Cie
QUAI DES GRANDS-AUGUSTINS, 53

ADMINISTRATION
DU JOURNAL DES NOTAIRES ET DES AVOCATS
RUE DES SAINTS-PÈRES, 52

1879

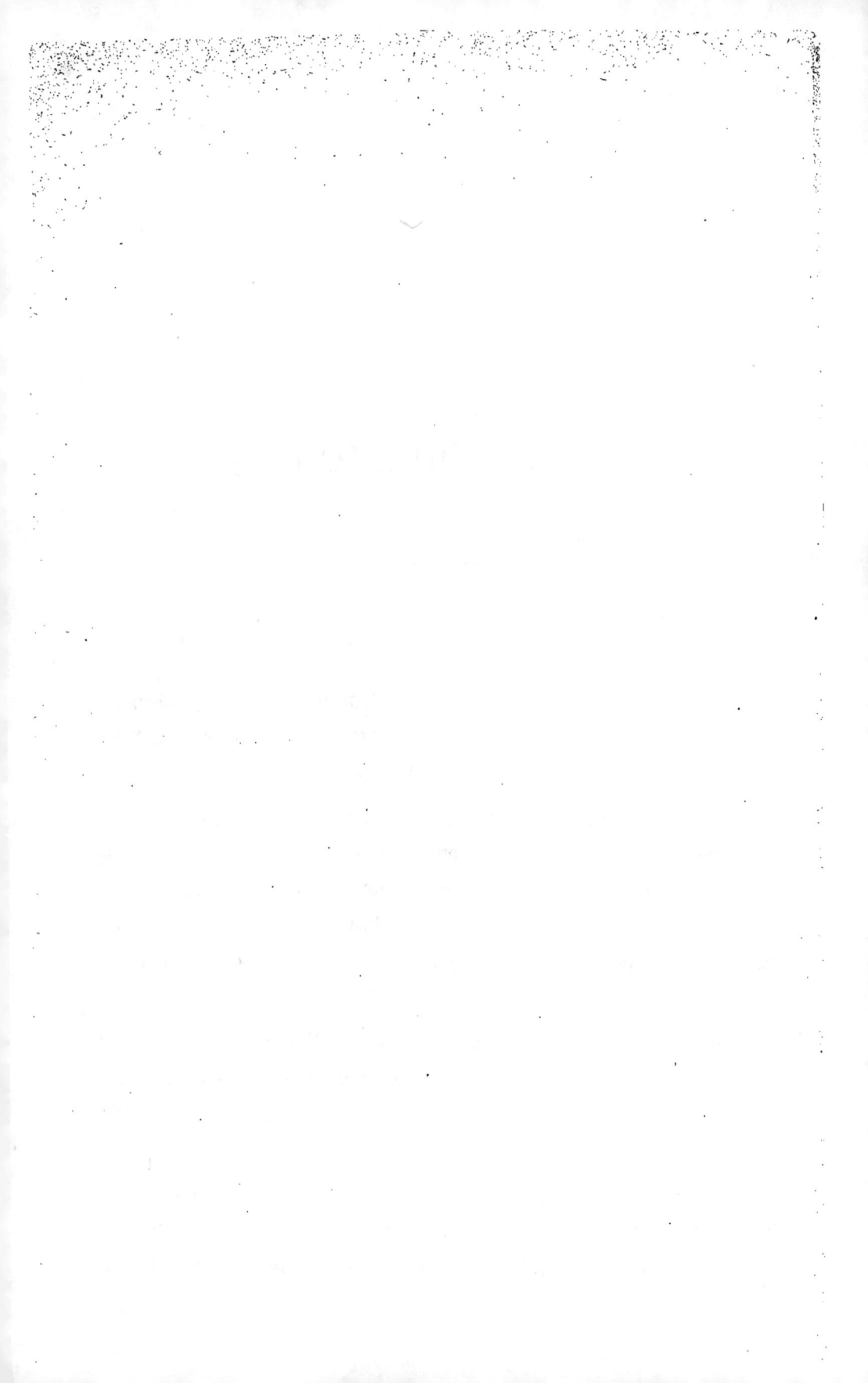

INTRODUCTION

Dès le début de l'impression de mon *Traité-Formulaire général du Notariat* (en 1862), j'ai fait tirer à part, comme *specimen*, les matières, texte et formule, du *Testament par acte public*.

L'accueil fait à ce *specimen*, au point de vue de son utilité pour les testaments reçus à domicile, m'a engagé, en 1872, à faire une publication embrassant la matière des Testaments et des Legs, et renfermant les formules spéciales aux trois formes de testaments : authentique, mystique, et olographe; plus les dispositions susceptibles d'être insérées dans les testaments.

Cet ouvrage, aussi très-favorablement accueilli par le notariat, est épuisé depuis quelque temps déjà. J'ai pensé qu'il était de nature à rendre encore des services, et je me suis décidé à en publier une seconde édition.

Mon intention était simplement de le tenir au courant de la doctrine et de la jurisprudence. Mais, aussitôt après y avoir mis la main, j'ai été conduit, pour ainsi dire malgré moi, à des développements plus étendus, à l'examen de questions nouvelles touchant non-seulement le texte, mais aussi les formules; je suis arrivé ainsi à refondre entièrement l'ouvrage, et à donner à cette deuxième édition une étendue de plus du double de la première. En effet, le nombre des pages est de 148, tandis qu'il n'était que de 55 dans la première édition; les numéros des explications sont de 539 au lieu de 255 dans la première édition; et il renferme 150 formules, alors que la première édition n'en contenait que 96. — Enfin j'ai ajouté des explications étendues sur les questions de timbre et d'enregistrement se rattachant aux testaments et aux legs.

La forme typographique a été modifiée :

Dans la première édition, les formules, placées parallèlement au texte, en étaient séparées par des accolades : établir ainsi un ouvrage, en faisant marcher de pair le texte et les formules, et en leur conservant une justification uniforme depuis le commencement jusqu'à la fin, c'est faire un véritable tour de force; mais comme cela oblige tantôt à restreindre, tantôt à augmenter, soit le texte, soit les formules, c'est quelquefois au détriment du développement ou de la clarté des explications.

Afin de conserver une allure plus libre, qui permette mieux de ne rien négliger à l'égard du texte comme des formules, j'ai fait usage de ma méthode ordinaire, en plaçant à chaque page : d'abord le texte, puis la formule qui en est la démonstration, et enfin les notes.

Ces notes sont conformes au dernier état de la doctrine et de la jurisprudence (jusqu'en mars 1879).

Le renvoi aux ouvrages de doctrine a lieu : — pour ceux numérotés par tomes, par l'indication du volume et du numéro; ainsi cette citation : Demolombe, XXI, 192; renvoie à Demolombe, *Traité des donations et des testaments*, tome XXI, n° 192; — pour ceux qui n'ont pas de numérotage des tomes, par l'indication de l'article du Code et du numéro des explications placées à la suite de cet article; ainsi : Marcadé, 993-3; renvoie à Marcadé, *Explications du Code civil*, art. 993, n° 3; — pour les traités

ayant un unique numérotage, par l'indication des numéros; ainsi la citation : Troplong, 1734; renvoie à Troplong, *Commentaire sur les donations,*
n° 1734; — enfin, pour les ouvrages divisés par paragraphes et notes,
par l'indication du paragraphe et de la note; ainsi ; Aubry et Rau, § 711-
30 ; veut dire : Aubry et Rau, *Cours de droit civil français* (4ᵉ édition),
§ 711, note 30.

Avril 1879.

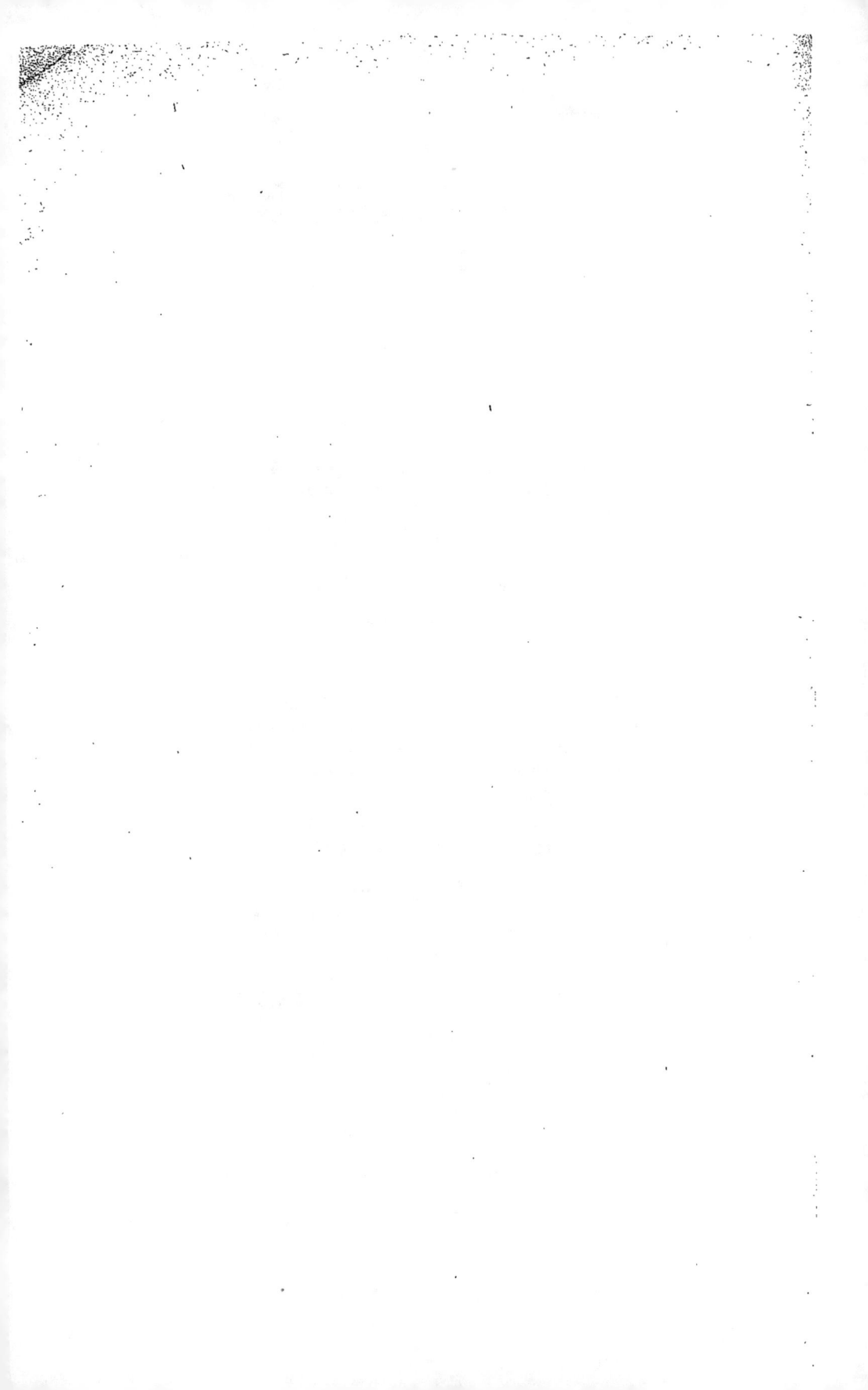

DES TESTAMENTS

ET DES LEGS

1. — Division. — Ce livre comprend les matières des testaments et des legs qui se rattachent plus spécialement à la forme des testaments et aux dispositions à y insérer. Il est divisé en deux chapitres qui ont pour objet : Le premier, la forme des testaments; et le deuxième, les dispositions testamentaires. Un troisième chapitre est consacré au droit fiscal.

CHAPITRE PREMIER

DES TESTAMENTS

2. — Généralités. — Ce premier chapitre est divisé en cinq sections qui traitent : La première, des dispositions générales applicables à toutes les formes des testaments; la deuxième, du testament par acte public; la troisième, du testament mystique; la quatrième du testament olographe; et la cinquième du codicille ou testament postérieur.

SECTION I. — DISPOSITIONS GÉNÉRALES

SOMMAIRE ALPHABÉTIQUE

3. — Définition. — Le testament est un acte par lequel le testateur dispose, pour le temps où il n'existera plus, de tout ou partie de ses biens, et qu'il peut révoquer. (*C. civ.*, *895*.)

4. — Volonté. — Il faut pour que l'acte constitue un testament, qu'il en résulte la volonté du testateur de faire une disposition pour le temps où il n'existera plus. On pourrait donc ne pas considérer comme un testament, les dispositions ainsi conçues : « Je promets de donner à X..., tout ce que je possède; » ou : « Je donne à X..., tout ce que je posséde » (1). Il en serait autrement s'il résultait de l'écrit ou des circonstances qui l'ont accompagné que le testateur a eu l'intention de faire un acte de dernière volonté (2).

5. — Mode. — Toute personne peut disposer par testament, soit sous le titre d'institution d'héritier, soit sous le titre de legs, soit sous toute autre dénomination propre à manifester sa volonté. (*C. civ.*, 967.) Mais non sous la forme d'exhérédation, au moyen d'une exclusion pure et simple des héritiers, s'il n'en résulte pas explicitement ou implicitement une disposition au profit d'autres personnes (3). Voir *infra* nᵒˢ 257 à 260.

6. — Conjonctif. — Le testament doit être l'œuvre du testateur seul, l'expression de sa volonté pleine, entière et dégagée de toute idée de réciprocité ou de conformité, afin qu'il conserve librement la latitude de le révoquer ; il s'ensuit qu'un testament, même olographe (4), ne peut être fait dans le même acte par deux ou plusieurs personnes, soit au profit d'un tiers, soit à titre de disposition réciproque et mutuelle (*C. civ.*, 968).

7. — Réciproque. — Néanmoins deux testaments faits en contemplation l'un de l'autre par deux personnes réciproquement testateurs et légataires, ne sont pas nuls (5), alors même que les deux testaments ont été écrits sur la même feuille de papier, l'un au recto, l'autre au verso (6) ; mais ils sont susceptibles dans certains cas, de former un élément de captation ; comme par exemple, si l'une est sans fortune, que l'autre ait une fortune considérable, et que celle-ci n'ait été amenée à

tester que sur les instances de la première, à titre de réciprocité (7).

8. — Formes. — Un testament peut être olographe, ou fait par acte public, ou dans la forme mystique (*C. civ.*, 969) ; et il est assujetti aux formalités tracées : pour le testament par acte public, *infra* nᵒˢ 16 à 173 ; — pour le testament mystique, *infra* nᵒˢ 174 à 206, — et pour le testament olographe, *infra* nᵒˢ 207 à 227. Ces formalités doivent être observées, à peine de nullité (*C. civ.*, 1001).

9. Français à l'étranger. — Le Français qui se trouve en pays étranger peut faire son testament, soit olographe, en se conformant à l'art. 790 ; soit par acte authentique, avec les formes usitées dans le lieu où cet acte est passé (8) [*C. civ.*, 999], et conjonctif si cette forme est reconnue dans le pays étranger (9) ; soit par acte solennel devant le chancelier de France dans l'étendue du consulat, en présence du consul et de deux témoins et signé d'eux (*Ordonn. sur la marine, août 1681, liv. 1ᵉʳ, titre II, art. 24*).

10. — Étranger en France. — L'étranger pour lequel la loi nationale n'admet pas le testament olographe peut cependant l'employer valablement en France à l'égard des biens situés sur le territoire français (10).

11. — Écrit. — Preuve. — Le testament doit être écrit ; en conséquence, les dispositions verbales, même au-dessous de 150 fr., ne peuvent être prouvées ni par témoins, ni par aucun autre genre de preuve (11). Toutefois, quand il y a un commencement de preuve par écrit, on peut faire la preuve par

---

(1) Marcadé, 967, 1 ; Toullier, V, 379 ; Cass., 5 fév. 1823 ; Grenoble, 18 juill. 1838 ; S. 39, II, 137.

(2) Aix, 25 août 1825 ; Paris, 12 avril 1833 ; Cass., 21 mai 1833, 4 août 1857, 13 juin 1866 ; Douai, 10 mai 1854, S. 33, I, 525, II, 306 ; 54, II, 435 ; 58, I, 43 ; 66, I, 403.

(3) Demolombe, XXI, 11 *bis ;* Rennes, 27 fév. 1860 ; Cass., 17 nov. 1863 ; S. 60, II, 324 ; 64, I, 5.

(4) Demolombe, XXI, 17 ; Coin-Delisle, 968, 5 ; Aubry et Rau, § 667-2 ; Bruxelles, 18 juill. 1822.

(5) Demolombe, XXI, 14 ; Coin-Delisle, 969, 4 ; Roll. de Vill., *Test.*, 88 ; Dict. not., *Test.*, 116 ; Cass., 24 août 1841, 2 mai 1842, 10 juill. 1849, 11 déc. 1867 ; R. G. Defrénois, I, 362.

(6) Demolombe, XXI, 18 ; Aubry et Rau, § 667-4 ; Cass., 21 juill. 1851, 3 fév. 1873 ; S. 51, I, 570 ; R. G. Defrénois, III, 2759.

(7) Demolombe, XVIII, 387 ; Cass., 16 nov. 1831 ; D. 32, II, 387.

(8) Voir Marcadé, 993, 3 ; Aubry et Rau, § 661-1 ;

Troplong, 1734 ; Demolombe, XXI, 475 ; Rouen, 21 juill. 1840 ; Cass., 6 févr. 1843 ; Paris, 19 avril 1853, 28 janv. 1869 ; R. G. Defrénois, I, 383 ; T. Lyon, 26 juin 1875 ; R. N., 5296.

(9) Coin-Delisle, 968, 5 ; Demolombe, XXI, 20 ; Aubry et Rau, § 667-6 ; Cass., 23 juin 1813 ; Pau, 13 déc. 1836 ; Toulouse, 11 mai 1850 ; Caen, 22 mai 1850 ; S. 50, II, 529 ; 52, II, 566 ; CONTRA Marcadé, 999, 3.

(10) Fœlix, *Droit intern.*, nᵒ 53 ; Troplong, 1736 ; Duranton, IX, 15 ; Coin-Delisle, 999, 6 ; Massé et Vergé, § 430-1 ; Aubry et Rau, § 661-3 ; Demolombe, XXI, 483 ; Paris, 21 juin 1856, 25 mai 1852 ; Cass., 25 août 1847, 9 mars 1853, 19 avril 1859 ; Orléans, 4 août 1859 ; S. 52, II, 289 ; 60, II, 37 ; CONTRA Marcadé, 999, 2 ; Demante, 4, 138 ; Saintespès, IV, 1278.

(11) Duranton, IX, 11 ; Troplong, 1350 ; Marcadé, art. 969 ; Zach., § 416 ; Demolombe, XXI, 26 ; Cass., 18 janv. 1813, 15 mai 1860 ; Orléans, 13 déc. 1862 ; S. 60, I, 625 ; 63, II, 73 ; Paris, 20 janv. 1872 ; R. G. Defrénois, I, 1383.

témoins qu'un successible, pour obéir aux intentions de son auteur exprimées à son lit de mort, a pris l'engagement de les exécuter ; car, dans ce cas, la preuve ne porte pas sur la disposition même de dernière volonté, mais seulement sur l'engagement pris par le successible (1).

12. — Empêchement. — Suppression. — En vertu de l'art. 1348, on peut, dans le but de se faire allouer des dommages-intérêts, être admis à prouver que l'héritier du sang a empêché le défunt de tester (2). Comme aussi on peut, afin d'obtenir la délivrance de la chose léguée, établir par tous les moyens de preuve la suppression ou destruction volontaire ou fortuite d'un testament olographe et des dispositions qu'il renfermait (3).

13. — Instructions. — Le dépositaire d'un testament ne peut être admis à alléguer qu'il a reçu du testateur des instructions verbales pour ne les produire que dans un cas déterminé (4).

14. — Relation. — On ne peut valablement tester par relation à un autre acte non revêtu des formes testamentaires (5), par exemple, un testament nul en la forme (6) ; ni à une disposition des coutumes ou statuts locaux abrogés (7) ; — à moins, dans chacun des cas, qu'on ne reproduise la teneur, ou, du moins, une substance suffisante (8).

15. — Convention. — Si, après l'ouverture d'une succession, il intervient une convention entre l'héritier légitime et un tiers légataire présumé du défunt, par laquelle ils s'obligent réciproquement à se payer une certaine somme, savoir : le légataire présumé, s'il existe un testament en sa faveur ; et l'héritier, s'il n'en existe pas ; cette convention ne saurait être considérée comme un engagement sans cause ni un pari, et doit recevoir son exécution (9).

SECTION II. — DU TESTAMENT PAR ACTE PUBLIC

DIVISION

---

(1) Cass.. 20 nov. 1876; S. 77, I, 69 : voir cep. Paris, 20 janv. 1872; Seine, 15 nov. 1872; R. G. Defrénois, II, 1382, 1383.

(2) Demolombe, XXI, 27; Grenier et Bayle-Mouillard, II, 147; Massé et Vergé, § 416-7; Aubry et Rau, § 647-9; Turin, 13 avril 1808, Toulouse, 16 mai 1865; S. 65, II, 156; voir cep. Montpellier, 22 mai 1853; S. 53, II, 609.

(3) Toullier, IX, 218; Duranton, IX, 48; Troplong, 1451; Larombière, 1348, 49; Demolombe, XXI, 32 à 35; Massé et Vergé, § 416-7; Aubry et Rau, § 647-4; Metz, 15 juill. 1813; Cass., 3 oct. 1816, 12 déc. 1859; Toulouse, 12 août 1862, 17 janv. 1876; Orléans, 13 déc. 1862; Dijon, 24 juill. 1872; Grenoble, 1ᵉʳ juill. 1875; Rouen, 29 déc. 1875, 18 juin 1877; R. G. Defrénois, III, 2762; S. 60, I, 630; 62, II, 481; 63, II, 73; 77, II, 166, 318; J. N., 21728.

(4) Caen, 12 nov. 1867; R. G. Defrénois, I, 363.

(5) Demolombe, XXI, 41; Duranton, IX, 12; Coin-Delisle, 967, 9; Troplong, 1457; Aubry et Rau, § 647-2; Poitiers, 10 août 1832; S. 32, II, 433; Caen, 31 déc. 1851, cité par M. Demolombe.

(6) Duranton, IX, 12; Bayle-Mouillard, II, 222, note a; Troplong, 1458; Demolombe, XXI, 46; Cass., 21 nov. 1814, 24 janv. 1837, 7 nov. 1853; S. 37, I, 248; 53, I, 684.

(7) Demolombe, XXI, 44; Cass., 23 déc. 1828; contra Coin-Delisle, 967, II, 14; Gand, 6 juill. 1833; S. 34, II. 171.

(8) Bayle-Mouillard, II, 222, note a, Demolombe, XXI, 45; Cass., 23 déc. 1828, 25 janv. 1837, 7 nov. 1853, précités.

(9) Bordeaux fév. 1833; S. 34, II, 21.

SOMMAIRE ALPHABÉTIQUE

— Mention. 26
— Nom 24
— Nullité 22
— Parenté 19, 21
— Qualité 24
— Résidence 24
— Signature 157, 161
Nullité :
— Date 143
— Dictée. 122
— Ecriture 130, 140
— Enonciation. 26
— Lecture 147, 148
— Lieu. 143
— Mention 26, 151
— Notaire 22
— Parenté. 22
— Particllo 59
— Renvoi 140
— Signature 161, 164
— Surcharge. 141, 142
— Témoins 44
Parenté :
— Notaire 19, 21
— Nullité 22
— Témoin testamentaire 40, 41, 47
Protocole :
— Dictée. 121
— Ecriture 125
— Langue française. 138
— Témoins 50
Rature :
— Approbation 139
Règles. 18
Remise. 25
Renvoi :
— Appprobation. 139
— Ecriture 139, 140
— Lecture 152
— Mention. 152
— Nullité 140
— Signature 140
Responsabilité des notaires :
— Sanité d'esprit. 56
— Signatures 167
— Témoins 44, 46
— Séances. 135
Signatures :
— Campagne 172
— Décès. 164
— Déclarations. . . . 160 à 162
— Défaillance 165
— Enonciation. 157, 161
— Essai 168
— Fausse déclaration . 166, 167
— Identité. 173
— Impossibilité 160
— Insanité. 165
— Interpellation 162
— Lecture 153
— Mention . . . 160 à 163, 171
— Mode 159
— Non signature 160
— Notaire 157, 161
— Nullité 161, 164
— Perte des facultés 165
— Présence réciproque . . . 158
— Renvoi 140
— Responsabilité 167

— Témoins. . . 157, 170 à 173
— Testateur . . . . . 157 à 161
Surcharge :
— Approbation 139
— Date. 141
— Mot. 142
— Nullité 141, 142
Témoins certificateurs :
— Capacité 48
— Individualité 23
Témoins testamentaires :
— Administrateur. 42
— Affirmation. 45, 46
— Algérie 32
— Alliance 40, 47
— Aveugle. 35
— Capacité. 28
— Capacité affirmée . . 45, 46
— Choix. 43, 44
— Clercs. 38
— Condamnation 28
— Conjoints 40
— Conseil de tutelle 42
— Conseil judiciaire 30
— Débiteurs. 40
— Dégradation civique. . . 28
— Dément. 36
— Demeure. 47
— Dictée. 118, 120
— Domestiques. . . 34, 39, 47
— Domicile 47
— Droits civils 28
— Ecclésiastique 42
— Etranger 31
— Européen. 32
— Exécuteur testamentaire. 42
— Failli 33
— Fausse qualité 47
— Filleuls. 40
— Français 28, 32
— Furieux. 36
— Idiome 37
— Idiot. 36
— Interdit. 29
— Interpellation 45, 46
— Ivresse 36
— Langue. 37
— Lecture. 150
— Maire 42
— Majeurs. 28
— Mâles. 28
— Marguillier. 42
— Mention. . . . . . . 45 à 47
— Muet. 35
— Nombre. 27
— Noms 47
— Nullité 44
— Parenté. 40, 41, 47
— Prénoms 47
— Présence 49, 50, 116, 150, 158
— Protocole. 50
— Qualité 47
— Reconnaissance de dettes. 40
— Responsabilité du notaire 44, 46
— Responsabilité des té-
moins. 48
— Signature . . 157, 170 à 173
— Sourd. 35
— Tuteur testamentaire . . 42

Testateur :
— Affaiblissement. 55
— Affection 59
— Aliéné (établissement d') 55
— Apoplexie. 55
— Appréciation 55
— Autorisation maritale . . 68
— Avis 59
— Calomnie. 55
— Captation. 59
— Caractère faible 55
— Cause fausse 62
— Colère. 55
— Compte de tutelle 71
— Concubinage 59
— Condamné 63
— Conseil judiciaire 65
— Délire. 54
— Démence. 52, 53, 55
— Domestiques 55
— Divagations. 55
— Dol 55, 59, 61, 73
— Ecriture. 124
— Epoque de capacité . . . 51
— Erreur 62
— Ex-mineur 71
— Femme mariée. 68
— Folie 52
— Fraude 55, 59, 73
— Fureur 52
— Haine 55
— Imbécillité 52
— Infirmité.. 58
— Insanité. 52, 55
— Interdit judiciairement . 52, 64
— Interdiction légale 63
— Interpellation. 59
— Intervalle lucide 53
— Intervention 74
— Ivresse 54, 55
— Lecture. 155
— Légataire présent 75
— Maladie 58
— Manœuvres. 55
— Mauvais traitements. . . 60
— Mémoire (perte de) . . . 56
— Mention. 25
— Mention de sanité. . . . 56
— Mineur 69, 70
— Monomanie. 54, 55
— Muet 66
— Observations 59
— Passion violente 54
— Persécution. 60
— Preuve de sanité. . . 56, 57
— Privations. 60
— Religieux . . . . . 101 à 104
— Sanité d'esprit 52
— Services. 59
— Signature 157, 161
— Sourd 66
— Sourd et muet 67
— Suggestion 59
— Suicide 55
— Terreur 60
— Tiers présent. 74
— Vieillesse 58
— Violence 60

SOMMAIRE DES FORMULES.

16. — Définition. — Le testament par acte public est celui qui est reçu par deux notaires, en présence de deux témoins, ou par un notaire en présence de quatre témoins (*C. civ., 971*). En Algérie, il est reçu par un notaire, en présence de quatre témoins, *infra* n° 32 (*arrêté min. Guerre, 30 déc. 1842, art. 15*).

17. — Division. — Le testament par acte public, indépendamment des formalités auxquels tous les actes notariés sont assujettis, est soumis à certaines formes particulières en ce qui touche : sa réception par le ou les notaires ; les qualités voulues pour être témoins ; la dictée ; l'écriture ; la lecture et la signature. En outre certaines prohibitions existent relativement au droit de disposer et recevoir par testament. Ces matières vont faire l'objet de neuf paragraphes.

§ 1. — Réception. — Notaires.

18. — Règles. — Le testament par acte public est soumis aux formes ordinaires des actes notariés résultant de la loi du 25 ventôse an XI pour toutes les règles que le code n'a pas établies. Il en déroge sur tous les points que le code a spécialement réglés (1).

19. — Parenté. — Notaires. — Ainsi, deux notaires ne peuvent concourir à la confection d'un testament, s'ils sont parents ou alliés entre eux, en ligne directe, à quelque degré que ce soit, et en ligne collatérale jusqu'au degré d'oncle ou de neveu inclusivement. (*L. 25 vent., an XI, art. 10*).

20. — Notaire intéressé. — Le notaire ne peut instrumenter si le testament contient quelque disposition en sa faveur, fut-ce même d'une manière indirecte, par exem-

§ 1. — TESTAMENT PAR ACTE PUBLIC.

FORMULE 1. — Un notaire et quatre témoins.

I. — *Notaire et témoins* [Nos 18 à 50].

PAR DEVANT Me Louis-Auguste DARBLAY, notaire à....., département de....., soussigné,
Et en présence de :

1° M. Octave-Denis MARLAY, négociant, demeurant à....., rue....., n°.....;

2° M. Jean-Félix DUBOIS, principal clerc d'avoué, demeurant à.....

3° M. Noël-Victor MONNIER, chef d'escadron en retraite, chevalier de la Légion d'honneur, demeurant à.....;

4° Et M. Louis-Adolphe SERVIN, avocat près la Cour d'appel de....., demeurant à.....,

Témoins instrumentaires réunissant les qualités voulues par les articles 975 et 980 du Code civil, dont Me DARBLAY a fait lecture à l'instant ; ainsi affirmé par les témoins susnommés et le testateur, — *si le testateur les a lui-même choisis* (n° 43), *on ajoute :* qui d'ailleurs les a choisis et appelés lui-même pour être témoins au présent testament.

II. — *Comparution du testateur* [Nos 51 à 75].

A COMPARU :

M. Louis-Théodore GALLEY, propriétaire, colonel de cavalerie en retraite, officier de la Légion d'honneur, demeurant à....., rue....., n°......

(1) Marcadé, 971, 1 ; Bayle-Mouillard, II, 243, note *c ;* Toullier, V, 381 ; Duranton, IX, 49 ; Coin-Delisle, 974, 2 ; Troplong, 1513, 1569 ; Massé et Vergé, § 433-1 ; Aubry et Rau, § 670-35 ; Demolombe, XXI, 164 ; Cass., 1er oct. 1810, 16 févr. 1814 ; Limoges, 8 août 1821.

ple, quand un legs est fait à une généralité de personnes, comme des débiteurs non dénommés, s'il se trouve en faire partie (1). — Mais jugé que le notaire instrumentant peut, dans le testament même, être constitué dépositaire des valeurs léguées par le testateur, alors qu'il n'en résulte aucun profit ni aucun avantage pour lui (2).

21. — Parenté. — Parties. — Le notaire ne peut non plus instrumenter quand il est parent ou allié aux degrés déterminés *supra* n° 19, soit du testateur, soit de l'un des légataires. Au delà du troisième degré en collatéral, le notaire peut instrumenter; ainsi il peut recevoir le testament fait par son parent collatéral au quatrième degré, ou contenant un legs en faveur de ce parent (3).

22. — Nullité. — En cas de contravention aux règles des trois numéros qui précèdent, la nullité (art. 68 de la loi de ventôse) atteint le testament dans son entier, et non pas seulement la disposition au profit du notaire ou de ses parents ou alliés (4).

23. — Individualité. — Quand l'identité du testateur n'est pas connue du notaire, il doit, conformément à l'art. 11 de la loi de ventôse, se faire attester par deux témoins, *infra* n° 48, son nom, son état et sa demeure (5).

24. — Notaire. — Qualité. — Le testament doit, suivant l'art. 12 de la même loi, énoncer les nom et résidence du notaire ou des notaires qui le reçoivent; et aussi, bien que certains auteurs ne l'exigent pas (6), leur qualité de notaire (7).

25. — Minute. — Le testament, étant destiné à former le titre des légataires, est soumis à la disposition de l'art. 20 de la loi de ventôse, qui oblige les notaires à garder minute des actes qu'ils reçoivent. En conséquence il serait nul (art. 68 de la même loi), si le notaire le recevait en brevet pour être remis au testateur (8). Néanmoins si, par erreur ou autrement, le notaire, après avoir reçu le testament en minute, vient ensuite à s'en dessaisir, cela n'en entraînerait pas la nullité, l'art. 22 de la loi de ventôse qui interdit aux notaires de se dessaisir de leurs minutes, n'étant pas rappelé dans l'art. 68 de la même loi (9). Quant au testateur, il a seulement le droit de révoquer son testament, et il ne peut contraindre le notaire à lui faire la remise de la minute de son testament, même en lui donnant une décharge notariée; la garde des minutes étant d'ordre public (10).

26. — Enonciations. — On verra *infra* n°s 117, 130, 148, qu'il doit être fait mention expresse de la dictée, de l'écriture et de la lec-

---

» Mondit sieur GALLEY étant sain d'esprit, ainsi qu'il est apparu au notaire et aux té-
» moins. »
Si le testateur est malade (n° 58) :
« Mondit sieur GALLEY, malade de corps, mais sain d'esprit, ainsi qu'il est apparu au
» notaire et aux témoins. »
Si le testateur a été judiciairement interdit et que, cependant, le notaire juge possible la réception de son testament (n° 64) :
« Mondit sieur GALLEY, interdit pour cause d'aliénation mentale suivant jugement rendu

---

(1) Riom, 23 mai 1855; S. 56, II, 71.
(2) Cass., 27 déc. 1831; S. 32, I, 93.
(3) Marcadé, 975, 2; Demolombe, XXI, 215; Coin-Delisle, 971, 11; Riom, 3 déc. 1827; Douai, 23 janv. 1850; Grenoble, 11 fév. 1850; J. N., 13997, 14246.
(4) Coin-Delisle, 971, 13; Demante, IV, 116 *bis*, 2°; Bayle-Mouillard, II, 249, note *b*; Troplong, 1612, 1613; Demolombe, XXI, 173, 174; Massé et Vergé, § 439-23; Roll. de Vill., *Test.*, 127; Aubry et Rau, § 670-4; Douai, 17 mars 1815; Bourges, 30 juin 1828; Douai, 15 janvier 1834; Cass., 20 juin 1827, 27 déc. 1831, 24 nov. 1835, 15 déc. 1847; S. 32, I, 93; 34, II, 115; 48, I, 550.
(5) Coin-Delisle, 971, 19; Bayle-Mouillard, II, 230, note *a*; Demolombe, XXI, 228.
(6) Duranton, IX, 60; Bayle-Mouillard, II, 230, note *a*; Demolombe, XXI, 230; Roll. de Vill., Acte notarié, 82.

(7) Merlin, *Test.*, sect. 2, § 2, art. 3; Coin-Delisle, 971, 19.
(8) Grenier et Bayle-Mouillard, I, 277; Augan, I, p. 120; Demante, IV, 116 *bis*; Saintespès, IV, 1030; Demolombe, XXI, 235; Duranton, IX, 61; Poujol, 971,8; Coin-Delisle, 971,40; Troplong, 1509 et 2114; Roll. de Vill., *Minute*, 99; Dict. not., *Test.*, 126, 127; Laurent, XIII, 295; Massé (5e éd.), I, p. 80; avis cons. d'Etat, 7 avril 1821; tribun. d'Amiens, 29 nov. 1837; CONTRA Merlin, Notaire, § 3, n° 6; Favard, *Acte not.*, § 3; Toullier, V, 659.
(9) Coin-Delisle, 971, 51; Troplong, 1509; Demolombe, XXI, 236; Aubry et Rau, § 670-27.
(10) Avis cons. d'Etat, 7 avril 1821; trib. Amiens, 29 nov. 1837; S. 38, II, 105; CONTRA trib. Clamecy, 14 juill. 1836; S. 36, II, 284.

ture du testament. Ces mentions constituent des opérations relatives à la réception de l'acte ; en conséquence, elles doivent émaner du notaire, être constatées par lui ; on ne saurait les placer dans la bouche du testateur. Si donc leur accomplissement était exprimé, en totalité ou en partie, par le testateur dans sa dictée, le testament serait entaché de nullité (1). La nullité pourrait ne pas être encourue si le notaire s'appropriait ensuite d'une manière quelconque, la mention faite par le testateur (2).

§ 2. — Témoins.

27. — Nombre. — Il faut la présence de deux témoins si le testament est reçu par deux notaires, et de quatre s'il est reçu par un notaire, *supra* nº 16. Si le nombre des témoins est supérieur à celui que la loi prescrit, le testament n'en est pas vicié, lors même que quelques-uns des témoins seraient incapables, pourvu qu'il en reste un nombre suffisant de capables (3).

28. — Capacité générale. — Suivant l'art. 980 du code civil, les témoins appelés pour être présents aux testaments doivent : 1º être mâles ; 2º être majeurs, c'est-à-dire âgés de vingt un ans accomplis ; 3º être Français ; 4º et jouir de leurs droits civils, par conséquent, ne pas avoir encouru soit la dégradation civique ; soit certaines condamnations correctionnelles (*C. pén.* 42).

29. — Interdit. — L'interdit, bien que n'étant pas privé de la jouissance de ses droits civils, est assimilé au mineur, n'a pas de domicile propre ; dès lors, il ne peut être témoin aux testaments (4).

30. — Conseil judiciaire. — Mais celui qui a été simplement pourvu d'un conseil judiciaire n'est pas frappé de cette incapacité (5).

31. — Étranger. — L'étranger, même admis à la jouissance des droits civils, ne peut être témoin (6). Toutefois on décide généralement que si une erreur commune fait passer un étranger[i] pour Français, les tribunaux peuvent prendre l'erreur en considération pour ne pas prononcer la nullité de l'acte ; la capacité putative étant, en cette matière, équipollente à la capacité légale (7). Mais à la condition

_____

» par le tribunal civil de....., le.....; mais ayant actuellement toute sa lucidité d'esprit, et,
» en conséquence, étant sain d'esprit, ainsi qu'il est apparu au notaire et aux témoins.
  » Étant expliqué que Mᵉ DARBLAY, en déférant à la réquisition expresse du testateur
» pour recevoir le présent testament, l'a prévenu qu'il n'entendait en aucune manière en-
» gager sa responsabilité, pour le cas où, contre l'attente du testateur, ses dispositions
» viendraient à être attaquées en raison de son état d'interdiction. »
  S'il s'agit du testament d'une religieuse (nº 101) :
  Mᵐᵉ Louise-Lucile SENEY, en religion sœur *Sainte-Thérèse*, religieuse au couvent de la
Providence à....., où elle demeure.
  « Madite dame SENEY malade de corps, mais saine d'esprit, ainsi qu'il est apparu au
» notaire et aux témoins. »

_____

(1) Merlin, *Test.*, sect. 2, § 11, art. 6; Coin-Delisle, 972, 33, 38; Bayle-Mouillard, II, 236, note *a;* Troplong, 1565; Massé et Vergé, § 439-27; Aubry et Rau, § 670-73 ; Demolombe, XXI, 299; Limoges, 22 juin 1813; Bruxelles, 16 mai 1821; Cass., 12 nov. 1823, 13 mai 1829. CONTRA Turin, 29 déc. 1810.
  (2) Cass., 13 mai 1829; Nancy, 1ᵉʳ mars 1831; S. 31, II, 182.
  (3) Bayle-Mouillard, II, 248, note *b;* Coin-Delisle, 972,49 et 980,42 ; Aubry et Rau, § 664-8; Demolombe, XXI, 223, 225; Dict. not., *Test.,* 216; Cass., 6 avril 1809; Limoges, 7 déc. 1809; Bourges, 14 juin 1813.
  (4) Duranton, IX, 106; Bayle-Mouillard, II. 247, note *a;* Demante, IV, 125 *bis*, 3º; Saintespès, IV, 1106, 1107. CONTRA Troplong, 1678; Demolombe. XXI, 185; Aubry et Rau, § 670-10.
  (5) Bayle-Mouillard, II, 247, note *a;* Demolombe, XXI, 186.

(6) Toullier et Duvergier, V, 395; Duranton, IX, 105; Coin-Delisle, 975,7; Marcadé, 980,1 ; Grenier et Bayle-Mouillard, I, 247 *bis;* Troplong, 1674; Demolombe, XXI, 182; Zach., Massé et Vergé, § 439-9; Aubry et Rau, § 670-15; Rennes, 11 août 1809; Colmar, 13 février 1818 et 20 déc. 1860; S. 61, II, 265; Toulouse, 10 mai 1826, Cass., 23 janv. 1811 et 23 avril 1828. CONTRA Vazeille, 680, 11; Turin, 10 avril 1809.
  (7) Bayle-Mouillard, II, 256, note *a;* Duranton, IX, 109; Troplong, 1626, 1627; Demolombe, XXI. 220; Bastia, 5 mars 1822; Metz, 28 mars 1822; Metz, 28 février 1821, 10 mars 1824, 18 janvier 1830, 28 juill. 1831, 24 juill. 1839, 4 fév. 1850; Montpellier, 17 avril 1847; S. 32, I, 174; 39, I, 653; 47, II, 481; 50, I, 180; J. N. 13186, 13975; Paris, 16 janv. 1874; Cass., 6 mai et 1ᵉʳ juill. 1874; R. G. Defrénois, III, 2322. CONTRA Colmar, 13 janvier 1818.

qu'il existe sur ce témoin, une erreur commune et générale à laquelle, le notaire, les parties et les témoins n'ont pu échapper (1).

52. — Algérie. — En Algérie, les témoins doivent être mâles, majeurs, européens, avoir au moins une année de résidence en Algérie, savoir signer et, autant qu'il se peut, parler la langue française. (*Arrêté min. Guerre 30 déc. 1842, art. 15*).

53. — Faillis. — On a enseigné qu'il suffit de jouir de ses droits civils pour être témoin, sans qu'il soit nécessaire d'avoir l'exercice de ses droits politiques; de sorte que les faillis pourraient être témoins (2). Mais il est plus exact de décider que l'exercice des droits de citoyen français ayant été suspendu par l'état de débiteur failli non réhabilité (*Constilion 22 frim. an VIII, art. 5*), et que le décret organique du 2 février 1852, art. 15, a confirmé cette prohibition en les excluant de la liste électorale, ils ne peuvent être témoins aux actes notariés, à plus forte raison aux testaments (3).

54. — Domestiques. — Quant aux domestiques, ils jouissent à la fois de tous leurs droits civils et de la qualité de citoyens; par conséquent, ils peuvent être témoins (4).

55. — Capacité physique. — Ceux qui n'ont pas la capacité physique ne peuvent être témoins; tels sont : 1° l'aveugle, en raison de ce qu'il ne peut voir ni le testateur, ni le notaire, ni les témoins, ni l'écriture par le notaire (5); 2° le sourd, puisqu'il ne pourrait entendre ni la dictée par le testateur, ni la lecture par le notaire (6); c'est à celui qui allègue la surdité à en faire la preuve (7); 3° le muet, qui ne pourrait témoigner en public de ce qu'il a vu et entendu (8).

56. — Capacité intellectuelle. — Ne peuvent non plus être témoins, ceux qui sont atteints d'une infirmité intellectuelle, comme l'idiot; et aussi, le dément, le furieux, à moins qu'ils ne soient dans un intervalle lucide (9); ainsi que les personnes en état d'ivresse (10).

57. — Langue; idiome. — Il en est de même de ceux qui ne comprennent pas la langue ou l'idiome dont le testateur se sert pour dicter ses dispositions (11). Si le testament est dicté en langue étrangère ou en

---

Ou d'une femme mariée (n° 68) :

Mme Julie-Hortense Murger, épouse de M. Charles-Emile Fleury, propriétaire, avec lequel elle demeure à......

« Saine d'esprit, etc. »

Si le testateur est un mineur âgé de plus de seize ans (nos 69, 70) :

M. Joseph-Désiré Lubin, étudiant en droit à la faculté de Paris, domicilié à N....., chez M. Vincent Melin, son tuteur, mais résidant de fait à Paris, rue....., n°......

« Mineur âgé de plus de seize ans, étant né à N....., département de....., le....., ainsi » qu'il le déclare.

» Mondit sieur Lubin, malade de corps, mais sain d'esprit, ainsi qu'il est apparu au no- » taire et aux témoins. »

---

(1) Cass., 24 juill. 1839, 4 fév. 1850; S. 39, I, 653: 50, I, 180; Douai, 26 mars et 5 août 1873; R. G. Defrénois, III, 2322.

(2) Demolombe, I, 143, XXI, 187; Massé et Vergé, § 439-8; J. N., 17545; Cass., 10 juin 1824, 10 mars 1829; Liège, 15 fév. 1827; trib. Amiens, 9 mars 1864; J. N., 18001.

(3) Merlin, *Tém. instr.*, § 6, n° 4; Carré, *Org. judic.*, 585; Coin-Delisle, 7, 17: Renouard, *Faillites*, II, p. 480; Bédarride, *ibid.*, 11, 1309; Esnault, *ibid.*, 452; Larombière, 1317-18; Rouen, 13 mai 1839; trib. Saint-Brieuc, 4 août 1862; S. 39, II, 346; J. N., 10433, 17543; Rennes, 28 mars 1863; Amiens, 8 juill. 1873; R. G. Defrénois, III, 2325.

(4) Demolombe, I, 143, XXI, 187; Duranton, IX, 111; Coin-Delisle, 980,18; Massé et Vergé, § 439-8.

(5) Merlin, *Tém. instr.*, § 1, nos 3 et 4; Demolombe,

XXI, 192; voir Paris, 16 janv. 1874; R. G. Defrénois, III, 2324.

(6) Demolombe, XXI, 198.

(7) Cass., 8 novembre 1875; R. G. Defrénois, III, 2764.

(8) Grenier et Bayle-Mouillard, II, 254; Toullier, V, 392; Duranton, IX, 104; Coin-Delisle, 980-23. Contra Troplong, 1679; Demolombe, XXI, 194; Aubry et Rau, § 670-8.

(9) Merlin, *Témoins*, § 2, nos 3 et 4; Demolombe, XXI, 195; Aubry et Rau, § 670-9.

(10) Demolombe, XXI, 192 à 195 *bis*.

(11) Merlin, *Langue franç.*, nos 3 et 4; Toullier, V, 293; Grenier et Bayle-Mouillard; Troplong, 1526; Aubry et Rau, § 670-6; Demolombe, XXI, 196; Douai, 1er juill. 1856; J. N., 15893.

idiome et écrit en langue française, *infra* n° 136, les témoins doivent connaitre à la fois et la langue française et la langue parlée par le testateur. Mais si le testament est dicté et écrit en langue étrangère ou en idiome, *infra* n° 138, il suffit que les témoins connaissent la langue parlée par le testateur ; autrement la réception des testaments par acte public serait difficile dans les pays de patois et dans les pays de frontière où l'on ne pourrait aisément réunir quatre personnes comprenant la langue française (1).

58. — Clercs. — Ne peuvent être témoins les clercs des notaires par lesquels les actes sont reçus (*C. civ.*, *975*), en raison de ce que, participant aux travaux de l'étude, on doit les considérer comme ayant un intérêt moral au maintien de l'acte testamentaire. On considère comme clerc celui qui s'occupe habituellement dans l'étude du notaire, alors même qu'il ne serait pas inscrit au registre de stage, et quoique son travail ne soit pas continu, si en réalité il est le collaborateur du notaire ; peu importe qu'il exerce en même temps une fonction publique, par exemple, greffier de la justice de paix (2). Il en est autrement s'il s'agit d'un individu ayant une profession déterminée, et qui, en dehors de son travail, emploie accidentellement une partie de son temps, comme expéditionnaire, dans l'étude du notaire (3). Il est préférable, en tout cas, de ne pas accepter comme témoin, toute personne qui travaille pour l'étude du notaire, à quelque titre que ce soit.

59. — Domestiques du notaire. — Nous sommes d'avis que les domestiques du notaire ne pourraient non plus être témoins, comme se trouvant encore plus sous sa dépendance que les clercs (4).

40. — Légataires. — Parents. — Ne peuvent être témoins ceux qui, en raison de l'intérêt qu'ils auraient au maintien du testament, sont considérés comme pouvant manquer de l'impartialité nécessaire pour témoigner ; tels sont les légataires, à quelque titre que ce soit, leurs conjoints (5) ; ainsi que leurs parents ou alliés jusqu'au quatrième degré inclusivement (*C. civ. 975*), même quand l'époux qui produisait l'affinité est décédé sans postérité (6) ; et alors même que le legs est

---

III. — *Dictée* (Nᵒˢ 116 à 122).

Lequel a dicté à Mᵉ Darblay, notaire soussigné, en présence des quatre témoins ci-dessus nommés, son testament ainsi qu'il suit :

IV. — *Légataires* (Nᵒˢ 76 à 115).

« J'institue pour mon légataire universel Louis-Germain Lallier, mon neveu, principal » clerc de notaire, demeurant à.....; et, en conséquence, je lui lègue les biens de toute na- » ture qui composeront ma succession.

» Je le charge d'acquitter, dans les six mois de mon décès, les legs particuliers ci-après: » Je lègue à....., etc. »

(*Voir, pour les dispositions testamentaires, infra formules 14 et suiv.*)

---

(1) Marcadé, 972, 2; Coin-Delisle, 980, 25 à 27; Troplong, 1526; Massé et Vergé, § 439-9; Dict. not., *Test.*, 308; Bruxelles, 9 janv. et 6 mai 1813; Liége, 24 nov. 1806 et 31 janv. 1817; Metz, 19 décembre 1816; Douai, 15 janv. 1834; Bruxelles, 1ᵉʳ mars 1870; R. G. Defrénois, II, 1399. Contra Demolombe, XXI, 197; Toullier, V, 383; Grenier, I, 255; Duranton, IX, 79; Poujol, 974,3; Vazeille, 980,5.

(2) Coin-Delisle, 980,34; Demolombe, XXI, 209 : Bruxelles, 12 avril 1810; Paris, 13 mars 1832; Rennes, 23 juin 1856; Cass., 25 janv. 1858; S. 32, II, 385; 58, I, 180.

(3) Demolombe, XXI, 209; Coin-Delisle, 980,34; Bruxelles, 20 mars 1811; Agen, 18 août 1824, 31 juill. 1854; Grenoble, 7 avril 1827; Cass., 10 avril 1855; S. 54, II, 532; 55, I, 512; Colmar, 4 nov. 1857; Rennes, 20 nov. 1868; R. G. Defrénois, II, 1384.

(4) Grenier et Bayle-Mouillard, I, 253; Toullier, V, 402; Duranton, IX, 115; Troplong, 1606; Dict. not., *Témoin*, 112. Contra Coin-Delisle, 980,38; Marcadé, 975,2; Aubry et Rau, § 670-22; Demante, IV, 120*bis*; Demolombe, XXI, 213; Cass., Belgique, 13 déc. 1867; R. G. Defrénois, I, 365.

(5) Marcadé, 975,1; Duranton, IX, 114; Massé et Vergé, § 429-18; Demolombe, XXI, 207.

(6) Demolombe, XXI, 208; Coin-Delisle, 780,33; Aubry et Rau, § 670-18; Dijon, 6 janv. 1827; Nîmes, 28 janv. 1831; Cass., 6 juin 1834; Bordeaux, 14 mars 1843; Agen, 22 nov. 1853; Bourges, 10 août 1857; Montpellier, 17 avril 1863; Caen, 14 août 1867; Cass., 4 nov. 1868; S. 31, II, 202, 34, I, 729; 43, II, 311; 65, II, 231; R. G. Defrénois, I, 366. Contra Duranton, III, 458; Paris, 12 mars 1830.

nul ou caduc (1). Il importe peu que le légataire ne soit pas nommé, par exemple lorsque le legs est fait en termes généraux : à des débiteurs (2) ; à tous les parents, de quelque degré qu'ils soient (3) ; à des filleuls, à moins qu'en raison du grand nombre de filleuls, il ait été impossible, au moment de la confection du testament, de vérifier cette parenté (4) ; ou que la disposition soit faite sous forme de reconnaissance de dette (5), à moins qu'elle ne résulte d'un titre régulier antérieur et qu'elle ne soit rappelée qu'à titre d'énonciation (6) ; — ou de rémunération (7) ; — ou comme charge d'un legs (8) ; — ou sous une condition suspensive (9) ; — ou comme délai accordé par le testateur à ses débiteurs, ou aux cautions de ceux-ci (10), pour se délibérer après sa mort ; ou sous tout autre forme, quelque modique que soit la disposition (11), ne fût-elle même que de l'obligation de garder un domestique pendant un temps ou de lui payer une somme déterminée (12), sauf le cas cependant où la disposition pourrait être considérée comme un simple dédommagement (13). — Il importe peu aussi que le légataire ait

droit comme héritier *ab intestat* à une part égale ou même plus forte que celle qui lui est attribuée par le testament (14).

41. — Témoins parents entre eux. — Des personnes parentes entre elles, par exemple, deux frères, peuvent être appelées simultanément pour être témoins dans un testament (15).

42. — Intérêt indirect. — On décide qu'il peut être appelé pour témoins : 1° les marguillers, administrateurs, maires, adjoints, etc., dans les testaments en faveur des églises, communes, hospices, etc. (16) ; 2° les ecclésiastiques, dans les testaments en faveur de la paroisse à laquelle ils sont attachés, même lorsque, à raison de leurs fonctions, ils doivent en profiter (17) ; pourvu toutefois que le legs ne soit pas fait en leur considération, ce qui est apprécié par les tribunaux (18) ; 3° l'exécuteur testamentaire, lorsqu'il n'est pas gratifié (19) ; 4° celui qui est choisi par le testateur comme tuteur de ses enfants, ou comme conseil de tutelle à sa femme survivante (20). Mais il est préférable d'éviter, autant que possible, de faire figurer ces personnes parmi les

V. — *Ecriture et lecture* (Nos 116 à 142).

Le présent testament a été écrit en entier par Me DARBLAY, notaire soussigné, de sa main, tel qu'il lui a été dicté par le testateur; puis Me DARBLAY l'a lu au testateur, qui a déclaré qu'il contient bien ses volontés et qu'il y persiste. Le tout en la présence continue des quatre témoins..

Si le testateur a l'ouïe dure (n° 154) :

Le présent testament a été écrit, etc.; puis Me DABBLAY l'a lu à très-haute voix au tes-

(1) Troplong, 1608; Demolombe, XXI, 219; Douai, 15 janv. 1834; Bordeaux, 3 avril 1841; S. 41, II, 361.
(2) Riom, 27 juill. 1828.
(3) Metz, 23 mars 1865; S. 65, II, 231.
(4) Massé et Vergé, § 439-17; Aubry et Rau, § 670-29; Cass., 31 juill. 1834, 25 déc. 1847, 18 juin 1866; S. 34, 1, 452; 66, I, 382.
(5) Troplong, 1608; [Demolombe, XXI, 201; Roll. de Vill., *Témoin*, 67; Bordeaux, 3 avril 1841; S. 41, II, 361.
(6) Demolombe, XXI, 201; Troplong, 1613; Aubry et Rau, § 670-16; Cass., 4 mars 1840, 4 août 1851, 10 août 1853; S. 40, I, 402; 51, I, 662; 53, I, 533.
(7) Coin-Delisle, 980,31; Demolombe, XXI, 201; Agen, 5 juin 1846; Cass., 13 déc. 1847; S. 48, I, 272.
(8) Duranton, IX, 118; Bayle-Mouillard, II, 248, note c; Demolombe, XXI, 202; Dict. not., *Témoin*, 99; Roll. de Vill., *ibid.*, 71; Massé et Vergé, § 439-15; Colmar, 10 mars 1832; Cass., 27 nov. 1833; S. 32, II, 409; 34, 1, 366.
(9) Bordeaux, 14 juill. 1807.
(10) Riom, 23 mai 1855; S. 56, 11, 717.

(11) Marcadé, 975,1; Coin-Delisle, 980,31; Troplong, 1599; Demolombe, XXI, 203; Cass., 15 janv. 1835, 13 novemb. 1847; S. 48, I, 272.
(12) Cass., 4 août 1851; S. 51, I, 662.
(13) Cass., 10 août 1853; S. 53, I, 533.
(14) Angers, 24 juin 1857; S. 58, II, 124.
(15) Grenier, II, 252; Toullier, V, 403; Duranton, IX, 117; Aubry et Rau, § 670-21; Larombière, 1317,19; Demolombe, XXI, 216; Bruxelles, 25 mars 1866.
(16) Bayle-Mouillard, II, 248, note c; Troplong, 1600; Coin-Delisle, 980,32; Aubry et Rau, § 670-17; Demolombe, XXI, 204.
(17) Marcadé, 975,1; Aubry et Rau, § 670-17; Troplong, 1600; Demolombe, XXI, 203; Liége, 23 juill. 1866; Angers, 13 août 1807; Cass., 11 sept. 1809.
(18) Demolombe, XXI, 205; Cass., 1er janv. 1874; R. G. Defrénois, III, 2765.
(19) Toullier, V, 401; Grenier, I, 254; Coin-Delisle, 980·32; Troplong, 1601; Aubry et Rau, § 670-17; Duranton, IX, 395; Demolombe, XXI, 206; Dict. not., *Témoin*, 116; Paris, 5 fév. 1833; S. 35, II, 176.
(20) Demolombe, XXI, 206 *bis*.

témoins, afin que la suggestion ne puisse être alléguée.

43. — Choix des témoins. — En principe, les témoins instrumentaires doivent être choisis par le notaire, puisque c'est par eux qu'il se complète pour instrumenter (1). Mais en ce qui concerne les testaments, on enseigne généralement qu'ils peuvent être choisis par le testateur, afin que le secret de ses volontés ne soit confié qu'à des personnes investies de sa confiance (2).

44. — Nullité. — L'incapacité absolue ou relative de l'un des témoins, est une cause de nullité du testament tout entier (3). Si, en raison de cette incapacité, un testament se trouve annulé, le notaire rédacteur en est responsable (4), même lorsque les témoins ont été choisis par le testateur (5).

45. — Capacité affirmée. — Mais dans ce dernier cas, si le testateur et les témoins lui affirment, sur son interpellation, que les personnes présentées par le testateur réunissent les qualités voulues par la loi pour être témoins aux testaments, et qu'il en fasse men-

tion, sa responsabilité ne serait pas engagée (6). Jugé, à cet égard, que si un témoin, sur l'interpellation à lui faite, a affirmé être Français et réunir les qualités voulues pour être témoin, et que le testament soit ensuite annulé par le motif qu'il est étranger, ce témoin est responsable, vis-à-vis du légataire, du préjudice que lui cause la nullité du testament (7).

46. — Non parenté affirmée. — L'affirmation dont il vient d'être parlée a lieu après la désignation des témoins. A ce moment, les témoins, ignorent les dispositions testamentaires et ne peuvent affirmer leur non parenté avec les légataires. Une seconde interpellation est donc à faire au testateur et aux témoins après la dictée du testament, celle de déclarer que les témoins ne sont ni parents ni alliés (au degré prohibé *s'ils sont parents ou alliés*, supra n° 40) d'aucun des légataires, ce qu'il est utile de relater dans le testament, ainsi que la déclaration du testateur et des témoins à cet égard. Cette précaution met le notaire à l'abri contre l'action en

---

tateur qui a déclaré bien entendre, que ce testament contient exactement ses volontés et qu'il y persiste. Le tout en présence des quatre témoins.

VI. — *Interpellation sur les témoins* (N° 46).

Sur l'interpellation que leur a faite Mᵉ Darblay, notaire soussigné, le testateur et les quatre témoins ont déclaré individuellement que lesdits quatre témoins ne sont parents ni alliés, soit du testateur, soit du légataire, — ou d'aucun des légataires ci-dessus nommés, — *ou en cas de parenté* : que MM. Marlay, Monnier et Servin ne sont parents ni..... etc ; et que M. Dubois est parent du testateur, mais au cinquième degré seulement.

VII. — *Lieu et date* (N°ˢ 143 à 145).

Dont acte fait et passé à....., dans le cabinet de Mᵉ Darblay, l'un des notaires soussignés. *Ou* : Fait et passé à...., rue....., n°......, au domicile du testateur, dans une chambre du premier étage éclairée par deux fenêtres sur le jardin, où le testateur est alité. — *Ou bien* : où le testateur a été trouvé assis dans un fauteuil devant le foyer.

L'an mil huit cent soixante-dix-neuf, le vingt janvier.

Si l'on indique l'heure (n° 144) :

L'an....., le ...., à six heures du soir.

---

(1) Chambéry, 12 fév. 1870; Cass., 5 fév. 1872; R. G. Defrénois, II, 1385, 1386.

(2) Grenier, II, 247; Troplong, 1669; Demolombe, XXI, 222; Aubry et Rau, § 670-13.

(3) Demante, IV, 120 *bis ;* Demolombe, XXI, 221; Aubry et Rau, § 670-31; Duranton, IX, 120; Riom, 26 déc. 1809; Cass., 27 nov. 1833; S. 34, I, 216.

(4) Demolombe, XXI, 222; Bordeaux, 14 mars 1833; Paris, 27 fév. 1835; Douai, 12 juill. 1838 et 2 juill. 1851; Lyon, 3 janv. 1842 et 16 janv. 1846; Nîmes, 17 janv. et 7 nov. 1848; Agen, 22 nov. 1853; Cass., 15 janv. 1835 et

7 juill. 1847; Bruxelles, 11 fév. 1868; Chambéry, 12 fév. 1870; Cass., 4 mai 1875; R. G. Defrénois, II, 1385; III, 2766.

(5) Cass., 5 fév. 1872; R. G. Defrénois, II. 1386.

(6) Jur. not. de Roll. de Vill., art. 7449; Metz, 30 avril 1833 et 23 mars 1852; Toulouse, 23 juill. 1838; Nîmes. 13 nov. 1836; Nancy, 7 mars 1857; Lyon, 12 juin 1857; Colmar, 26 déc. 1860; Cass. 1ᵉʳ juill. 1874; R. G. Defrénois, III, 2766.

(7) Colmar, 26 déc. 1860; S. 61, II, 265.

responsabilité, en cas de nullité du testament pour parenté ou alliance d'un témoin avec l'un des légataires ; si d'ailleurs, l'interpellation a été réellement faite, car autrement l'inscription de faux contre la mention serait admissible afin d'exercer contre le notaire, l'action en responsabilité (1).

47. — Dérogation à la loi de ventôse. — Suivant une opinion dominante, le Code civil ayant réglé les conditions de capacité voulues pour être témoins aux testaments, a dérogé sur ce point à la loi de ventôse. En conséquence (bien que cependant il soit préférable de se conformer strictement à cette loi), on décide qu'il peut être appelé comme témoins aux testaments : les parents, alliés ou serviteurs du testateur (2), les parents et alliés du notaire (3), les serviteurs des légataires (4), et qu'il n'est pas nécessaire que les témoins soient domiciliés dans l'arrondissement communal où le testament est passé (5). Mais les noms, prénoms et domiciles des témoins doivent être mentionnés (6). La fausse qualité donnée à un témoin, alors que son identité et sa capacité sont certaines, n'emporte pas nullité (7).

48. — Témoins certificateurs. — Quant aux témoins appelés à certifier l'individualité du testateur, lorsqu'il n'est pas connu du notaire ; leurs conditions de capacité sont celles requises pour les actes notariés ordinaires (8).

49. — Présence des témoins. — Le testament devant être reçu en présence des témoins (*C. civ., 971*), leur présence continue pendant toutes les opérations que comporte la confection du testament, est prescrite à peine de nullité (9). Tellement que si l'un d'eux a besoin de sortir un instant, on doit suspendre pendant son absence (10). La circonstance que pendant une partie de la réception du testament, les témoins auraient négligé de s'approcher du lit du testateur suffisamment pour l'entendre, ne saurait nuire à sa validité, alors qu'il est constant que le testament a été lu et que le testateur a manifesté devant les témoins qu'il en approuve le contenu (11). Décidé aussi qu'il suffit que les témoins voient et

---

VIII. — *Témoins certificateurs, s'il y a lieu* (Nos 23 et 48).

En présence encore de : M. Eloi MALLET, négociant, demeurant à....., rue....., n°.....,
Et M. Jules-Léon PELARD, officier en retraite, demeurant à....., rue....., n°.....,
Témoins qui ont certifié aux notaires soussignés le nom, l'état et la demeure de M. GALLEY, testateur, et, par conséquent, son individualité.

IX. — *Signatures* (Nos 157 à 173).

1° *Le testateur signe* (nos 157 à 159).

Et le testateur a signé avec les quatre témoins et le notaire, après lecture donnée par

---

(1) Paris, 13 déc. 1861; Bruxelles, 11 fév. 1868; R. G. Defrénois, I, 367.
(2) Demante, IV, 120 bis; Demolombe, XXI, 211; Coin-Delisle, 980,36; Duranton, IX, 129; Grenier, I, 253; Toullier, V, 402; Aubry et Rau, § 670-21; Dict. not., *Témoin.* n° 109; Roll., *Témoin*, n° 161; Marcadé, 975,2; Troplong, n° 1603; Metz, 23 mars 1820; Cass., 3 août 1841; S. 41, I, 865.
(3) Demante, IV, 120 bis; Demolombe, XXI, 213; Coin-Delisle, 975,38; Marcadé, 975,3; Troplong, n° 1605; Massé et Vergé, § 439-21; Aubry et Rau, § 670-22, CONTRA Duranton, IX, 115; Grenier, I, 253; Toullier, V, 402; Poujol, 974,14; Roll., *Témoin*, n° 59; Dict. not., *Témoin*, n° 111.
(4) Demolombe, XXI, 214; Coin-Delisle, 980-37; Marcadé, 975-3; Aubry et Rau, § 670-15; Troplong, n° 1604; Dict. not., *Témoin*, n° 109, Caen, 4 déc. 1812; Cass., 3 août 1841; S. 41, I, 863. CONTRA, Duranton, XI, 115; Poujol, 974,14; Roll., *Témoin*, n° 60.
(5) Demolombe, XXI, 188; Poujol, 974,7; Duranton, IX, 112; Coin-Delisle, 980,19; Troplong, n° 1681; Marcadé, 980-1; Massé et Vergé, § 439, note 9; Dict. not., *Témoin*, n° 88; Roll., *Témoin*, n° 56; Bruxelles, 13 déc. 1808 et

19 février 1819; Limoges, 7 déc. 1809; Douai, 27 avril 1812; Caen, 19 août et 11 nov. 1812; Paris, 18 avril 1814; Rouen, 16 nov. 1818 et 13 mars 1840; Bordeaux, 17 mai 1821 et 18 août 1823; Orléans, 11 août 1823; Cass., 17 août 1824, 10 mai 1825, 4 janv. 1826, 3 août 1841. CONTRA Toullier, V, 397; Bruxelles, 13 avril 1811; Colmar, 11 fév. 1812; Bordeaux, 6 déc. 1834.
(6) Troplong, 1680; Demante, IV, 116 bis, 2°; Toullier, V, 397; Demolombe, XXI, 189; Aubry et Rau, § 670-23; Cass., 1er oct. 1810, 4 janv. 1826, 3 juill. 1838.
(7) Bourges, 9 mars 1836; S. 36, II, 347.
(8) Demante, I, 125 bis, 4°; Demolombe, XXI, 190.
(9) Troplong, 1522; Demolombe, XXI, 239, 257; Duranton, IX, 67; Massé et Vergé, § 439-28; Riom, 13 août 1856; Cass., 27 avril 1857, 18 janv. 1864; Bordeaux, 8 mai 1860; Dijon, 9 janv. 1863; J. N., 16087, 16870, 17704, 17930.
(10) Demolombe, XXI, 239; Nancy, 24 juill. 1833; Bordeaux, 8 mai 1860; Cass., 18 janv. 1864; Pau, 24 avril 1866; S. 35, II, 90; 60, II, 433; 64, I, 81; Jur. N., 13124.
(11) Paris, 31 janv. 1874; R. G. Defrénois, III, 2763.

entendent le testateur dicter et voient le notaire écrire ce qui lui est dicté, qu'ils soient dans la chambre du testateur ou dans une chambre contiguë (1).

50. — Ibid. — Protocole. — La présence des témoins prescrite à peine de nullité, s'applique aux dispositions dictées par le testateur. Quant au protocole du testament, c'est-à-dire : l'indication des notaires et témoins, la comparution du testateur, l'énonciation qu'il est sain d'esprit, bien qu'il soit préférable de l'écrire aussi en présence des témoins, on décide qu'il peut être rédigé à l'avance, sans que pour cela le testament soit entaché de nullité (2).

§ 3. — Testateur.

51. — Capacité. — La capacité de tester étant de droit commun, toutes personnes peuvent disposer par testament, excepté celles que la loi en déclare incapables. (*C. civ.*, *902*). La capacité est requise à l'époque de la confection du testament (3), et aussi à l'époque du décès du testateur, en cas de condamnation à une peine afflictive perpétuelle. (*Loi du 31 mai 1854, art. 3*.)

52. — Sain d'esprit. — Pour tester, il faut avoir sa libre appréciation. En conséquence, est incapable de disposer par testament, celui qui n'est pas sain d'esprit (*C. civ.*, *901*), c'est-à-dire qui, au moment de la confection de l'acte de testament (4), se trouve en état d'imbécillité, de démence ou de fureur (*C. civ.*, *489*). Le testament peut être annulé pour insanité d'esprit, quoique le testament ne porte pas en lui-même la preuve de la folie et que l'interdiction du testateur n'ait été ni prononcée, ni même provoquée, l'article 504 du Code civil étant inapplicable en matière de libéralité (5).

53. — Intervalle lucide. — Encore bien que le testateur soit dans un état habituel de démence, le testament peut cependant être déclaré valable, si le légataire fait la preuve (6) qu'il a testé pendant un intervalle lucide (7).

54. — Cas divers. — L'insanité d'esprit existe aussi quand le testateur est en état

---

M⁰ DARBLAY au testateur; le tout en présence des témoins. — *Si le testateur a l'ouïe dure :* après lecture donnée à très-haute voix par M⁰ DARBLAY au testateur, qui a déclaré avoir entendu ; le tout en présence des témoins.

S'il y a des témoins certificateurs : Et le testateur a signé avec les quatre témoins instrumentaires, les deux témoins certificateurs et le notaire, après lecture, etc.

2° *Le testateur ne sait signer* (n⁰ˢ 160 à 163).

Et le testateur, sur l'interpellation à lui faite par M⁰ DARBLAY, a déclaré ne savoir écrire ni signer, les quatre témoins et le notaire ont seuls signé, après lecture donnée, etc. (*le surplus comme en la formule précédente*).

3° *Le testateur ne peut signer* (n⁰ˢ 160 à 163).

Et le testateur, sur l'interpellation à lui faite par M⁰ DARBLAY, a déclaré savoir signer, mais ne le pouvoir à cause de la paralysie dont il est atteint au bras droit; les témoins et le notaire ont seuls signé, après lecture donnée....., etc. (*Le surplus de la phrase comme au n⁰ 1ᵉʳ*.)

4° *Le testateur a signé, mais il ne le sait plus* (n⁰ 166).

---

(1) Cass., 19 mars 1861; S. 61, I, 760.

(2) Marcadé, 972,2; Coin-Delisle, 972,10; Duranton, IX, 66; Massé et Vergé, § 439-25; Aubry et Rau, § 670-52; Demolombe, XXI, 259; Angers, 16 juin 1836; Cass., 14 juin 1837, 4 mars 1840; S. 36, II, 385; 37, I, 482; 40, I, 337; J. N., 10621, 15691, 16096; Montpellier, 24 juill. 1867; Chambéry, 12 août 1872; R. G. Defrénois, I, 361; III, 2763; voir cep. Cass., 27 avril 1857; S. 57, I, 522.

(3) Coin-Delisle, 902,3; Troplong, 430; Aubry et Rau, § 650-5; Grenier et Bayle-Mouillard, I, 139; Demolombe, XVIII, 711; Cass., 30 août 1820, 26 nov. 1856; S. 57, I, 129.

(4) Demolombe, XVIII, 362; Cass., 26 juill. 1842, 5 août 1856; S. 42, I, 557; 58, I, 152.

(5) Troplong, 467; Bayle-Mouillard, I, 102, note *b*; Coin-Delisle, 901,9; Aubry et Rau, § 648-5; Demolombe, XVIII, 355; Agen, 7 mai 1851; Cass., 22 nov. 1810, 26 mars 1822, 10 mars 1824, 22 novemb. 1827, 7 mars 1864; S. 51, II, 273; 64, I, 163.

(6) Marcadé, 901,3; Coin-Delisle, 901, 9, 10; Massé et Vergé, § 417-4; Aubry et Rau, § 648-7; Demolombe, XVIII, 362; Caen, 20 nov. 1826.

(7) Marcadé, 901,1; Coin-Delisle, 901,9; Troplong, 458 à 460; Demolombe, XVIII, 337; Cass., 26 mars 1822; 26 fév. 1838, 26 juill. 1842; Cass., 20 nov. 1826; Bordeaux, 14 avril 1836; Toulouse, 24 mai 1839; S. 36, II, 363, 409; 38, I, 533; 42, I, 937; Paris, 17 mars 1877; J. N., 21909.

de délire (1), de monomanie (2), d'ivresse (3), ou sous le coup d'une passion violente qui lui a troublé momentanément les facultés mentales (4).

55. — Appréciation. — C'est aux tribunaux qu'il appartient souverainement d'apprécier l'insanité d'esprit (5), en prenant en considération le caractère de la disposition (6). Il peut être décidé que l'insanité d'esprit ne résulte pas suffisamment : de l'abus de liqueurs alcooliques, d'une attaque d'apoplexie, de défaillance de mémoire (7), d'un caractère faible et bizarre (8); ni de divagations absurdes et malsaines provenant de l'étude de sciences occultes, si aucun trouble n'a jamais atteint les facultés du testateur dans l'ordre des faits de la vie pratique (9); — ni de l'allégation vague de l'affaiblissement physique et moral du testateur, alors qu'il n'est fourni aucun fait déterminé (10); — ni de la démence ou monomanie momentanée ou partielle, non suffisante pour caractériser l'insanité (11) ; — ni de ce que le testateur était placé dans un établissement d'aliénés (12); — ni du fait du suicide du testateur, peu d'instants après avoir testé (13); — ni de l'importance de legs faits à des domestiques (14); — ni de la colère ou de la haine dont le disposant est animé envers ses successibles; à moins qu'affectant l'intelligence du testateur, elle ne produise une véritable insanité ne lui permettant pas d'apprécier ses dispositions (15); ou encore à moins de dol et de fraude de la part du gratifié, par exemple, s'il l'a excité au moyen de manœuvres perfides ou d'insinuations calomnieuses (16).

56. — Mention de sanité. — Le notaire aussi est obligé, à un certain point de vue, d'apprécier l'état mental du disposant : — s'il reconnait qu'il n'est pas sain d'esprit, il doit refuser son ministère (17); — s'il a des doutes sur le véritable état des facultés intectuelles du disposant, il doit recevoir l'acte, mais en s'abstenant de parler de la sanité d'esprit; — enfin, si le disposant lui paraît certainement sain d'esprit, il peut déclarer qu'il l'a effectivement trouvé tel (18); par là, il constate seulement sa propre appréciation. En

---

Et le testateur, sur l'interpellation à lui faite par Me DARBLAY, a déclaré avoir signé autrefois, mais ne plus le savoir maintenant, en ayant totalement perdu l'habitude, les témoins et le notaire ont seuls signé, après lecture....., etc. (*Le surplus comme au n° 1er*),

5° *Le testateur a essayé de signer, mais il ne l'a pu* (n°s 168, 169).
Sous les caractères tracés par le testateur, on ajoute la mention suivante :
Et le testateur, sachant signer, a essayé de le faire, ce qui a donné lieu à la mention de signature qui précède; mais, à raison du grand état de faiblesse que lui cause la maladie dont il est atteint, il n'a pu tracer que des caractères informes, et a déclaré savoir signer,

---

(1) Coin-Delisle, 901,3; Demolombe, XXI, 343.

(2) Troplong, 451, 457; Bordeaux, 14 avril 1836; 27 mai 1852; Douai, 5 mai 1850; S. 36, II, 409: 51, II, 335. Voir cep. Demolombe, XVIII, 339, 340; Aubry et Rau, § 648-2.

(3) Duranton, VIII, 153; Duvergier sur Toullier, V, 159; Coin-Delisle, 901,3; Demante, IV, 17 *bis;* Troplong, 506; Demolombe, XVIII, 544; Rennes, 18 avril 1812; Caen, 9 janv. 1823.

(4) Coin-Delisle, 901,4; Demolombe, XVIII, 345; Liége, 12 fév. 1812.

(5) Paris, 4 déc. 1872; Cass., 26 fév. et 6 mars 1838, 21 janv. 1846, 9 avril 1862, 3 avril 1872, 7 avril 1874, 9 mars 1875, 14 fév. et 11 avril 1876, 6 août 1877; 12 nov. 1878; R. G. Defrénois, II, 1387; III, 2768; S. 38, I, 531, 835; 46, I, 171; 62, I, 569; 78, I, 272; Journ. not., 3148.

(6) Coin-Delisle, 901,7; Demolombe, XVIII, 336.

(7) Lyon, 9 août 1876; v. cep. Dijon, 22 mars 1878; R. N., 5665.

(8) Demolombe, XVIII, 353; Aix, 14 fév. 1808; Douai, 5 mai 1850; S. 51, II, 735; Rennes, 25 juill. 1867; Seine, 7 janv. 1868; Cass., 12 fév. 1868; R. G. Defrénois, I, 308; Paris, 27 nov. 1877; J. N., 21830.

(9) Cass., 6 août 1877; S. 78, I, 272.

(10) Cass., 14 fév. 1876; R. G. Defrénois, III, 2768.

(11) Paris, 25 janv. 1876; R. G. Defrénois, III, 2768.

(12) Demolombe, XVIII, 377; Gand, 25 juin [1874; Seine, 15 avril 1875; R. G. Defrénois, III, 2772.

(13) Coin-Delisle, 901,4; Aubry et Rau, § 648-4; Demolombe, XVIII, 344; Aix, 29 oct. 1825; Caen, 3 fév. 1826; Cass., 11 nov. 1829.

(14) Cass., 18 oct. 1809; Rouen, 17 déc. 1872; R. G. Defrénois, III. 2771.

(15) Lyon, 25 juin 1816; Cass., 9 mars 1875, 29 février 1876; R. G. Defrénois, III, 2769.

(16) Marcadé, 901,4; Coin-Delisle, 901,15; Toullier et Duvergier, V, 717; Grenier, I, 146; Demante, IV, 17 *bis;* Aubry et Rau, § 648-9; Demolombe, XVIII, 347, 348; Aix, 18 janv. 1808; Lyon, 25 juin 1816; Angers, 27 août 1821. CONTRA Troplong, 479; Limoges, 31 août 1810.

(17) Demolombe, XVIII, 367; Bordeaux, 5 août 1841; Douai, 5 mai 1851. Voir Cass., 2 juill. 1866.

(18) Grenier, I, 103; Coin-Delisle, 901,19; Massé et Vergé, § 417-7; Demolombe, XVIII, 367.

effet, il n'est pas juge de la capacité du testateur ; et la preuve contraire peut être faite sans pour cela que la responsabilité du notaire soit engagée ; alors surtout qu'il ne résulte nullement du testament aucune preuve ou indice que cette énonciation pouvait être inexacte (1).

57. — Preuve contraire. — La preuve du contraire peut être faite, sans qu'il soit nécessaire de s'inscrire en faux (2). Néanmoins, la voie de l'inscription de faux serait permise contre l'énonciation du notaire que le testateur a dicté le testament, si on offrait de prouver, en vue d'établir son imbécillité ou son insanité d'esprit, qu'il ne pouvait articuler des mots qui fussent entendus (3).

58. — Maladies. — Les maladies, quelque graves qu'elles soient, ni les infirmités physiques, quand elles n'altèrent pas les fonctions de l'intelligence, ne sont pas considérées comme constituant l'insanité d'esprit (4). Il faut en dire autant de l'âge avancé du testateur (5).

59. — Suggestion, captation. —

Est incapable de disposer par testament, celui qui se trouve sous la pression de suggestion et de captation, que ce soit de la part du légataire ou d'un tiers dans l'intérêt du légataire (6) ; mais seulement lorsque le dol, la fraude, ou les menées artificieuses s'y trouvent réunies (7). Elles ne résulteraient pas suffisamment : de l'affection entière concentrée sur la personne du légataire (8) ; — ni de services rendus dans un but intéressé, même par des gens déconsidérés (9) ; — ni de rapports nés du concubinage (10), les concubins n'étant pas incapables de se faire des libéralités (11) ; — ni de ce que le testateur aurait disposé d'après l'avis d'un conseil (12) ; — ni d'observations et interpellations adressées au testateur par les témoins, en dehors de toute pression (13). — Quand certaines dispositions du testament sont annulées pour cause de suggestion ou de captation, elles ne font pas obstacle à la validité de celles qui y sont étrangères (14).

60. — Violence. — La violence est une cause de nullité du testament ; par suite, un testament peut être annulé pour cause de

---

mais ne le pouvoir à cause de son grand état de faiblesse, les témoins et le notaire ont seuls signé, après nouvelle lecture de tout le contenu au présent testament, donnée, etc. (*Le surplus comme au n° 1er.*)

6° *Décès du testateur avant la signature* (nos 164, 165).

Au moment où Me DARBLAY a présenté la plume au testateur pour qu'il appose sa signature sur le présent testament, il a fait un effort pour lever la tête sans y réussir, et immédiatement il a rendu le dernier soupir ; ce qui a été constaté par le notaire et les

---

(1) Gand, 25 juin 1874 ; R. G. Defrénois, III, 2773.

(2) Toullier, VIII, 145 ; Grenier. I, 103 ; Duranton, VIII, 157 ; Coin-Delisle, 901,19 ; Marcadé, 901,3 et art, 1319 ; Bonnier, *Preuves*, n° 391 ; Troplong, n° 472 ; Massé et Vergé, § 417, 7 ; Aubry et Rau, § 648-11 ; Demolombe, XVIII, 365 ; Roll., *Acte authent.*, n° 66 ; Cass., 22 nov. 1810, 18 juin 1816, 27 fév. 1821 ; Caen, 19 janv. 1824 ; Bordeaux, 5 août 1841 ; Bourges, 26 fév. 1855 ; S. 55, II, 498.

(3) Larombière, 1319,7 ; Demolombe, XVIII, 366 ; Aubry et Rau, § 648-12 ; Cass., 1er déc. 1851 ; S. 52, I, 25.

(4) Demolombe, XVIII, 350 ; Bourges, 26 fév. 1855 ; S. 55, II, 498.

(5) Demolombe, XVIII, 354.

(6) Troplong, 499 ; Massé et Vergé, § 422-6 ; Demolombe, XVIII, 383 ; Besançon, 26 nov. 1856 ; Cass., 18 mai 1825, 8 août 1837, 16 mars 1875, 2 janv. 1878 ; S. 37, I, 957 ; 77, I, 117 ; 78, 1, 103.

(7) Marcadé, 901,4 ; Coin-Delisle, 901,16 ; Duranton, VIII, 161 ; Toullier, V, 713 ; Demante, IV, 17 *bis*; Troplong, 189 ; Massé et Vergé, § 422-4 ; Aubry et Rau, § 654-7 ; Demolombe, XVIII, 386 ; Paris, 31 janv. 1814 ; Agen, 7 mai 1851 ; Caen, 28 juill. 1873 ; Cass.. 6 janv. 1814, 18 mai 1825, 14 nov. 1831, 22 déc. 1841, 15 mai 1861, 21 juill. 1868, 16 mars 1875, 6 août 1877, 2 janv.

1878 ; R. G. Defrénois, I, 369 ; S. 31, I, 427 ; 43, I, 54 ; 51, II, 273 ; 62, I, 1049 ; 77, I, 117 ; 78, I, 103, 272.

(8) Cass., 31 juill. 1868 ; Caen, 28 juill. 1873 ; R. G. Defrénois, I, 369 ; III, 2770.

(9) Nîmes, 22 déc. 1866 ; Rouen, 27 juillet 1874 ; R. G. Defrénois, I, 309 ; III, 2770.

(10) Demolombe, XVIII, 496 ; Cass., 23 juin 1842, 26 mars 1860 ; Agen, 7 mars 1851 ; S. 42, I, 687 ; 51, II, 273 ; 60, I, 321 ; Rouen, 27 juin 1874 ; R. G. Defrénois, III, 2770.

(11) Grenier et Bayle-Mouillard, I, 148, note c ; Duranton, VIII, 242 ; Troplong, 568 ; Massé et Vergé, § 418-6 ; Aubry et Rau, § 649-11 ; Demolombe, XVIII, 566 ; Lyon, 25 mars 1835 ; Agen, 7 mai 1851, 16 juill. 1869 ; Cass., 1er août 1827, 25 janv. 1842, 26 mars 1860, 2 juill. 1866 ; Colmar, 2 juill. 1868 ; Paris, 26 déc. 1872 ; Amiens, 2 mars 1874 ; Orléans, 25 mai 1875 ; S. 35, II, 241 ; 42, I, 687 ; 51, II, 273 ; 60, I, 321 ; R. G. Defrénois, I, 313 ; II, 1356 ; III, 2705.

(12) Troplong, 497 ; Demolombe, XVIII, 397.

(13) Cass., 2 mai 1876 ; R. G. Defrénois, III, 2771.

(14) Demolombe, XVIII, 401 ; Troplong, 687 ; Bayle-Mouillard, I, 143, note c ; Aubry et Rau, § 655-11 ; Cass., 18 mai 1825, 17 juill. 1871 ; R. G. Defrénois, II, 1389.

violence, quand le testateur ne l'a fait que sous le coup de la terreur que lui inspirait le légataire, ou de la persécution dont il était l'objet de sa part, ou encore, de mauvais traitements, de privations que le testateur lui faisait subir (1).

61. — Dol. — Il en est de même du dol, quand il a pour résultat de vicier la volonté du testateur (2).

62. — Erreur. — Et aussi de l'erreur quand elle est de nature à vicier la volonté du testateur. Si donc, le testateur énonce que le legs a pour motif la non existence d'héritier, et que néanmoins il laisse à son décès des parents au degré successible dont il ignorait l'existence, la libéralité peut être déclarée nulle comme fondée sur une fausse cause (3). Il en est autrement s'il n'est pas établi que l'énonciation de la cause fausse ou erronée a été le motif déterminant du legs (4).

63. — Condamné. — Le condamné à une peine afflictive perpétuelle, ne peut disposer par testament, à moins que le gouvernement ne l'ait relevé de l'incapacité (*Loi 31 mai 1854, art. 5*). — Quant au condamné à temps, à une peine afflictive ou infamante, bien qu'il soit en état d'interdiction légale, il est cependant capable de tester (5).

64. — Interdit. — L'interdit étant assimilé au mineur, est incapable de disposer par testament (6). Toutefois, suivant quelques auteurs (7), le testament peut n'être pas annulé, si le légataire apporte la preuve que l'interdit l'a fait pendant un intervalle lucide. — D'ailleurs, le notaire, quand il est requis de recevoir le testament d'un interdit qui est en possession de toute sa sanité d'esprit, ne saurait refuser son ministère, car, en dehors de l'insanité d'esprit, il n'est pas juge de la capacité civile du testateur; sauf à faire mention de son état d'interdiction. Au surplus, sa responsabilité ne se trouverait pas engagée dans le cas où le testament serait annulé pour cette cause, puisque, en raison de l'incapacité déclarée par les tribunaux, les légataires institués seraient inhabiles à réclamer.

65. — Conseil judiciaire. — L'individu pourvu d'un conseil judiciaire est ca-

---

témoins, et ils ont, néanmoins, après lecture, apposé leurs signatures pour valoir ce que de raison.

Ou bien : Le testateur, immédiatement après avoir déclaré ne pouvoir signer et avant que les témoins et le notaire aient apposé leurs signatures, a rendu le dernier soupir; ce qui a été constaté par le notaire et les témoins, et ils ont, néanmoins, après lecture, apposé leurs signatures pour valoir ce que de raison.

FORMULE 2. — Deux notaires et deux témoins..

I. — *Notaires et témoins* (Nos 18 à 50).

Par devant Me Louis-Paul Lainé et Me Théodule Mesnil, notaires à....., département de....., soussignés.

En présence de :

1º M. Jean-Honoré Abey, propriétaire, demeurant à....., rue....., nº.....;

2º M. Germain-Denis Belin, marchand de nouveautés, demeurant à....., rue...., nº.....,

---

(1) Troplong, 480; Aubry et Rau, § 654-1, 16; Demolombe, XVIII, 380; Bordeaux, 8 mai 1860; Dijon, 17 juill. 1872; Cass., 19 juin 1877; S. 61, II, 433; 78, I, 271.

(2) Toullier, V, 702; Troplong, 488; Aubry et Rau, § 654-2; Massé et Vergé, § 423-4; Demolombe, XVIII, 382; Douai, 12 mars 1867; Caen, 28 juill. 1873; Cass., 16 mars 1875, 19 juin 1877, 2 janv. 1878; S. 68, II, 411; 74, II, 139; 77, I, 117; 78, I, 108, 271.

(3) Toullier, V, 654, 703; Troplong, 382; Demolombe, XVIII, 393; Aubry et Rau, § 654-4; Bruxelles, 10 juin 1812; Paris, 9 février 1867; S. 67, II, 129.

(4) Troplong, 379; Duranton, VIII, 546; Massé et Vergé, § 420-3; Paris, 8 mars 1867; S. 67, II, 185.

(5) Chauveau et Elie, C. pén., I, p. 211; Ortolan, Droit pén., nº 1557; Demolombe, I, 192 et XVIII, 462; Bayle-Mouillard, I, 113; Aubry et Rau, § 648-29; Rouen, 28 déc. 1822; Nîmes, 16 juin 1835; Colmar, 1er avril 1846; S. 35, II, 485; 46, II, 625. Contra Carnot, art. 29, C. pén.; Duranton, VIII, 181; Coin-Delisle, 932-5; Duvergier, *Vente*, I, p. 211.

(6) Marcadé, 901-2; Bayle-Mouillard, I, 103, note a; Troplong, 461, 462; Saintespès, I, 149; Demante, IV, 17 *bis;* Toullier, V, 57; Duranton, IX, 163; Aubry et Rau, § 648-6.

(7) Coin-Delisle, 901-10; Demolombe, VIII, 633 à XVIII, 371; Valette, *Explic. somm.*, p. 363, 364..

pable de tester si, d'ailleurs, il est sain d'esprit (1).

66. — Sourd. — Muet. — L'individu complétement sourd et illettré est incapable de tester, *infra* n° 154 (2). En outre, les muets ne pouvant dicter, sont incapables de disposer par testament public (3); mais ils peuvent faire un testament olographe ou mystique (4).

67. — Sourd et muet. — Ce qui est dit au numéro précédent est, à plus forte raison, applicable à celui qui est à la fois sourd et muet (5). Toutefois, par un système ingénieux d'éducation, on est parvenu à rendre aux sourds-muets l'usage de leur organe vocal, avec l'entière intelligence des paroles qu'ils prononcent. Un sourd-muet qui a reçu cette éducation a la possibilité d'exprimer, comme tout autre, sa volonté par la parole; par conséquent, il peut dicter et, dès lors, il est apte à faire un testament par acte public (6), sauf à lui donner ensuite le testament à lire, *infra* n° 155. — Cependant, en raison de la controverse, il est toujours préférable d'employer la forme olographe ou mystique, et de ne recourir au testament par acte public que quand il est impossible de se servir de l'une ou de l'autre de ces deux formes.

68. — Femme mariée. — Comme conséquence du principe établi, *supra* n° 6, la femme mariée n'a besoin ni du consentement de son mari ni de l'autorisation de justice pour disposer par testament. (*C. civ., 226, 905.*) Cette disposition constitue un statut personnel; par suite, la femme française peut tester dans cette forme, même dans un pays étranger où l'autorisation du mari est exigée (7).

69. — Mineur. — Le mineur âgé de moins de seize ans, émancipé ou non, ne peut tester. Quant au mineur parvenu à l'âge de seize ans révolus (8), qu'il soit émancipé ou non (9), il ne peut disposer que par testament (authentique, olographe ou mystique), et dans cette forme il ne peut disposer, même en faveur de son conjoint (10), que jusqu'à concurrence seulement de la moitié des biens dont la loi permet au majeur de disposer. (*C. civ., 904.*)

Témoins instrumentaires réunissant les qualités voulues par les articles 975 et 980 du Code civil, dont Mᵉ LAINÉ, l'un des notaires soussignés, a donné lecture à l'instant; ainsi affirmé par les témoins sus-nommés et le testateur. — *Si le testateur les a choisis lui-même, on ajoute :* qui d'ailleurs les a choisis et appelés lui-même pour être témoins au présent testament.

II. — *Comparution du testateur* (N°ˢ 51 à 75).

A COMPARU :

Mᵐᵉ Aglaé-Hortense PINEL, rentière, demeurant à....., rue....., n°......, veuve de M. Jérôme MEUNIER.

« Malade de corps, mais saine d'esprit, ainsi qu'il est apparu aux notaires et témoins. »

---

(1) Marcadé, 513-1; Toullier, V, 59 ; Duranton, IX, 801 ; Coin-Delisle, 9011-1; Demolombe, XVIII , 373; Troplong, 465, 532; Massé et Vergé, § 648-8, 28; Lyon, 21 août 1825; Dijon, 14 mai 1847; Cass., 26 juin 1821, 24 fév. 1849; S. 48, II, 95.

(2) Duranton, IX, 83; Roll. de Vill., *Test.*, 31; Dict. not., *ibid.*, 51.

(3) Grenier, I,283; Duranton, IX, 69; Solon, null., 1,53; Coin-Delisle, 979-7 ; Troplong, n°ˢ 537, 1449; Massé et Vergé, § 436, note 1 ; Demolombe, XXI, 168, 169, 244; Cass., 10 avril 1854.

(4) Grenier, I, 284; Demolombe, XXI,71 *bis*; Roll., *Test.*, 35, 36; Coin-Delisle, 979-2 ; Troplong, n°ˢ 537, 1449; Duranton, IX,134; Saintespès, I, 167; Massé et Vergé, § 417, note 11; Colmar, 17 janv. 1815; Bordeaux, 19 août 1836; Rouen, 26 mai 1851; Pau, 23 déc. 1851; S. 51, II, 716; 52, II, 467.

(5) Autorités citées aux deux renvois qui précèdent.

(6) Coin-Delisle, 972-11 : Bayle-Mouillard , II, 230, note *a;* Saintespès-Lescot, IV, 1039. CONTRA Demolombe, XXI, 244.

(7) Paris, 10 août 1872; R. G. Defrénois, II, 1390.

(8) Marcadé, 904-1; Troplong, n° 589 ; Duranton, VIII, 186; Coin-Delisle, 903-5; Bayle-Mouillard, I, 108; Saintespès, I, 177; Aubry et Rau, § 648-18; Massé et Vergé, § 417-17; Demolombe, XVIII, 408; Cass., 19 janv. 1810.

(9) Duranton, VIII, 182; Grenier, II, 461; Troplong, n° 590; Coin-Delisle. 903-34; Massé et Vergé, § 417-15; Aubry et Rau § 648-20; Marcadé, 904-3; Demolombe, XVIII, 410; Paris, 11 déc. 1812; Limoges, 15 janv. 1822; Caen, 18 août 1838; Cass., 12 avril 1843; S. 34, II, 461; 42, II, 124; 43, I, 273. CONTRA Taulier, IV, p. 27; Saintespès, 1,173.

(10) Toullier, III, 925; Duranton, VIII, 187; Grenier, I, 461; Troplong, 2590; Coin-Delisle, 904-7; Massé et Vergé, § 417-19; Aubry et Rau, § 648-21; Demolombe, XVIII,421; Paris, Limoges, Caen, précités; trib. Langres, 9 août 1871; R. G. Defrénois, II, 1391. CONTRA Saintespès, I, 178.

Peu importe, dans tous les cas, qu'il décède ensuite après son âge de majorité, la disposition ne devant produire son effet qu'à raison de la capacité au jour du testament (1). Voir à ce sujet notre *Traité des liquidations et partages*, tome I, nᵒˢ 1511 à 1527.

70. — Mineur. — Tuteur. — En raison de ce qu'il est sous la dépendance et l'autorité de son tuteur, le mineur, quoique parvenu à l'âge de seize ans, ne peut, même par testament, disposer, soit directement, soit au moyen d'un acte onéreux ou d'une personne interposée, ni à titre rémunératoire (2), au profit de son tuteur (*C. civ.*, 907), que la tutelle soit testamentaire, légitime ou dative ; ce qui s'étend à ceux qui, à d'autres titres, ont eu l'administration des biens du mineur, tels que : le co-tuteur (3) ; le tuteur officieux ; le protuteur (4) ; le tuteur de fait, c'est-à-dire celui qui, sans être tuteur a géré comme s'il l'était (5). — Si le mineur, âgé de plus de seize ans, a disposé en faveur d'un parent ou autre, qui n'était pas alors son tuteur, mais l'est devenu depuis, le legs est également nul,

en raison de la prohibition qui est venue frapper le légataire (6).

71. — Majeur. — Ex-tuteur. — Le mineur parvenu à sa majorité ne peut, non plus, disposer par donation entre-vifs ou testament au profit de son ex-tuteur, ex-cotuteur, etc., si le compte définitif de la tutelle n'a été préalablement rendu et apuré (*C. civ.*, 907), que le reliquat soit ou non payé (7), ou si la prescription de dix ans résultant de l'art. 475 ne s'est trouvée préalablement accomplie (8). Jusque là la tutelle est réputée durer dans les rapports entre le tuteur et l'ex-mineur, de sorte que le tuteur le tient encore indirectement en sa puissance. Le legs, nul dans son principe, en raison de l'incapacité du testateur au moment de la confection du testament, ne saurait être validé par ce fait que le compte de tutelle aurait été ensuite rendu et apuré (9). — Même lorsque le compte a été rendu et apuré, le legs peut être encore annulé s'il est établi que la reddition et l'apurement sont simulés et frauduleux, et ont été concertés dans le but d'échapper à l'incapacité (10), ou si l'a-

---

III. — *Dictée* (Nᵒˢ 116 à 122).

Laquelle a dicté à Mᵉ LAINÉ et Mᵉ MESNIL, notaires soussignés, en présence des deux témoins, son testament ainsi qu'il suit :

IV. — *Légataire* (Nᵒˢ 76 à 115).

« Je lègue à....., etc. » — *Voir, pour les dispositions testamentaires,* infra *formules 14 et suivantes.*

V. — *Ecriture et lecture* (Nᵒˢ 116 à 142).

Le présent testament a été écrit en entier par Mᵉ LAINÉ, l'un des notaires soussignés, de sa main, tel qu'il a été dicté aux deux notaires par le testateur ; puis Mᵉ LAINÉ l'a lu au testateur, qui a déclaré qu'il contient bien ses volontés et qu'il y persiste. Le tout en la présence continue de Mᵉ MESNIL et des deux témoins.

---

(1) Toullier, V, 88 ; Duranton, VIII, 175, 188 ; Vazeille, 903-2 ; Demante, IV, 22 *bis* ; Saintespès, I, 179 ; Coin-Delisle, 904-11 ; Bayle-Mouillard, I, 583 ; Marcadé, 904-1 ; Massé et Vergé, § 419 ; Aubry et Rau, § 650-6 ; Demolombe, XVIII, 425 ; Troplong, nᵒ 591 ; Dict. not., *Test.*, nᵒ 56 ; Orléans, 7 avril 1848 ; Cass., 30 août 1820.

(2) Marcadé, 907-3 ; Coin-Delisle, 907-7 ; Demolombe, XVIII, 475.

(3) Vazeille, 907-6 ; Marcadé, 907-1 ; Coin-Delisle, 907-10 ; Zach., § 116 ; note 7 ; Roll., *Don*, nᵒ 34 ; Troplong, nᵒˢ 625 et 626 ; Demolombe, XVIII, 485 ; Metz, 18 janv. 1821 ; Limoges, 14 mars 1822 ; Cass., 14 oct. 1836 ; Montpellier, 21 déc. 1837. Voir Cass., 11 mai 1864.

(4) Coin-Delisle, 907-10 ; Marcadé, 907-1 ; Demolombe, XVIII, 485 ; Aubry et Rau, § 649-24 ; Cass., 27 nov. 1848 ; S. 49, I, 12.

(5) Duvergier sur Toullier, V, 65 ; Troplong, 625 ; Bayle-Mouillard, I, 122 ; Demolombe, XVIII, 485 ; Metz,

18 janv. 1821 ; Limoges, 4 mars 1822 ; Cass., 14 déc. 1836 ; Montpellier, 21 déc. 1837 ; S. 37, I, 88 ; 38, II, 390. CONTRA Nimes, 16 août 1833 ; S. 34, II, 117.

(6) Coin-Delisle, 902-8 ; Bayle-Mouillard, I, 141 ; Demolombe, XVIII, 726. CONTRA Demante, IV, 39 *bis*.

(7) Toullier, V, 65 ; Troplong, 622 ; Duranton, VIII, 199 ; Coin-Delisle, 907-13 ; Massé et Vergé, § 418-19 ; Demante, IV, 27 *bis* ; Demolombe, XVIII, 482 ; Aubry et Rau, § 649-20.

(8) Toullier, V, 63 ; Grenier, I, 119 ; Duranton, VIII, 199 ; Coin-Delisle, 907-13 ; Demante, IV, 27 *bis* ; Demolombe, XVIII, 480 ; Marcadé, 907-2 ; Troplong, 623 ; Colmar, 19 janvier 1842. S. 42, II, 365 ; voir cep. Cass., 31 mai 1858 ; S. 58, I, 762.

(9) Coin-Delisle, 907-2 et 15 ; Bayle-Mouillard, I, 141, note *d* ; Demolombe, XVIII, 725 ; Cass., 27 nov. 1848 ; S. 49, I, 12. CONTRA Marcadé, 907-3.

(10) Cass., 31 mai 1858 ; S. 58, I, 762.

purement n'a pas été précédé dix jours auparavant de la remise des pièces justificatives du compte (1).

72. — Ascendants. — Dans les cas des deux numéros qui précèdent, il y a exception, en raison des sentiments de famille et d'affection, pour les ascendants des mineurs qui sont ou ont été leurs tuteurs (*C. civ.*, 907). Mais non pour les ascendants par alliance ; par exemple, le second mari de la mère tutrice (2).

73. — Non extension. — L'incapacité résultant de l'art. 907 est spéciale au tuteur du mineur. Elle ne s'étend pas, après son décès, à ses héritiers (3) ; et elle ne s'applique pas au tuteur de l'ex-interdit (4). Elle ne s'applique pas non plus au tuteur *ad hoc* (5) ; — ni au subrogé tuteur (6) ; — ni aux curateur, conseil de tutelle, conseil judiciaire, membres du conseil de famille, administrateur ordinaire, mandataire, intendant, gérant d'affaires, etc. (7) ; — ni aux maîtres de pensions et instituteurs (8) ; — ni à l'ex-tuteur qui a cessé ses fonctions, soit parce qu'il s'est fait excuser et a été remplacé, soit parce que le mineur a été émancipé, si d'ailleurs le compte de tutelle a été rendu et apuré (9), sans qu'il soit nécessaire que le reliquat en ait été payé (10) ; mais sauf le cas de dol et de fraude, par exemple, si le tuteur s'est fait remplacer ou a fait émanciper le mineur dans le but qu'il puisse disposer en sa faveur (11).

74. — Tiers présent. — L'intervention d'une personne étrangère, pendant la confection du testament, à la demande du testateur ; soit pour attester la véracité d'un fait mentionné, soit pour l'éclairer de ses conseils, n'entraînerait pas la nullité du testament, aucune disposition législative ne prohibant cette intervention (12). Cependant il est préférable que personne n'assiste le testateur, de manière qu'il soit seul avec le notaire et les témoins ; c'est ce qui est généralement observé dans la pratique et avec grande raison, afin que la suggestion ni la captation ne puissent être invoqués.

75. — Légataire présent. — La présence du légataire, bien qu'elle ne soit point irréprochable, ne serait pas non plus une cause de nullité du testament (13). Mais si son intervention dans le testament avait lieu, afin d'accepter la disposition faite à son profit, nous pensons, malgré une doctrine contraire (14), qu'elle pourrait être de nature à nuire à l'es-

---

Si le testament a été écrit en partie par l'un des notaires et en partie par l'autre (n° 123) :
Le présent testament a été écrit en entier de la main des deux notaires, tel qu'il leur a été dicté par le testateur, savoir : les quatre premières pages par Mᵉ Lainé, et le surplus par Mᵉ Mesnil ; puis Mᵉ Lainé l'a lu au testateur, qui a déclaré qu'il contient bien ses volontés et qu'il y persiste ; le tout en la présence continue de Mᵉˢ Lainé et Mesnil et des deux témoins.

VI. — *Interpellation sur les témoins* (N° 46).

Sur l'interpellation que leur a faite Mᵉ Lainé, l'un des notaires soussignés, le testateur

---

(1) Marcadé, 907-2 ; Coin-Delisle, 907-14 ; Bayle-Mouillard, I, 119 ; Massé et Vergé, § 244-11 ; Aubry et Rau, § 649-17 ; Demolombe, XVIII, 48 *bis* ; Bordeaux, 29 juill. 1857 ; S. 57, II, 664. Contra Duranton, VIII, 179.

(2) Coin-Delisle, 907-9, 10 ; Troplong, 628, Aubry et Rau, § 649-30 ; Massé et Vergé, § 224-4 ; Demolombe, XVIII, 495 ; Metz, 18 janv. 1821.

(3) Grenier et Bayle-Mouillard, I, 121 ; Demolombe, XVIII, 497 ; Dict. not., *Don*, n° 189, 2° ; Liége, 14 mai 1873 ; R. G. Defrénois, III, 2774.

(4) Marcadé, 907-5 ; Demante, IV, 27 ; Dalloz, *Disp. entre-vifs*, 355 ; Demolombe, XVIII, 488. Contra Coin-Delisle, 907-12 ; Guilhon, 79 ; Roll., *Don*, 133 ; Taulier, IV, p. 30 ; Rennes, 11 août 1838 ; S. 39, I, 688.

(5) Coin-Delisle, 907-10 ; Marcadé, 907-1 ; Demante, IV, 27 *bis* ; Troplong, 624 ; Demolombe, XVIII, 489. Contra Massé et Vergé, § 224-5.

(6) Demolombe, XVIII, 490.

(7) Marcadé, 907-1 ; Coin-Delisle, 997-9 ; Toullier, V, 65 ; Bayle-Mouillard, I, 122, note *a* ; Troplong, 624 ; Demolombe, XVIII, 490.

(8) Toullier, V, 66 ; Duranton, VIII, 194 ; Marcadé, 907-1 ; Troplong, 624 ; Demolombe, XVIII, 492 ; Aubry et Rau, § 649-13.

(9) Marcadé, 907-2 ; Coin-Delisle, 907-13, note ; Massé et Vergé, § 418-18 ; Demante, IV, 27 *bis*, 1° ; Demolombe, XVIII, 476 ; Troplong, 621 ; Aix, 14 mai 1860 ; S. 61, II, 268. Contra Roll., *Don*, 132 ; Bayle-Mouillard, I, 118 ; Saintespès, I, 209 ; Bruxelles, 14 déc. 1814 ; Metz, 18 janv. 1821.

(10) Mêmes autorités. Contra Coin-Delisle, 907-4 et 13.

(11) Coin-Delisle, 907-5 ; Demolombe, XVIII, 478.

(12) Grenier, I, 645 ; Demolombe, XXI, 224 *bis*.

(13) Coin-Delisle, 972-12 ; Demolombe, XXI, 225.

(14) Duvergier sur Toullier, V, 13, note 3 ; Duranton, IX. 11 ; Troplong, 43 et 44.

sence du testament, qui est d'être unilatéral, et que, d'autre part, la suggestion serait plus facilement admissible ; et, en raison de cela, nous sommes d'avis que l'intervention du légataire doit être soigneusement évitée (1).

§ 4. — Légataires.

76. — Généralité. — Toutes personnes peuvent recevoir par testament, excepté celles que la loi en déclare incapables (*Cod. civ.*, *902*). Il suffit que la capacité existe au jour du décès du testateur (2), et si le legs est conditionnel au jour de l'avénement de la condition (3).

77. — Viabilité. — Sont incapables de recevoir par testament : 1° ceux qui ne sont pas conçus à l'époque du décès du testateur (*C. civ. 906*), même lorsque le legs est conditionnel ou soumis à une condition suspensive (4) [voir cependant *infra* n° 317] ; 2° ceux qui, bien que conçus à l'époque du décès du testateur, ne naissent pas viables (*C. civ. 906*).

78. — Condamné. — Le condamné à une peine afflictive perpétuelle ne peut recevoir par testament si ce n'est pour aliments, à moins que le gouvernement ne l'ait relevé de son incapacité. (*Loi 31 mai 1854, art. 3 et 4*).

79. — Tuteur. — Le tuteur, autre qu'un ascendant, est incapable de recevoir de son pupille âgé de plus de seize ans ; et même de son ex-pupille, devenu majeur, si le compte de tutelle n'a été préalablement rendu et apuré, *supra* n°s 70, 71.

80. — Prohibition de posséder. Ne peuvent recevoir par testament les personnes qui, en vertu d'une loi, sont privées du droit de posséder des biens en France. Il en était ainsi sous la royauté de Juillet et sous le deuxième empire, des membres des anciennes familles royales (5). (*Loi 10 avril 1832 et décret 27 janvier 1852.*)

81. — Enfants naturels. — Les enfants naturels reconnus ne peuvent recevoir de leurs père ou mère au-delà de ce qui leur est accordé au titre *Des successions* (*C. civ.*, *757*, *908*); et les enfants adultérins et incestueux au delà des aliments que la loi leur accorde (*C. civ.*, *762 à 764*). De sorte que si la disposition excède leurs droits, elle est réductible ; à moins d'acquiescement ou de ratification de la part de ceux qui auraient le droit de s'en prévaloir (6). Ainsi, par exemple : le testateur

---

et les deux témoins ont déclaré individuellement que lesdits deux témoins ne sont parents ni alliés d'aucun des légataires ci-dessus nommés (*voir aussi formule précédente, paragraphe VI*).

VII. — *Lieu et date* (N°s 143 à 145).

Dont acte.

Fait et passé à....., rue....., n°....., en la demeure de la testatrice, dans le salon, éclairé par deux fenêtres sur la rue, où la testatrice était placée dans un fauteuil, à la droite du foyer.

L'an mil huit cent soixante-dix-neuf, le vingt-cinq janvier.

VIII. — *Témoins certificateurs s'il y a lieu.*

Voir la formule précédente, paragraphe VIII.

IX. — *Signatures* (N°s 157 à 173).

Et la testatrice a signé avec les deux témoins et les notaires, après lecture à elle donnée par Me Lainé ; le tout en présence de Me Mesnil et des deux témoins.

Voir, pour tous les autres cas, la formule précédente, paragraphe IX.

---

(1) Voir Demolombe, XXI, 227.
(2) Merlin, Rép., *Légat.*, § 3, n° 1; Marcadé, 906-1; Coin-Delisle, 906-9; Duranton, VIII, 230; Troplong, 435; Massé et Vergé, § 419-9: Aubry et Rau, § 650-10; Demolombe, XVIII, 715; voir cep. Cass., 27 nov. 1848; S. 49, I, 12.
(3) Marcadé, 906-1; Coin-Delisle, 906-9; Duranton, VIII, 230; Troplong, 439; Grenier et Bayle-Mouillard, I, 142; Massé et Vergé, § 419-9; Aubry et Rau, § 650-11;

Demolombe, XVIII, 718; Chambéry, 8 juill. 1864; S. 64, II, 298.
(4) Toullier, V, 92; Troplong, 607; Demante, IV, 38 bis; Demolombe, XVIII, 580, 581; Coin-Delisle, 906-4; Aubry et Rau, § 649-2.
(5) Cass., 6 août 1862; J. N., 17538; S. 62, I, 773.
(6) Demolombe, XIV, 83; Cass., 16 août 1841; Rennes, 26 juill. 1843; Toulouse, 7 fév. 1844; S. 44, I, 609; 44, II, 344; 45, II, 256.

a deux enfants légitimes et un enfant naturel, il ne peut disposer en faveur de l'enfant naturel au delà d'un neuvième, quoiqu'il puisse disposer en outre en faveur d'un étranger de cinq dix-huitièmes, formant la quotité disponible sur les portions héréditaires des enfants légitimes ; — s'il a son père, des frères et sœurs et un enfant naturel, il peut laisser sa succession à l'enfant naturel pour moitié seulement, quoiqu'il puisse disposer du quart dévolu aux frères et sœurs ; — s'il a seulement des frères et sœurs et un enfant naturel, il ne peut disposer également en faveur de celui-ci que de moitié, quoiqu'il puisse léguer la moitié dévolue aux frères et sœurs ; — enfin, s'il n'a que des collatéraux autres que frères et sœurs et un enfant naturel, il peut léguer trois quarts seulement à l'enfant naturel, bien qu'il puisse disposer du quart de surplus en faveur d'un étranger. Les pères ou mères naturels peuvent, en instituant un tiers, laisser intacte, en faveur de leur enfant naturel, la part que la loi lui attribue (1).

82. — Ibid. — Parents. — L'enfant naturel, incestueux ou adultérin, n'est pas incapable vis à vis des parents quels qu'ils soient, de ses père ou mère. Ainsi, il peut recevoir la quotité disponible dans la succession du père et de la mère, de son père naturel ou de sa mère naturelle (2).

83. — Ibid. — Descendants. — L'incapacité étant de droit étroit, ne s'étend pas non plus aux descendants légitimes de l'enfant naturel, après le décès de celui-ci, alors qu'ils ne sont plus considérés comme personne interposée (3). Ils peuvent donc, dans ce cas, recevoir personnellement au delà de ce que leur auteur aurait pu lui-même recevoir dans la succession de son père naturel ou de sa mère naturelle (4). Décidé qu'il le peut aussi personnellement, alors même que l'enfant naturel serait existant et viendrait à la succession, si la reconnaissance de cet enfant est postérieure au testament qui a institué ces enfants (5).

84. — Ibid. — Reconnaissance. — Pour que la prohibition de l'art. 908 reçoive son application, il faut que l'enfant naturel ait été légalement reconnu (6) ou, s'il n'a pas été reconnu, qu'il résulte des dispositions du testament que le legs qu'il contient à son profit a pour cause déterminante et unique, la qualité d'enfant naturel que le testateur lui a attribuée dans le testament (7). Il est donc utile d'éviter, quand une disposition est faite en faveur de l'enfant naturel par son père ou

---

FORMULE 3. — Testament dans une campagne. Témoins ne sachant signer
(Nos 170 à 173).

Par devant Mᵉ Charles Harpin, notaire en la commune de...., canton de....., département de....., soussigné;
En présence de :
1° M. Denis Dumont, cultivateur;
2° M. Honoré Varlot, tonnelier;
3° M. Vital Moulin, journalier,
4° Et M. Eugène Machet, charretier;

---

(1) Gilbert; S. 59, II, 883; Cass , 29 nov. 1825; 14 mars 1837; 7 fév. 1865; S. 37, I, 314; 65, I, 105. Contra Demolombe, XVIII, 554 ter ; Dutruc, S. 59, II, 881.

(2) Marcadé, art. 908 et Rev. crit., 1852, p. 209; Toullier, V, 71 ; Troplong, 628; Massé et Vergé, § 418-22; Aubry et Rau, § 649-53; Demolombe, XIV, 83 et 88; XVIII, 562; Dict. not., Port. disp., 90; Roll. de Vill., Suc., 184; Rouen, 10 mars 1851; J. N., 14390; S. 51, II, 211, 699. Contra Besançon, 25 juin 1808.

(3) Aubry et Rau, § 649-54; Gand, 26 février 1874; R. G. Defrénois, III, 2709.

(4) Marcadé, 911-2 ; Massé et Vergé, § 418-23; Aubry et Rau, § 649-55; Saintespès, II, 238 ; Colmar, 31 mai 1825; Douai, 9 mai 1836; Cass., 13 avril 1840; Rouen, 10

et 20 mars 1851; Montpellier, 28 janvier 1864; Gand, 26 février 1874; Alger, 31 mai 1876; Bastia, 23 juill. 1878; R. G. Defrénois, III, 2707, 3841; S. 36, II, 573; 40, I, 440; 51, II, 211, 699; 64, II, 84; 78, II, 260. Contra Marcadé, art. 908 et 911; Toullier, IV, 260; Duranton, VIII, 247; Belost-Jolimont, 759, obs. 3; Richefort, État des fam., II, 322; Demolombe, XIV, 95; Hureaux, V, 229; Paris, 26 déc. 1828.

(5) Cass., 28 mai 1878; Journ. not., 3105.

(6) Nancy, 17 nov. 1877; J. N. 21775.

(7) Aubry et Rau, § 568 ter-14; Nîmes, 2 mai 1837; Cass., 7 déc. 1840; Paris, 11 août 1866; Caen, 11 déc. 1876; J. N. 21571; S. 37, II, 317; 41, I, 140; 67, II, 137; 77, II, 8; voir cep. Nîmes, 1er février 1843; P. 43, I, 299.

sa mère qui ne l'a pas reconnu, de ne pas le qualifier d'enfant naturel.

85. — Ibid. — Cours du mariage. — La reconnaissance faite par l'un des époux pendant le mariage, au profit d'un enfant naturel qu'il a eu avant son mariage d'un autre que de son conjoint, ne peut nuire ni à celui-ci, ni aux enfants légitimes issus du mariage (*C. civ.*, *337*). En un tel cas, l'enfant naturel, en présence d'un enfant légitime, est privé de tout droit dans la succession, et si un legs lui a été fait par le conjoint qui l'a reconnu, ce legs est nul (1).

86. — Ibid. — Recherche. — La recherche de la maternité admise par l'art. 341 du Code civil, a été introduite uniquement dans l'intérêt et au profit de l'enfant et non contre lui. Il s'ensuit que la reconnaissance judiciaire ne peut être demandée contre lui, par les héritiers du disposant, dans le but d'obtenir la réduction des libéralités faites en sa faveur (2).

87. — Ibid. — Adultérinité. — Il n'y a lieu à la nullité d'un legs fondé sur la pensée du testateur que le légataire était son enfant adultérin, qu'autant que la preuve de cette croyance résulte du testament même, comme aussi qu'il en résulte également qu'elle a été la cause déterminante de la libéralité (3).

88. — Ibid. — Collatéraux. — La prohibition de recevoir à l'égard de l'enfant naturel, étant fondée sur la dignité du mariage et sur la protection du principe de la famille, est applicable, même lorsque le défunt a laissé des collatéraux exclus par un légataire universel; dans ce cas, l'action en réduction du legs fait à l'enfant naturel appartient au légataire universel (4).

89. — Médecin. — Pharmacien. — En raison de l'abus de l'influence qui pourrait être exercée contre un malade, et afin de le prémunir contre l'ascendant de ceux qui lui administrent le secours de l'art médical, la loi déclare incapables de recevoir par donation ou testament, les docteurs en médecine ou en chirurgie, les officiers de santé et les pharmaciens qui ont traité une personne pendant la maladie dont elle est morte, à l'égard des dispositions entre-vifs ou testamentaires qu'elle aurait faites en leur faveur pendant le cours de cette maladie (*C. civ.*, *909*); qu'ils soient gradués en France ou dans des universités étrangères (5); et sans qu'il y ait lieu de distinguer s'ils exercent encore ou non leur profession (6); ni si le traitement est contemporain du testament (7). — Les mêmes

---

Demeurant tous au hameau de....., dépendant de la commune de......

Témoins, etc. (*voir formule* 1).

Etant fait observer qu'en raison de la population très-restreinte de la section de commune où le présent testament est reçu, le notaire a dû admettre parmi les témoins deux personnes ne sachant signer.

A comparu :

M. Louis-Joseph Mutel, charpentier, demeurant en la commune de....., section de....

« Mondit sieur Mutel, malade de corps par suite d'un accident dont il a été victime » pendant son travail, mais étant sain d'esprit, ainsi qu'il est apparu aux notaire et té- » moins. »

Lequel a dicté, etc.

« Je lègue, etc. »

Le présent testament a été écrit, etc.

---

(1) Demolombe, V, 457; Demante, II, 65 *bis*-3; Poitiers, 5 mai 1858; S. 58, II, 420.

(2) Marcadé, 342-8; Duranton, III, 342; Hélie, *C. Pén.*, V, p. 183; Demolombe, V, 527; Roll. de Vill., *Enf. naturel*, 25, 37; Amiens, 9 août 1821, 25 janv. 1838; Paris, 29 avril 1844; Colmar, 4 mai 1844; Cass., 20 nov. 1843, 4 fév. 1851; Caen, 1ᵉʳ mars 1860; Seine, 11 juin 1875; Nancy, 17 nov. 1877; J. N. 21775; R. G. Defrénois, III, 2442. Contra Chardon, *Dol*, III, 392; Pont., *Rev. crit.*, 1851, p. 578; Rochefort, III,

336; Valette, II, p. 140; Cass., 12 juin 1823, 7 avril 1830.

(3) Amiens, 14 janv. 1864; Cass., 4 janv. 1832, 31 juillet 1860, 22 janv. 1867, 6 déc. 1876; S. 32, I, 145; 60, I, 833; 64, II, 11; 67, I, 49; 77, I, 67; J. N., 21572.

(4) Paris, 6 août 1872; R. G. Defrénois, II, 1359.

(5) Bayle-Mouillard, I, 126, note *c ;* Demolombe, XVIII, 514.

(6) Coin-Delisle, 909-5; Demolombe, XVIII, 515.

(7) Paris, 8 mars 1867; S. 67, II, 169.

raisons existent à l'égard des empiriques, charlatans, magnétiseurs et somnambules qui traitent le malade et la prohibition de l'art. 909 leur est applicable (1). Mais elle ne saurait être étendue aux gardes-malades (2); — ni aux sages-femmes (3), à moins qu'elles n'aient exercé un véritable traitement médical ou chirurgical (4); — non plus qu'aux médecins qui ont seulement assisté à des consultations (5), ou n'ont fait que donner au malade des soins et des remèdes prescrits par un autre, ou des soins purement accidentels (6); — ni aux pharmaciens qui ont seulement fourni des médicaments (7).

90. — Bonne santé. — Si la disposition a été faite en bonne santé ou dans le cours d'une maladie précédente, elle ne tombe pas sous le coup de la prohibition de l'art. 909, alors même que le médecin aurait traité ou assisté le malade dans sa dernière maladie (8).

91. — Maladie chronique. — Si le testateur était atteint d'une maladie chronique, on ne doit considérer comme dernière maladie que la période où le mal s'était aggravé de manière à ôter tout espoir de guérison (9).

92. — Exceptions. — Dans tous les cas, sont exceptées de la prohibition par l'art. 909 du Code civil : 1° les dispositions rémunératoires faites à titre particulier, et non pas universelles ou à titre universel à peine de nullité (10), eu égard aux facultés du disposant et aux services rendus (11), et par conséquent réductibles si elles excèdent les services rendus et les facultés du disposant (12); il n'est pas nécessaire, bien que cela soit préférable, que le testament exprime que la disposition est faite à titre rémunératoire; d'où il suit qu'une disposition nulle, comme étant faite au médecin, peut valoir, à titre rémunératoire, sauf réduction (13); — 2° les dispositions même universelles, dans le cas de parenté, et non pas seulement d'alliance (14), jusqu'au quatrième degré inclusivement; pourvu toutefois que le décédé n'ait pas laissé d'héritiers en ligne directe, à moins que celui au profit

---

Sur l'interpellation que leur a faite, etc.
(*Voir la suite relativement à ces quatre points,* supra *formules I,* §§ *III, IV, V et VI.*)
Dont acte,
Fait et passé à....., section de....., en la demeure du testateur, dans la pièce formant son habitation, où il est alité.

---

(1) Toullier, V, 68; Duranton, VIII, 251; Taulier, IV, p. 31; Massé et Vergé, § 418-26; Marcadé, 909-1; Troplong, 647; Demolombe, XVIII, 511 à 513; Bayle-Mouillard, I, 126 note *c*; Paris, 9 mai 1820; Grenoble, 6 fév. 1830; Caen, 10 août 1841; Toulouse, 9 juill. 1857, 12 août 1859; Lyon, 23 juin 1859; Cass., 17 déc. 1859. S. 59, II, 625; 60, I, 298; V. cep. Coin-Delisle, 909-6; Demante, IV, 30 *bis;* Cass., 24 juill. 1832; S. 32, I, 503.

(2) Coin-Delisle, 909-7; Saintespès, I, 241; Troplong, 648; Dalloz, 359; Mourlon, II, p. 271; Demolombe, XVIII, 509; Dict. not. *Donat.,* 212.

(3) Coin-Delisle, 909-7; Saintespès, I, 242; Dalloz, 360; Demolombe, XVIII, 510; Roll. de Vill., *Donat.,* 157; Troplong, 648; Massé et Vergé, § 418-26, CONTRA, Vazeille, 909-10; Poujol, 909-5; Marcadé, 909-1; Mourlon, II, p. 271; Dict. not., *Donat.,* 211; Grenoble, 6 fév. 1830.

(4) Bayle-Mouillard, I, 128; Troplong, 648; Demolombe, XVIII, 510. V. Cass., 11 juill. 1866; Paris, 8 mars 1867; J. N., 18765.

(5) Troplong, 67; Demolombe, XVIII, 507; Cass., 9 avril 1835; S. 35, I, 450.

(6) Angers, 19 mars 1875; Cass., 17 janvier 1876; R. G. Defrénois, III, 2708.

(7) Toullier, V, 69; Coin-Delisle, 909-8; Saintespès, II, 248, Troplong, 645; Demante, IV, 30 *bis;* Demolombe, XVIII, 506, 507; Mourlon, II, p. 271; Dict. not., *Donat.,* 204; Massé et Vergé, § 418-27; Cass., 12 oct. 1812; Montpellier, 31 août 1852; J. N. 15181; S. 53, II,

585; Angers, 19 mars 1875; R. G. Defrénois, III, 2708.

(8) Demolombe, XVIII, 524; Cass., 9 avril 1835; S. 35, I, 450.

(9) Pau, 23 déc. 1872; R. G. Defrénois, II, 1360; voir Cass., 12 janv. 1833, 9 avril 1835; S. 33, I, 71; 35, I, 450; Grenoble, 16 janv. 1834; S. 35, I, 450; Paris, 8 mars 1867; S. 67, II, 169.

(10) Coin-Delisle, 909-13; Demante, IV, 30 *bis;* Demolombe, XVIII, 581; Aubry et Rau, § 649-42; Grenoble, 6 fév. 1830; Lyon, 22 mars 1843; Caen, 31 mars 1846; Cass., 30 août 1808, 2 mars 1846; S. 43, II, 569; 46, I, 26; II, 431, Paris, 19 juin 1869; Cass., 21 mars 1870; R. G. Defrénois, I, 314; II, 1360.

(11) Voir Coin-Delisle, 909-12 et 13; Marcadé, 909-4; Saintespès, I, 253; Troplong, 637; Demolombe, XVIII, 534; Massé et Vergé, § 418-29; Cass., 13 août 1844 et 10 déc. 1851; J. N, 12171, 14551; Cass., 21 juin 1870, 8 avril 1874; Paris, 3 mai 1872; R. G. Defrénois, II, 1375, 1377; III, 2754.

(12) Marcadé, 909-4; Coin-Delisle, 909-13; Demolombe, XVIII, 532; Cass., 13 août 1844; S. 44, I, 710.

(13) Troplong, 639; Massé et Vergé, § 418-29; Aubry et Rau, § 649-39; Demolombe, XVIII, 534; Paris, 9 mai 1820; Cass., 10 déc. 1851; S. 52, I, 40; Voir cep. Montpellier, 19 mai 1836.

(14) Duranton, VIII, 255; Coin-Delisle, 909-15; Troplong, 641; Aubry et Rau, § 649-45; Demolombe, XVIII, 542; Saintespès, I, 234; Cass., 12 oct. 1812.

de qui la disposition a été faite, ne soit lui-même du nombre de ces héritiers. Au delà du quatrième degré, la disposition tombe sous la prohibition de l'art. 909, lors même que le médecin, pharmacien, etc., serait l'un des héritiers du testateur (1), ou qu'il existerait entre le testateur et le légataire des liens d'amitié étroite qui pourraient être la véritable cause de la libéralité (2). Il importe peu, dans tous les cas, que la nullité profite non aux parents, mais à un légataire universel (3).

93. — Application. — Il résulte de ce qui précède que quand la succession est dévolue à des héritiers collatéraux, la prohibition de disposer n'existe pas à l'égard des parents jusqu'au quatrième degré, y eut-il même des ascendants, s'ils sont exclus par les frères et sœurs ou descendants d'eux. Ainsi, le défunt, ayant laissé un aïeul, des frères et sœurs, et un cousin germain médecin qui l'a traité pendant sa dernière maladie, il peut disposer en faveur de ce dernier, de l'universalité de ses biens (4). En l'absence de frères et sœurs, ou en cas de renonciation de leur part, la disposition en faveur du cousin germain ne produirait son effet que pour la moitié dévolue aux parents collatéraux (5); et ceci serait également applicable dans le cas où le défunt laissant ses père et mère et des frères et sœurs, aurait disposé en faveur de l'un de ses frères, médecin, l'ayant traité ou assisté pendant sa dernière maladie (6).

94. — Médecin parent. — Si le médecin a capacité pour recevoir, en sa qualité de parent, il rentre dans le droit commun et il n'appartient pas au juge de rechercher si la disposition ne s'adressait pas plutôt au médecin, ce qui créerait une incapacité en dehors de celles édictées par la loi (7).

95. — Médecin mari. — On excepte aussi de la prohibition, les dispositions faites en faveur du médecin, pharmacien, etc., qui serait l'époux de la personne qui a disposé pendant la maladie dont elle est morte (8); sauf le cas de fraude, par exemple, si le médecin a épousé une femme durant sa maladie,

---

L'an mil huit cent soixante-dix-neuf, le vingt-deux janvier.

Et MM. MOULIN et MACHET, deux des quatre témoins, ayant déclaré, sur l'interpellation à eux faite individuellement par Me HARPIN, notaire soussigné, ne savoir écrire ni signer, le testateur a signé avec MM. DUMONT et VARLOT, témoins sachant signer, et le notaire, après lecture donnée par M. HARPIN au testateur; le tout en présence des témoins.

Si le testateur ne sait pas non plus signer : Et MM. DUMONT et VARLOT, deux des témoins, ont seuls signé avec le notaire, le testateur et MM. MOULIN et MACHET, les deux autres témoins ayant déclaré, sur l'interpellation à eux faite individuellement par Me HARPIN, ne savoir écrire ni signer, après lecture donnée par Me HARPIN au testateur; le tout en présence des témoins.

Si le testateur ne peut signer : Et MM. DUMONT et VARLOT, deux des témoins, ont seuls signé avec le notaire, le testateur et MM. MOULIN et MACHET, les deux autres témoins, sur l'interpellation à eux faite individuellement par Me HARPIN, ayant déclaré : le testateur savoir signer, mais ne le pouvoir, à cause de la fracture de son bras droit, et MM. MOULIN et MACHET ne savoir écrire ni signer, après lecture donnée par Me HARPIN au testateur; le tout en présence des témoins.

---

(1) Marcadé, 909-5; Demante, IV, 30 *bis;* Bordeaux, 12 mai 1862; Cass., 7 avril 1863; J. N, 17707; S. 63, II, 25;I, 172.

(2) Bordeaux, 7 déc. 1857; Cass., 7 avril 1863; S. 58, II, 481; 63, I, 172.

(3) Bordeaux, 12 mai 1862; Cass., 7 avril 1863; S. 63, I, 172; II, 25.

(4) Grenier et Bayle-Mouillard, 1, 127 note *c ;* Vazeille, 909-2; Poujol, 909-8; Marcadé, 909-5; Toullier, IV, p. 33; Demante, IV, 30 *bis*, 8°; Massé et Vergé, § 418-38; Demolombe, XVIII, 536, 537. CONTRA Coin-Delisle, 909-17; Duranton, VIII, 256.

(5) Marcadé, 909-5; Demante, IV, 30 *bis*, 11; Demolombe, XVIII, 540.

(6) Poujol, 909-8; Bayle-Mouillard, I, 127 note *c ;* Demolombe, XVIII, 541.

(7) Montpellier, 7 fév. 1871; R. G. Defrénois, II, 1360.

(8) Grenier, I, 127; Toullier, V. 66 ; Duranton, VIII, 257; Saintespès, I, 250; Massé et Vergé, § 418-34; Aubry et Rau, § 640-46; Taulier, III, 66 ; Coin-Delisle, 909-4; Marcadé, 909-3; Troplong, 642; Mourlon, II, p. 274; Demante, IV, 30 *bis;* Demolombe, XVIII, 543; Dict. not., *Donat.*, 218; Roll. de Vill., *ibid.*, n° 177; Turin, 19 avr. 1806; Cass., 30 août 1806; Trib. Seine, 7 mars 1850, Paris, 11 novembre 1851; J. N. 14008; T. Hâvre, 2 août 1877; Droit, 25 août.

dans le but d'échapper à la prohibition de l'art. 909 (1).

96.—Ministre du culte.—Le malade doit aussi être prémuni contre les influences du ministre du culte auquel il demande le salut de son âme. Dans ce but, les règles rappelées *supra* n°ˢ 89 à 95 sont observées à l'égard du ministre du culte (*C. civ., 909*), catholique ou autre (2), qui a assisté spirituellement le disposant et a dirigé sa conscience par la confession ou autrement (3) dans le cours de la maladie dont il est mort, et la nullité doit être prononcée, lors même qu'on alléguerait qu'à raison de la supériorité de son esprit, la captation ne peut être supposée (4). — Le ministre du culte n'est pas incapable de recevoir quand il n'a rempli aucune fonction de son ministère près du disposant, même lorsqu'il lui aurait administré l'extrême-onction, si c'est comme acte isolé, et sans avoir dirigé sa conscience (5).

97. — Notaire. — La prohibition de recevoir, édictée à l'égard des médecins, pharmaciens, ministres du culte, ne s'étend pas aux notaires qui, d'ailleurs, ne sont pas non plus frappés de cette prohibition par la loi de ventôse. En conséquence, un notaire peut recevoir des libéralités de son client, même dans un testament olographe auquel il a concouru par ses conseils (6).

98. — Etablissements publics. — Les églises, archevêchés, évêchés, chapitres, grands et petits séminaires, cures, succursales, fabriques, hospices, lycées, collèges, Etat, départements, communes, société de secours mutuels (7), et en général, tous établissements d'utilité publique fondés avec l'autorisation du gouvernement, ou à une époque antérieure à l'édit de 1666 qui a le premier exigé l'autorisation du souverain (8), peuvent recevoir toutes libéralités et tous legs, qu'ils soient universels à titre universel ou particuliers (*C. civ., 910; loi 2 juin 1817*).

99. — Ibid. — Tiers substitué. — La condition d'un testament portant que si le legs fait à un établissement public, pour une cause quelconque, ne reçoit pas sa pleine et entière exécution, un tiers demeure substitué au lieu et place de l'établissement, n'a rien de contraire à la loi, et ne peut être une cause de nullité de la disposition, comme contenant virtuellement un obstacle à l'exercice du droit de l'autorité supérieure d'autoriser seulement en partie l'acceptation du legs (9).

FORMULE 4. — Testateur atteint d'une surdité absolue (N°ˢ 66, 155).

PAR DEVANT Mᵉ Léon DARTIN, notaire à....., soussigné.
En présence de....., etc.
(*Voir les formules qui précèdent.*)

A COMPARU :

M. Hilaire BOURGUET, ancien manufacturier, demeurant à....., rue...... n°.....

« M. BOURGUET étant sain d'esprit, ainsi qu'il est apparu aux témoins et au notaire;
» mais affecté d'une surdité complète qui l'empêche absolument d'entendre. »
Lequel a dicté, etc.
« J'institue pour mon légataire universel, etc. »
Le présent testament a été écrit en entier par Mᵉ DARTIN, notaire soussigné, de sa

---

(1) Duvergier sur Toullier, V, 66; Coin-Delisle, 909-19; Saintespès, I, 251; Troplong, 643; Mourlon, II, p. 274; Demolombe, XVIII, 545; Aubry et Rau, § 649-47; Dict. not., *Donat.*, 218; Cass., 11 janv. 1820 et 21 août 1822; T. Hàvre, 2 août 1877, précité.

(2) Troplong, 651; Massé et Vergé, § 418-36; Aubry et Rau, § 649-48; Bayle-Mouillard, I, 129; Bordeaux, 7 déc. 1857; S. 58, II, 481; Alger, 30 avril 1856; S. 59, I, 396.

(3) Marcadé, 909-1; Bayle-Mouillard, I, 129 note *a;* Troplong, 651; Massé et Vergé, § 418-36; Demolombe, XVIII, 519; CONTRA Toullier, V, 70.

(4) Toulouse, 12 janv. 1864; S. 64, II, 114.

(5) Coin-Delisle , 909-20; Duranton, VIII, 259; Troplong, 650; Aubry et Rau, § 649-51; Bayle-Mouillard, I, 129 note *a;* Demolombe, XVIII, 517; Cass., 18 mai 1807; Riom, 10 août 1819; Bordeaux, 7 décembre 1857; S. 58, II, 481.

(6) Paris, 3 mai 1872; R. G. Defrénois, II, 1358.

(7) Cass., 22 juill. 1878; Journ. Not., 3119

(8) Cass., 21 nov. 1868; R. G. Defrénois, I, 349.

(9) Cass., 25 mars 1863; Amiens, 24 juillet 1863; Grenoble, 5 juill. 1869; S. 63, I, 169, II, 131; J. N., 17706; R. G. Defrénois, II, 1378. CONTRA Lyon, 29 janv. 1864; S. 64, II, 59.

100. — Communautés religieuses. — Les communautés religieuses de femmes, dûment autorisées, ne peuvent recevoir des dons ou des legs qu'à titre particulier (*Loi 24 mai 1825, art. 4*). Si la disposition était faite à titre universel, elle serait nulle et non pas seulement réductible (1); alors même qu'elle aurait eu lieu en faveur d'une religieuse, s'il est reconnu qu'elle n'est qu'une personne interposée au profit de la communauté dont elle fait partie (2).

101. — Religieuse. — Toute personne religieuse (postulante, novice ou professe), faisant partie d'un établissement religieux de femmes dûment autorisé, ne peut disposer, soit en faveur de cet établissement, soit au profit de l'un de ses membres, au delà du quart de ses biens, à moins que le don ou le legs n'excède pas la somme de dix mille francs (*Loi 24 mai 1825, art. 5*). Mais, dans cette limite, le legs peut être universel ou à titre universel (3).

102. — Ibid. — Héritière. — La prohibition portée au numéro précédent cesse si la légataire est héritière en ligne directe de la testatrice (*même art.*).

103. — Ibid. — Autorisation. — En tout cas, elle n'est pas applicable aux dons ou legs faits à l'établissement ou aux membres dans les six mois du jour où l'établissement a été autorisé (*même art.*).

104. — Établissements non autorisés. — Les établissements publics ou associations religieuses non autorisés, ne peuvent recevoir aucun don ni aucun legs, soit directement, soit par personnes interposées (4). L'autorisation ultérieure de l'établissement serait insuffisante pour valider la disposition, lors même qu'elle aurait eu lieu sous la condition expresse de se faire autoriser (5). — Lorsqu'un établissement religieux n'est pas autorisé, les membres conservent toute leur capacité de disposer et de recevoir les uns à l'égard des autres (6), comme aussi de toute autre personne (7); sauf le cas d'interposition de personne (8) qui, constituant une fraude à la loi, peut être établie par toute espèce de preuves, même à l'aide de présomptions graves, précises et concordantes (9). — Toutefois, si un legs a été fait à un établissement non autorisé pour recueillir et soigner les pauvres, on peut le déclarer valable en décidant que le legs s'adresse aux pauvres, re-

---

main, tel qu'il lui a été dicté par le testateur: puis Me DARTIN l'a lu au testateur à très-haute voix ; mais ce dernier n'ayant pas entendu cette lecture, Me DARTIN lui a remis son testament à lire, et M. BOURGUET, après l'avoir lu à haute et intelligible voix, a déclaré qu'il contient bien ses volontés et qu'il y persiste. Le tout en la présence continue de Me DARTIN et des quatre témoins.

Sur l'interpellation que leur a faite, etc.

---

(1) Troplong, 693 ; Bayle-Mouillard, I, 130 *bis ;* Aubry et Rau, § 649-57 ; Demolombe, XVIII, 569 ; Lyon, 22 mars 1843; Cass., 2 mars 1846; Caen, 31 mars 1846; Montpellier, 3 mars 1853 ; S. 43, II, 569 ; 46, I, 26, II, 431, 53, II, 241.

(2) Agen, 1er avril 1867; Lyon, 18 janv. 1868; S. 67, II, 175; 68, II, 131. Voir aussi Cass., 26 avril 1865 ; S. 65, I, 279; Colmar, 19 août 1868 ; R. G. Defrénois, I, 353.

(3) Demolombe, XVIII, 573 ; Dict. not., *Donat.,* 254; Roll. de Vill., *Ibid.,* 212; Grenoble, 13 janv. 1841; Lyon, 24 mars 1843; Orléans, 23 juin 1854; Cass., 2 déc. 1845; S. 46, I, 26 ; J. N., 12121, 12587. CONTRA Troplong, 694; Bayle-Mouillard, I, p. 589.

(4) Saintespès, II, 258; Troplong, no 688; Demante, IV, 31 *bis ;* Massé et Vergé, § 418-9; Aubry et Rau, § 649-5; Demolombe, XVIII, 642; Douai, 29 mars 1826; Colmar, 14 avril 1829; Nîmes, 22 nov. 1839; Toulouse, 21 janv. 1841, 4 avril 1847; Agen, 12 août 1842; Caen, 31 mars 1846; Paris, 20 mai 1851, 17 avril 1863; Angers, 25 fév. 1859; Montpellier, 25 fév. 1862; Cass., 8 août 1826, 27 avril 1830, 5 juill. 1842, 13 nov. 1847, 26 fév. 1849, 23 fév.

1859, 3 juin 1861 ; J. N., 11401, 11543, 14363, 17170; S. 41, I, 875 ; 42, I, 590, 739; 43, II, 33 ; 46, II, 43 ; 48, I, 134; 57, II, 481 ; 61, I, 218.

(5) Demolombe, XVIII, 588, 589 ; Aubry et Rau, § 649-6 ; Cass., 5 juillet 1842, 12 av. 1864, 14 août 1866; Douai, 30 juin 1854; Angers, 23 janv. 1859; Orléans, 16 déc. 1864; S, 54, I, 374; 59, II, 136 ; 64, I, 153 ; 65, I, 220; II, 196; 67, I, 61. CONTRA Troplong, 612.

(6) Demolombe, XVIII, 576; Grenoble, 13 janv. 1841; Cass., 26 avril 1842, 15 mai et 12 août 1856; Nîmes, 14 janv. 1874; S. 41, II, 87; 43, I, 739; 56, I, 882; 57, I, 497; R. G. Defrénois, III, 2753.

(7) Cass., 12 août 1856, 26 fév. 1862; S. 56, I, 882; 62, I, 974.

(8) Caen, 31 mars 1846 ; Paris, 20 mai 1851 ; Angers, 23 fév. 1859; Cass., 5 août 1841, 3 janv. 1861; S. 41, I, 875; 46, II, 431 ; 51, II, 321; 59, II, 316; 61, I, 615.

(9) Paris, 20 mai 1851 ; Angers, 23 fév. 1859; Cass., 3 juin 1861; S. 51, II, 321; 59, II, 136; 61, I, 615; Grenoble, 29 fév. 1872; Nîmes, 14 janv. 1874; R. G. Defrénois, III, 2753.

présentés par le bureau de bienfaisance (1).

105. — Ibid. — Charge. — Toutefois, une disposition peut être faite pour la création d'un établissement d'utilité publique, d'une communauté religieuse, d'un hospice, etc., lorsqu'elle a lieu en faveur d'une personne morale déjà existante, telle qu'une commune, un bureau de bienfaisance, ou comme la charge d'une libéralité faite à un autre gratifié (2).

106. — Succursale. — Il en serait de même si le legs s'adressait à une succursale dépendante d'une communauté légalement reconnue, alors même que la succursale n'aurait pas été spécialement autorisée, car alors le legs est censé fait à la maison mère, avec affectation des revenus à la succursale (3).

107. — Personne interposée. — Toute disposition au profit d'un des incapables énumérés *supra* n°s 79 à 104, est nulle, même faite sous la forme d'un fidéi-commis (4) ou sous le nom de personnes interposées. Sont réputées personnes interposées : les père et mère ; les enfants et descendants, voir cependant *supra* n° 83 ; et l'époux même

séparé de corps et de biens (5), de la personne incapable (*C. civ., 911*). En ce qui concerne la femme du médecin, si elle est parente du testateur au degré déterminé par l'art. 909 *supra* n° 92, elle n'est pas réputée personne interposée et le legs, à elle fait, doit recevoir son exécution (6).

108. — Ibid. — Extension. — Cette présomption s'applique aussi : aux père ou mère et enfants naturels (7) ou adultérins (8), même seulement conçus (9) ; aux père et fils adoptifs (10) ; mais non à la personne que l'incapable doit épouser prochainement (11), ni aux ascendants autres que les père et mère (12), ni aux alliés (13), ni aux collatéraux (14). Elle ne s'étend pas aux dispositions purement rémunératoires (15).

109. — Ibid. — Etablissement public. — Une disposition en faveur d'un établissement public autorisé sous le nom d'une personne interposée est nulle, alors surtout que l'interposition a pour but d'éluder la nécessité de l'autorisation administrative ; d'ailleurs, sans cette autorisation, les établissements publics sont incapables de recevoir (16).

Dont acte.
Fait et passé, etc.
L'an mil huit cent, etc.
Et le testateur a signé avec les témoins et le notaire, après lecture donnée par Mᶜ Dartin au testateur à très-haute voix, et après que le testateur, à cause de la surdité complète

(1) Cass., 6 nov. 1866; S. 67, I, 120.
(2) Demolombe, XVIII, 590; Aubry et Rau, § 649-9; Troplong, 612; Cass., 6 mars 1854, 17 juill. 1856, 7 nov. 1859, 2 mai 1864, S. 56, I, 716; 64, I, 350; 64, I, 235. Paris, 3 mai 1872; R. G. Defrénois, II, 1377.
(3) Troplong, 612; Demolombe, XVIII, 587; Aubry et Rau, § 649-7; Cass., 6 mars 1854, 17 juillet 1856; Paris, 11 mars 1865; S. 54, I, 374; 56, I, 716; 66, II, 156.
(4) Demolombe, XVIII, 638; Cass., 6 août 1862; J. N., 17538; T. Bordeaux, 6 déc. 1872; R. G. Defrénois, III, 2709.
(5) Duranton, VIII, 273; Coin-Delisle, 911-15; Marcadé, 911-2; Troplong, n° 721; Massé et Vergé, § 418, note 45; Saintespès, I, 276; Demolombe, XVIII, 658.
(6) Demolombe, XVIII, 649; Aubry et Rau, § 650 *bis*-14; Toulouse, 9 déc. 1859; J. N., 16849; S. 60, II, 145.
(7) Toullier, V, 79; Duranton, VIII, 272; Coin-Delisle, 911-15; Aubry et Rau, § 650 *bis*-10; Marcadé, 911-2; Demolombe, XVIII, 655; Troplong, n°s 708, 721; Paris, 5 avril 1843, V. Seine, 9 mai 1865; J. N., 18311.
(8) Toullier, V, 80; Duranton, VIII, 272; Saintespès, I, 272; Troplong, n° 708; Demolombe, XVIII, 656; Cass., 13 juill. 1813; Lyon, 23 mars 1835; S. 35, II, 241.

(9) Paris, 26 avril 1833; S. 33, II, 421.
(10) Duranton, VIII, 274; Coin-Delisle, 911-15; Troplong, n° 723; Saintespès, 277; Demolombe, XVIII, 654; Aubry et Rau, § 650 *bis*-9;
(11) Toullier, V, 81; Dalloz, n° 640; Coin-Delisle, 911-16; Troplong, n° 718; Saintespès, I, 288; Demolombe, XVIII, 658.
(12) Duranton, VIII, 271; Coin-Delisle, 911-15; Taulier, IV, p. 38; Demolombe, XVIII, 652.
(13) Duranton, VIII, 275; Troplong, n° 708; Demolombe, XVIII, 660.
(14) Troplong, n° 708; Demolombe, XVIII, 661; Grenoble, 16 avril 1806.
(15) Vazeille, 911-5; Taulier, IV, p. 38; Dalloz, n° 443; Saintespès, I, 270; Massé et Vergé, § 418, note 47; Rouen, 25 janv. 1808; Paris, 6 mai 1854; J. N., 15399; contra, Troplong, n° 708; Cass., 13 juill. 1813. V, aussi Demolombe, XVIII, 675.
(16) Troplong, 724; Massé et Vergé, § 418-13; Aubry et Rau, § 650 *bis*-6; Demante, IV, 32 *bis*; Demolombe, XVIII, 631; Cass., 17 nov. 1852; Montpellier, 24 août 1854; Lyon, 18 janv. 1868; Toulouse, 11 juin 1874; S. 53, I, 337; 54, II, 483; 68, II, 131; R. G. Defrénois, III, 275l.

110. — Personne. — Chose. — Un legs ne peut être fait qu'à une personne et non à une chose. Ainsi serait nulle la disposition faite en faveur du propriétaire d'une maison, par exemple une rente perpétuelle, sous la condition que la rente restera toujours attachée à la maison (1). On en excepte cependant les établissements publics autorisés, *supra* nos 98 et suiv,

111. — Désignation du légataire. — Le légataire doit être désigné de manière à ce qu'on puisse le reconnaître ; ne fut-il désigné que par son prénom, ou avec sa qualification seulement, ou par un surnom (2). Cependant, il vaut mieux le bien désigner de manière à ne pas laisser place au doute ; jugé à cet égard que la preuve testimoniale n'est pas admissible pour établir que le testateur a voulu instituer, non la personne indiquée par ses nom et prénoms, mais un autre parent portant le même nom, et auquel il aurait cru, par erreur, que le prénom indiqué appartenait (3).

112. — Personne certaine. — Le legs doit, à peine de nullité, être fait à une personne certaine dont la capacité puisse être vérifiée. Ainsi sont nuls : 1° le legs à une personne désignée pour être employé par elle, suivant les intentions du testateur dont il lui a confié le secret (4); 2° le legs fait en faveur d'un hospice à désigner par un tiers (5); 3° le legs à une personne déterminée, avec un mandat verbal de transmettre à des personnes incertaines ou à des établissements religieux non dénommés (6); 4° la disposition portant que l'exécuteur testamentaire fera emploi des biens en œuvres pies et services religieux (7).

113. — Ibid. — Instructions. — Si le testateur s'est seulement réservé la faculté de donner à son légataire universel des instructions pour faire un emploi des valeurs léguées, et qu'il ne soit pas faire mention de cette réserve dans le testament, le legs n'est pas considéré comme fait à personnes incertaines (8).

114. — Ibid. — Bonnes œuvres. — On peut aussi ne pas considérer comme des dispositions faites à personnes incertaines, l'intention manifestée par le testateur que le légataire fasse de bonnes œuvres (9); ni la pensée prévue par le testateur que son légataire, animé des mêmes intentions généreuses

---

dont il a déclaré être atteint, en a lui-même pris lecture à haute et intelligible voix ; le tout en présence des témoins.

FORMULE 5. — Testateur sourd et muet (Nos 67, 155).

Par devant Me Ernest Badou, notaire à....., soussigné.
En présence de, etc. (*Voir formule* 1re.)

     A comparu :

M. Gustave Marquet, ingénieur civil, demeurant à....., rue....., n°......
« M. Marquet, sourd et muet de naissance, mais ayant recouvré l'usage de son organe
» vocal avec l'entière intelligence des paroles qu'il prononce, et étant sain d'esprit, ainsi
» que le notaire et les témoins s'en sont convaincus en conversant avec lui et en l'entendant
» manifester et expliquer ses dernières volontés. »

---

(1) Demolombe, XVIII, 607; Aubry et Rau, § 649-10; Colmar, 26 mars 1833; S. 34, II, 556.
(2) Coin-Delisln , 1022-9; Aubry et Rau, § 657-1; Demolombe, XXI, 38; Metz, 21 mars 1822; Lyon, 19 avril 1861; Douai, 22 août 1878; S. 78, II, 283.
(3) Paris, 26 mars 1862; Cass., 23 fév. 1863; S. 62, II, 313; 63, I, 68.
(4) Toullier, V, 351 et 606; Vazeille , 967-8; Duranton, IX, 408; Bayle-Mouillard, I, 130; Troplong, 549, 555; Demante, IV, 26 *bis*; Massé et Vergé , § 418-8; Aubry et Rau, § 655-5; Demolombe, XVIII, 609; Aix, 5 juin 1809; Cass., 12 août 1811, 8 août 1826; Besançon, 6 fév. 1827; Limoges, 20 déc. 1830; Lyon, 13 fév. 1836; S. 37,

II, 263; Paris, 3 mai 1872; R. G. Defrénois, II, 1383; Trib. Bar-le-Duc, 30 juin 1870; Seine, 12 avril 1872; T. Lyon, 22 mai 1875; R. G. Defrénois, II, 1396; III, 2760.
(5) Liége, 14 mai 1873; R. G. Defrénois, III, 2777.
(6) Dijon, 2 avril 1874, R. G. Defrénois, III, 2777.
(7) Toullier, V, 351; Marcadé, 1031-5; Demolombe, XVIII, 610, Troplong, 553; Bordeaux, 6 mars 1841; Douai. 15 déc. 1848; Colmar, 22 mai 1850 ; Riom, 29 juin 1859; Cass., 12 août 1811, 18 août 1826, 13 janv. 1857, 28 mars 1859. Voir cependant Cass., 1er juillet 1861; Metz, 13 mai 1864; Nîmes, 23 mai 1865.
(8) Cass., 12 mai 1873; R. G. Defrénois, III, 2761.
(9) Cass., 20 déc. 1875; R. G. Defrénois, III, 2777.

que lui, continuerait les œuvres de charité par lui entreprises (1).

115. — Ibid. — Affectation. — Est nul en entier, le testament, quand il résulte de ses termes que la cause exclusive et déterminante de la libéralité est la volonté d'affecter tous les biens meubles et immeubles du testateur à une destination perpétuelle, ce qui est constitutif d'une condition impossible (2).

§ 5. — Dictée.

116. — Principe. — Le testament doit être dicté par le testateur en présence des témoins, au notaire s'il est reçu par un notaire et quatre témoins, et aux notaires s'il est reçu par deux notaires et deux témoins (C. civ., 972).

117. — Mention. — Mention expresse de cette dictée doit être faite dans le testament (C. civ., 972), en employant les expressions mêmes de la loi. Néanmoins, aucune expression sacramentelle n'étant exigée, on a décidé que les énonciations ci-après établissent suffisamment que le testament a été dicté au notaire : 1° « la dictée a été faite à l'un des notaire en présence de l'autre » (3) ; — 2° « le testament a été dicté par le testateur et écrit par le notaire » (4) ; — 3° le notaire a employé le mot *déclaré* au lieu du mot dicté (5). La mention de la dictée doit émaner du notaire et non du testateur, *supra* n° 26.

118. — Application. — Le testament doit, à peine de nullité, être écrit sous la dictée du testateur, dictée que le notaire et les témoins doivent voir articuler et entendre au fur et à mesure de l'écriture ; par suite seraient entachés de nullité : le testament rédigé après coup sur les instructions reçues par le notaire (6) ; celui écrit dans un appartement séparé de celui du testateur, malade du choléra, après avoir reçu ses instructions (7). Il en serait de même du testament dans lequel le notaire, ou un tiers, aurait interrogé, questionné ou interpellé le testateur qui aurait répondu par monosyllabe, parce que alors il n'y aurait pas dictée (8) ; comme aussi dans le cas où les biens légués seraient désignés par un tiers, même le légataire ou un témoin (9). — Mais le testament pourrait être réputé avoir été dicté par le testateur, si, sur l'interrogation, il a répété par sa réponse en s'adressant directement au notaire (10).

119. — Question. — Néanmoins, le

Lequel a dicté, etc.

« Je lègue, etc. »

Le présent testament a été écrit en entier par Mᵉ Badou, notaire soussigné, de sa main, tel qu'il lui a été dicté par le testateur ; puis Mᵉ Badou l'a lu au testateur ; mais en raison de ce que celui-ci ne pouvait entendre cette lecture, Mᵉ Badou lui a remis son testament à lire, et M. Marquet, après l'avoir lu à haute et intelligible voix, a déclaré qu'il contient bien ses volontés et qu'il y persiste. Le tout en la présence continue de Mᵉ Badou et des quatre témoins.

Sur l'interpellation que leur a faite, etc.

Dont acte.

Fait et passé, etc.

---

(1) Paris, 28 janv. 1873 ; Grenoble, 8 déc. 1874 ; R. G. Defrénois, III, 2777. Voir aussi Pau, 15 juin 1874 ; *ibid.*, III, 2841 ; T. Chartres, 7 juill. 1876 ; Droit, 1ᵉʳ oct.

(2) Dijon, 7 déc. 1871 ; R. G. Defrénois, II, 1395.

(3) Merlin, *Test.*, Sect. 2, § 3, art. 2 ; Demolombe, XXI, 285 ; Aubry et Rau, § 670-44 ; Cass., 19 août 1807 ; Paris, 23 août 1811 ; contra Bourges, 26 janv. 1809.

(4) Merlin, *loc. cit.* ; Toullier, V, 456 ; Duranton, IX, 70 ; Bayle-Mouillard, II, 235 note *a*, Aubry et Rau, § 670-59 ; Demolombe, XXI, 287 ; Riom, 28 juill. 1814 ; Bruxelles, 9 déc. 1815.

(5) Liège, 25 mars 1813.

(6) Marcadé, 972-1 ; Coin-Delisle, 972-5 ; Demolombe, XXI, 265 ; Orléans, 20 fév. 1833 ; Cass., 12 août 1834 ; J. N., 8899 ; Nîmes, 25 mars 1878 ; S. 78, II, 246.

(7) Marcadé, 972-1 ; Coin-Delisle, 772-5 ; Demolombe,

XXI, 265 ; Dict. not., *Test.*, 250 ; Cass., 20 janv. 1840 ; S. 40, I, 111 ; J. N., 10592.

(8) Marcadé, 972-1 ; Toullier, V, 410 ; Duranton, IX, 69 ; Coin-Delisle, 972-4 ; Aubry et Rau, § 670-42 ; Massé et Vergé, § 439-25 ; Dict. not., *Test.*, 120 ; Roll. de Vill., *Test.*, 90, 153 ; Troplong, 1521 ; Demolombe, XXI, 245 ; Nancy, 24 juill. 1833 ; Pau, 23 déc. 1830 ; Bordeaux, 9 mars 1859 ; Cass., 12 mars 1838, 20 fév. 1872 ; Dijon, 16 fév. 1872 ; Lyon, 9 mai 1873 ; Paris, 31 janv. 1874 ; T. Guingamp, 23 juin 1875 ; Nîmes, 25 mars 1878 ; S. 35, II, 90 ; 37, II, 266, 38, I, 206, 59, II, 609 ; 78, II, 244 ; R. G. Defrénois, II, 1393, 1398 ; III, 2776, 2778.

(9) Dijon, 16 fév. 1872 ; R. G. Defrénois, II, 1398 ; Voir cep. Cass., 22 juin 1843 ; S. 44, I, 303.

(10) Grenoble, 7 déc. 1849 ; S. 50, II, 111.

notaire peut, au fur et à mesure de la dictée, provoquer de la part du testateur des explications sur l'étendue et les conséquences des dispositions; par exemple, en interrogeant le testateur sur le point de savoir s'il entend ou non assurer aux légataires des garanties pour le paiement de leurs legs; s'il a fait d'autres testaments, s'il les maintient ou les révoque (1); si sa volonté a été bien comprise et bien rendue (2).

120. — Brouillon. — Le notaire peut écrire la dictée sur un brouillon, et le transcrire ensuite sur son acte, pourvu que le tout ait lieu en la présence continue des témoins (3). — Le testateur, de son côté, peut s'aider dans sa dictée de notes préparées à l'avance, soit par lui-même, soit par un tiers (4); à la condition qu'il y ait bien dictée, car si le notaire copiait seulement sur les notes ou sur un projet, sans que le testateur en ait donné lecture en présence des témoins, le testament pourrait être annulé (5).

121. — Protocole. — La dictée est bornée aux dispositions testamentaires, et ne saurait s'étendre au protocole ou préambule du testament qui est l'œuvre du notaire instrumentant.

122. — Nullité. — La nullité du testament pour défaut de dictée est prononcée, même quand il est établi que le notaire l'a écrit conformément à la volonté du testateur clairement manifestée (6).

§ 6. — Ecriture.

123. — Notaires. — Le testament reçu par un notaire, en présence de quatre témoins, est écrit en entier par le notaire, de sa main, tel qu'il lui est dicté; s'il est reçu par deux notaires en présence de deux témoins, il est écrit par l'un de ces notaires tel qu'il est dicté. (*C. civ., 972.*) Dans ce dernier cas, il peut même être écrit en partie de la main d'un des notaires, et en partie de la main de l'autre (7), ce qui doit être mentionné dans le testament (8); toutefois, il n'est pas nécessaire de désigner nominativement celui des deux notaires qui a écrit (9), quoique cela soit préférable.

124. — Tiers. — Testateur. — Le testament serait nul s'il était écrit en tout ou en partie par un autre que le notaire ou l'un des notaires, alors même que l'écriture serait celle du testateur, la loi ne distinguant pas (10).

125. — Protocole. — On décide que

L'an mil huit cent, etc.

Et le testateur a signé avec les témoins et le notaire, après lecture donnée par Me BADOU au testateur, et, celui-ci ayant déclaré n'avoir pas entendu comme étant sourd et muet, après avoir lu lui-même à haute et intelligible voix; le tout en présence des témoins.

FORMULE 6. — **Testateur parlant un idiome ou une langue étrangère.** — **Ecriture en français** (Nos 37, 136, 138, 156).

PAR DEVANT Me Eugène HAYSSEN, notaire à....., soussigné.
En présence de : 1o....., 2o...., 3o....., 4o....., témoins, etc.
Etant fait observer que le notaire et les témoins ont tous l'usage usuel de la langue

---

(1) Marcadé, 972-1; Coin-Delisle, 972-9; Troplong, 1521; Bayle-Mouillard, II, 230 note *a*; Aubry et Rau, § 670-43; Massé et Vergé, § 439-25; Demolombe, XXI, 246, 247; Cass., 19 mars 1861, 13 janv. 1866; S. 61, I, 760 : 66, I, 47; J. N., 17104, 18452; Paris, 31 janv. et 3 fév. 1874; Bordeaux, 21 déc. 1874; Caen, 5 août 1875; Cass., 6 déc. 1875; R. G. Defrénois, III, 2575, 2576.

(2) Cass., 20 fév. 1872; R. G. Defrénois, II, 1398.

(3) Saintespès, III, 1047; Demolombe, XXI, 254; Rennes, 20 nov. 1847; Paris, 2 fév. 1857; Bordeaux, 9 mars 1859, 8 mai 1860; Rouen, 17 août 1859; Cass., 12 mars 1838, 11 juin 1849, 19 mars 1861, J. N., 11694, 13749, 17104; S. 61, I, 760.

(4) Toullier, V, 347; Duranton, IX, 468; Coin-Delisle, 972-12; Demolombe, XXI, 247; Cass., 14 juin 1837; J. N., 9678; S. 37, I, 482;

(5) Duranton, IX, 69; Coin-Delisle, 972-5; Massé et Vergé, § 439-25; Demolombe, XXI, 248; Poitiers, 30 juin 1836; Lyon, 4 juill. 1846; Cass., 27 avril 1857. S. 36, II, 508; 57, I, 522; J. N., 12038, 16096.

(6) Cass., 12 août 1834; S. 35, I, 202.

(7) Marcadé, 972-2; Coin-Delisle, 972-16; Toullier, V, 422; Troplong, 1531; Aubry et Rau, § 670-47; Massé et Vergé, § 439-24, Demolombe, XXI, 263; Dict. not., *Test.*, 283; Roll. de Vill., *ibid.*, 171.

(8) Demolombe, XXI, 263.

(9) Duvergier sur Toullier, V, 423; Demolombe, XXI, 286; Aubry et Rau, § 670-61; Cass., 26 juill. 1842; S. 42, I, 937; J. N., 11463. CONTRA Toullier, V, 423.

(10) Coin-Delisle, 972-17; Bayle-Mouillard, II, 230 note *a*; Demolombe, XXI, 261.

les dispositions dictées par le testateur doivent seules être écrites par le notaire, à peine de nullité; qu'à l'égard du protocole ou préambule, *supra* n° 50 — il peut être écrit par toute autre personne sans que pour cela, le testament soit entaché de nullité (1). Toutefois nous sommes d'avis que l'acte entier doit être écrit par le notaire; tel est l'usage généralement adopté, et nous ne pouvons que recommander l'observation de cette pratique.

126. — Rédaction. — La rédaction se fait, d'usage, à la première personne : c'est le testateur qui parle. Cependant un testament ne saurait être annulé comme n'ayant pas été écrit tel qu'il a été dicté, par le fait que les dispositions auraient été reproduites à la troisième personne (2).

127. — Quantités. — Mesures. — Le notaire étant tenu d'écrire le testament tel qu'il lui est dicté par le testateur, ne contrevient pas à l'art. 27 de la loi du 25 vent. an XI, en employant dans l'acte d'anciennes dénominations de quantités ou de mesures (3). Cependant il est préférable d'éviter ces anciennes dénominations.

128. — Formes. — La dictée prescrite par la loi n'est pas la dictée littérale et scolaire : le notaire n'est pas tenu d'écrire chaque mot au fur et à mesure qu'il est prononcé.

Maître de la forme et obligé seulement de constater le fond, il peut, soit écrire au fur et à mesure que les paroles sont prononcées, en redressant les expressions du testateur s'il y a des fautes de français, des mots impropres, des tournures bizarres (4), soit ne commencer l'écriture qu'après la dictée entière, de telle sorte qu'il n'y ait pas simultanéité absolue entre ces deux opérations (5).

129. — Équivoque. — L'écriture ne doit pas prêter à équivoque : Un testament portait : « je lègue aux frères P..., à chacun *d eux mille francs.* » Aucune apostrophe ne séparait la lettre *d* du mot *eux;* mais la lettre *d* était terminée par un trait qui a été considéré comme une apostrophe séparant cette lettre du pronom : *eux.* Les légataires demandaient chacun : deux mille francs; il a été alloué à chacun d'eux : mille francs (6).

130. — Mention. — Il doit être fait mention, à peine de nullité, que le testament a été écrit par le notaire tel qu'il a été dicté (*C. civ., 972*). Le défaut de cette mention entraînerait la nullité, alors même qu'il résulterait de l'état matériel du testament et de l'aveu des héritiers qu'il a été réellement écrit par le notaire, le testament devant par lui-même faire foi de l'accomplissement de toutes les formalités qui le constituent (7).

---

française et de l'idiome flamand (*ou de la langue allemande*) parlé par le testateur, et comprennent parfaitement ces deux langues.

A COMPARU :

M. Georges HIEKEN, ancien bûcheron, demeurant à....,.

« M. HIEKEN ne parlant que l'idiome flamand (*ou la langue allemande*) et ne comprenant pas le français, et étant sain d'esprit, ainsi qu'il est apparu au notaire et aux témoins. »

Lequel a dicté en l'idiome flamand (*ou en langue allemande*) à Me HAYSSEN, notaire soussigné, en présence des quatre témoins ci-dessus nommés, son testament ainsi qu'il suit:

---

(1) Marcadé, 972-2; Coin-Delisle, 972-18; Demolombe, XXI, 264; Massé et Vergé, § 439-25; Voir cep. Dict. not., *Test.*, 289; Caen, 15 fév. 1842; Cass., 27 avril 1857; S. 42, II, 199; 57, I, 522.

(2) Toullier, V, 418; Grenier, I, 236; Coin-Delisle, 972-40, note; Aubry et Rau, § 670-49, Troplong, 1529; Demolombe, XXI, 253; Cass., 18 janv. 1809; Nîmes, 29 avril 1806; Bruxelles, 8 mai 1807; Angers, 13 août 1807; Riom, 17 nov. 1808: Bourges, 26 fév. 1855. S. 55, II, 498; J. N., 15616. CONTRA Turin, 14 fruct. an XII.

(3) Coin-Delisle, 971-38; T. St.-Dié, 30 août 1832; Sol., 25 janv. 1833; S. 33, II, 221, 579.

(4) Toullier, V, 419; Durantoh, IX, 277; Poujol, 972-17; Coin-Delisle, 972-14; Marcadé, 972-2; Massé et Vergé, § 439-25; Troplong, 1523, 1524; Demolombe, XXI, 250; Cass., 4 mars 1840, 22 juin 1843, 15 janv. 1845, 20 fév. 1872; R. G. Defrénois, II, 1398; S. 40, I, 337; 45, I, 303; J. N., 10621, 15691.

(5) Cass., 19 janv. 1841, 20 fév. 1872; S. 41, I, 333; R. G. Defrénois, II, 1399; Voir Douai, 26 juill. 1876; *ibid.*, III, 3854.

(6) Paris, 9 janv. 1872; R. G. Defrénois, II, 1397.

(7) Merlin, *Test.*, sect. 2, § 2, art. 4; Troplong, 1542; Aubry et Rau, § 670-63; Demolombe, XXI, 277, 278; Cass., 13 Therm. an XIII.

151. — Equipollents. — La mention d'écriture, que nous recommandons de faire en se servant des expressions mêmes de la loi, peut néanmoins être remplacée par des équipollents, comme, par exemple, s'il est dit que le notaire a écrit mot à mot, ou à mesure que le testateur parlait (1); ou, encore, si la mention résulte de la contexture de l'acte (2). Mais il ne suffirait pas d'énoncer que le notaire *a rédigé* ou *retenu* les volontés dictées par le testateur (3).

152. — Conforme à dictée. — Il est nécessaire de bien mentionner que le testament a été écrit par le notaire *tel qu'il a été dicté*. Toutefois ces derniers mots soulignés peuvent être remplacés par des équipollents, et même résulter de la contexture de l'acte (4).

153. — Endroit. — La mention de l'écriture par le notaire se met à la suite des dispositions du testateur. Il est nécessaire, à peine de nullité du testament, qu'elle ait sa place dans le corps même de l'acte (5). Mais le testament ne serait pas nul en raison de ce qu'elle aurait été faite dans le préambule de l'acte avant l'insertion des dispositions testamentaires (6).

154. — Contexte. — Le Code n'exige pas que le testament par acte public soit rédigé en un seul contexte et sans divertir à d'autres actes (7).

155. — Séances. — Il peut donc être fait en plusieurs séances, et même en plusieurs jours; mais en ayant soin de ne reprendre les nouvelles séances qu'avec la présence de tous les témoins. En outre, il nous semble utile de mentionner à la fin de chaque séance l'ajournement à une autre heure ou à un autre jour, et la reprise de la séance lors de la continuation du testament. Néanmoins, il ne faut procéder ainsi que quand il est impossible de rédiger le testament en une seule séance, car des indiscrétions peuvent être commises dans l'intervalle des séances, et devenir la cause de captation ou de suggestion (8).

156. — Langue française. — Le testament, comme tous les autres actes notariés, doit être écrit en langue française, qui est la langue officielle de la France et de toutes les possessions françaises (*Ordonn., août 1539; Décret, 2 Therm. an II; arrêté 24 prairial, an XI*). En conséquence, quand le testateur est étranger et ne sait parler le français, ou est Français mais parle un idiome et ne connaît pas la langue française, les dispositions testamentaires sont dictées par le testateur dans sa langue maternelle, et le notaire écrit en français les volontés qu'on lui exprime dans

---

« Je lègue, etc. » — *Traduire en français les volontés dictées par le testateur dans sa langue maternelle.*

Le présent testament a été écrit en entier par Mᵉ HAYSSEN, notaire soussigné, de sa main, tel qu'il lui a été dicté par le testateur, au moyen d'une traduction textuelle de ses volontés; ensuite, Mᵉ HAYSSEN l'a lu et traduit au testateur, qui a déclaré qu'il contient bien ses volontés et qu'il y persiste. Le tout en présence des quatre témoins ci-dessus nommés.

Sur l'interpellation que leur a faite, etc.

Dont acte.

Fait et passé, etc.

L'an mil huit cent, etc.

Et le testateur a signé avec les quatre témoins et le notaire, après lecture donnée par

---

(1) Toullier, V, 421; Grenier, I, 328; Troplong, 1543; Demolombe, XXI, 289; Turin, 16 avril 1806; Paris, 17 juill. 1806; Cass., 3 déc. 1807, 26 juill. 1808, 6 août 1824; Riom, 26 mars 1810; Douai, 18 fév. 1812, 28 nov. 1814.

(2) Limoges, 7 déc. 1809; Riom, 26 mars 1810; Lyon, 23 avril 1812; Bordeaux, 19 janv. 1825.

(3) Marcadé, 972-4; Troplong, 1540 et 1543, Demolombe, XXI, 290; Cass., 27 mai 1807 et 4 fév. 1808; Colmar, 11 fév. 1815; CONTRA Vazeille, 972-10 et 12; Coin-Delisle, 972-42; Cass., 26 juillet 1808; Paris, 8 mars 1816; Liège, 5 janv. 1833.

(4) Douai, 28 nov. 1814; Metz, 16 mars 1815; Rennes, 18 juill. 1816; Cass., 8 juill. 1834; S. 34, I, 754.

(5) Turin, 14 fruct. an XII, 30 frim. an XIV.

(6) Cass., 26 juill. 1808, 18 oct. 1809 : Bourges, 29 mai 1808.

(7) Grenier, 241; Duranton, IX, 59; Coin-Delisle, 969-10; Troplong, 1057; Aubry et Rau, § 664-4; Demolombe, XXI, 240; Limoges, 14 déc. 1842; S. 44, II, 7.

(8) Coin-Delisle, 972-13; Demolombe, XXI, 240; Troplong, 1507; Dict. not., *Test.*, 210; Cass., 5 fév. 1878; J. N., 21879.

l'autre langue (1) ; sauf au notaire, sans que cela soit obligatoire, à les traduire à mi-marge, dans la langue parlée par le testateur. Mais, pour cela, il faut que le notaire et tous les témoins sachent et la langue du testateur et la langue française; autrement le testament, dans cette forme, ne serait pas possible, car les dispositions doivent être dictées au notaire par le testateur lui-même seul, et non avec le secours d'un interprète (2), et, en outre, elles doivent être comprises par les témoins.

157. — Algérie. — Colonies. —

A l'égard des testaments reçus par les notaires d'Algérie, quand le testateur ou un témoin ne parlent pas la langue française, le notaire doit, outre les témoins ordinaires, *supra* n° 32, être assisté d'un interprète assermenté. — L'interprète ne peut être ni l'un des légataires, à quelque titre que ce soit; ni parent ou allié des légataires jusqu'au degré de cousin germain inclusivement; ni parent ou allié, soit du notaire, soit du testateur, en ligne directe à tous les degrés, et en ligne collatérale jusqu'au degré d'oncle ou de neveu inclusivement. — Il explique les volontés du testateur avant toute écriture et au fur et à mesure de la dictée, explique de nouveau l'acte rédigé, et signe comme témoin additionnel. L'acte annonce ses nom et demeure, ainsi que l'explication des interprétations dont il vient d'être parlé. (*Arrêté, 20 décembre 1842, art. 16; Décret, 25 avril 1851*). — On annonce (novembre 1878) qu'un décret doit prochainement rendre cette disposition applicable à toutes les colonies françaises (3).

158. — Langue étrangère. — Idiome.

— Si la réception du testament en langue française ne peut avoir lieu en raison de ce que l'un ou plusieurs des témoins ne savent que la langue parlée par le testateur et ne comprennent pas la langue française, *supra* n° 37, les dispositions testamentaires peuvent être écrites dans la langue du testateur telles qu'il les a dictées. Il suffit, dans ce cas, pour l'exécution des prescriptions relatives à l'écriture en langue française, *supra* n° 136, que le notaire rédige en français toute la partie de l'acte qui est son œuvre personnelle, c'est-à-dire : le pardevant, l'indication des témoins, la comparution du testateur, l'énonciation de sa sanité d'esprit, les lieu et date, et les mentions relatives à la dictée, à l'écriture, à la lecture et à la signature, de manière qu'il n'y ait d'écrit dans la langue du testateur que les dispositions par lui dictées (4). Sauf, dans ce cas, au notaire, et sans que cela soit obligatoire, à en faire une traduction en français, à mi-marge.

159. — Mode d'écriture.

— Le testament, comme tous les autres actes, doit être écrit lisiblement, en un seul contexte, sans abréviations; les sommes et les dates doivent être en toutes lettres; il ne doit pas y avoir de surcharges, interlignes ou additions dans le

---

Me HAYSSEN au testateur, d'abord en langue française, puis dans la langue dont il parle au moyen de la traduction qu'il en a faite ; le tout en présence des témoins.

FORMULE 7. — **Testateur parlant un idiome ou une langue étrangère. — Ecriture dans la langue du testateur** (N°s 37, 136, 138, 156).

PAR DEVANT Me Eugène HAYSSEN, notaire à....., soussigné.
En présence de : 1°....., 2°....., 3°....., 4°....., témoins, etc.
Etant fait observer que Me HAYSSEN et MM..... ont tous l'usage usuel de la langue française et de la langue parlée par le testateur; mais que MM..... ne comprennent que la langue parlée par le testateur.

---

(1) Marcadé, 972-9; Toullier, V, 458; Grenier, I, 255; Duranton, IX, 78; Demolombe, XXI, 251; Troplong, 1529; Liége, 23 juill. et 24 nov. 1806; Cass., 4 mai 1907; Douai, 2 mars 1842.

(2) Duranton, IX, 80; Poujol, 972-13; Coin-Delisle, 972-7; Marcadé, 972-2; Massé et Vergé, § 434-9; Demolombe, XXI, 251; Metz, 30 avril 1833; S. 33, II, 549. Trib.

Strasbourg, 19 juill. 1869; R. G. Defrénois, I, 372; CONTRA Dict. not., *langue franc.*, n° 20; Metz, 21 août 1823, 19 nov. 1828.

(3) Voir cour Sénégal, 26 juill. 1876; R. N. 5520.

(4) Marcadé, 972-2; Coin-Delisle, 969-20, 21; Toullier, V, 459; Demolombe, XXI, 252 *bis;* Bruxelles, 13 déc. 1808; Cass., 12 août 1868; S. 68, I, 405.

corps de l'acte ; les renvois et les mots rayés doivent être approuvés, etc. (1).

140. — Renvoi nul. — La nullité d'un renvoi pour défaut de signature ou d'approbation, a pour effet de le rendre étranger à l'acte testamentaire, et, par conséquent, n'entraîne pas la nullité du testament, à moins que, faisant abstraction des mots compris dans le renvoi, le testament manque de l'une des conditions ou formalités exigées pour sa validité (2).

141. — Surcharge. — Date. — La surcharge de la date d'un testament par acte public, alors qu'elle a lieu instantanément, dans le but de rectifier une erreur échappée au notaire, et non pas de substituer une date à une autre, n'entraîne pas la nullité du testament (3).

142. — Ibid. — Mot. — Il en serait de même de la surcharge d'une lettre dans un mot, même essentiel à la validité du testament, par exemple dans le nom d'un témoin, alors qu'aucune incertitude ne peut exister sur le mot qui est écrit (4). Mais non si la surcharge avait pour objet de mettre un mot substantiel à la place d'un autre, tel que le nom d'un témoin, et quoique le testament fût signé du témoin dont le nom est surchargé (5).

§ 7. — Lieu. — Date.

143. — Indication. — Le testament public, de même que les autres actes notariés, doit, à peine de nullité, contenir l'indication de l'année, du jour et du lieu où il est passé (6).

144. — Heure. — L'énonciation de l'heure n'est pas requise ; néanmoins il est utile de la mentionner quand le testament est fait la nuit, ou si la mort du testateur paraît imminente, ou encore si son intelligence altérée ne se montrait plus que par intervalles (7).

145. — Fausse date. — On ne saurait considérer comme une fausse date pouvant vicier le testament, le fait que le testament commencé le soir du jour dont il porte la date, a été interrompu jusqu'au lendemain matin par une défaillance du testateur, alors qu'aucune fraude n'est alléguée (8).

§ 8. — Lecture.

146. — Principe. — Afin que l'on soit assuré que les volontés du testateur ont été bien comprises et exactement reproduites par le notaire, il doit être donné lecture du testament au testateur en présence des témoins (*C. civ., 972*).

147. — Notaire. — Le testament devant être reçu dans son entier par le notaire lui-même, la formalité de la lecture est une des opérations de sa réception ; en conséquence, c'est le notaire ou l'un des notaires instrumentant qui ont seuls capacité pour faire cette lecture. Si elle était faite par un autre, un clerc par exemple, nous pensons, bien que

---

A COMPARU :

M. Antoine DISSEER, cultivateur, demeurant à......

« M. DISSEER ne parlant que l'idiome flamand (*ou* la langue allemande) et ne comprenant » pas le français ; et étant sain d'esprit, ainsi qu'il est apparu au notaire et aux témoins. »

Lequel a dicté en l'idiome flamand (*ou* en langue allemande) à Mᵉ HAYSSEN, notaire soussigné, en présence des quatre témoins ci-dessus nommés, son testament ainsi qu'il suit :

Écrire les dispositions dans la langue parlée par le testateur.

Les dispositions qui précèdent ont été écrites en idiome flamand (*ou* en langue allemande) par Mᵉ HAYSSEN, notaire soussigné, de sa main, telles qu'elles lui ont été dictées

---

(1) Coin-Delisle, 971-28, 29 ; Grenoble, 26 déc. 1832 ; S. 35, 2, 233.

(2) Demolombe, XXI, 232 ; Aubry et Rau, § 670-40 ; Pau, 17 janv. 1835 ; Cass., 24 nov. 1835 ; S. 36, I, 106. Voir Cass., 30 juill. 1856 ; S, 57, I, 265.

(3) Duranton, IX, 54 ; Coin-Delisle, 971-32 ; Grenoble, 22 fév. 1809 ; Cass., 21 mai 1838 ; S. 38, I, 397.

(4) Cass., 3 août 1808 ; Agen, 5 août 1821.

(5) Aix, 15 janv. 1824.

(6) Coin-Delisle, 971-21 ; Toullier, V, 451, 453 ; Duranton, IX, 55 ; Troplong, 1571 ; Demolombe, XXI, 230 ; Lyon, 18 janv. 1832 ; Cass., 16 mars 1850. Voir Cass., 18 janv. 1858 ; S. 58, I, 577.

(7) Demolombe, XXI, 230.

(8) Limoges, 14 déc. 1812 ; S. 44, II, 7.

le contraire ait été soutenu (1), que le testament pourrait être argué de nullité (2). Nous en exceptons cependant le cas où, indépendamment de la lecture par le notaire, le testament est lu par le testateur à cause de sa surdité, *infra* n° 155.

148. — Mention. — La lecture par le notaire en présence des témoins doit être expressément mentionnée dans le testament à peine de nullité (*C. civ.*, *972*, *1001*). Cette mention n'est pas assujettie à des expressions sacramentelles et peut résulter de certains équipollents (3) qui sont soumis à l'appréciation des tribunaux (4); par exemple : s'il résulte de la contexture de l'acte que cette lecture a été faite (5), ou du rapprochement de différentes énonciations du testament les unes personnelles au notaire, les autres placées dans la bouche du testateur (6). — Décidé que les expressions ci-après sont insuffisantes : « après la lecture du testament le testateur a déclaré y persévérer » (7) ; — « Il a été donné lecture du testament en présence du testateur» (8). Jugé aussi qu'elle peut résulter de l'énonciation en tête de l'acte de « la présence et assistance non interrompue des témoins », et de la mention finale de lecture du testament au testateur, ces deux mentions se corroborant (9).

— Mais les mentions suivantes ont été jugées insuffisantes : « le testament a été lu en présence des témoins » (10) ; ou « la lecture a été donnée dans l'appartement du testateur et à côté de son lit » (11).

149. — Expression. — Mention finale. — Dans le but d'éviter cette interprétation, il est nécessaire d'employer les expressions mêmes de la loi, en mentionnant : *la lecture* AU TESTATEUR. En outre, bien qu'il ne soit pas exigé que cette énonciation fût placée à la fin de l'acte (12), il vaut mieux l'insérer par la mention finale de la lecture et de la signature ; on constate par là suffisamment que le notaire a lu au testateur toutes les dispositions testamentaires ainsi que les protocoles, et, aussi, quoique cela ne soit pas obligatoire, *infra* n° 153, les mentions de signature ou de déclaration de ne savoir ou ne pouvoir signer.

150. — Présence des témoins. — Après la mention de *lecture au* TESTATEUR, on ajoute : *le tout en présence des témoins*, afin de justifier que les témoins ont été présents à toutes les opérations qui sont constitutives de la réception du testament (13). Il a été décidé que le vœu de la loi est rempli quand le testament énonce que la lecture a été faite au

---

par le testateur; ensuite M⁰ HAYSSEN les a lues au testateur, qui a déclaré qu'elles sont bien l'expression de ses volontés et qu'il y persiste. Le tout en présence des quatre témoins ci-dessus nommés.

Sur l'interpellation que leur a faite, etc.

Dont acte.

Fait et passé, etc.

L'an mil huit cent, etc.

Et le testateur a signé avec les quatre témoins et le notaire, après lecture donnée par M⁰ HAYSSEN au testateur. Le tout en présence des témoins.

---

(1) Marcadé , 972-3; Coin-Delisle , 972-20; Bayle-Mouillard, II, 230 note *a;* Aubry et Rau, § 670-54 ; Demante, IV, 117 *bis*, 2°; Bordeaux, 5 juill. 1855; S. 55, II, 759.

(2) Poujol, 972-15; Grenier, II, 282; Duranton, IX, 88 ; Troplong, 1533, 1550; Massé et Vergé, § 439-27; Dutruc ; *Rev. not.*, 2079; Demolombe, XXI, 269.

(3) Coin-Delisle, 972-42; Demolombe, XXI, 278, 282; Montpellier, 30 déc. 1841; Cass., 5 déc. 1846, 24 mai 1853, 8 août 1867; Voir cep. Bordeaux, 17 fév. 1848; Cass., 20 mars 1854; R. G. Defrénois, I, 374.

(4) Aix, 23 mai 1821.

(5) Cass., 21 janv. 1812, 9 janv. 1820, 12 juill. 1827, 1ᵉʳ mars 1841 ; S. 41, I, 205.

(6) Cass., 2 août 1821, 22 juill. 1829.

(7) Cass., 6 avril 1824.

(8) Turin, 16 avril 1806 ;Bruxelles, 18 juill. 1807.

(9) Cass., 1ᵉʳ mars 1841, 7 déc. 1846, 5 fév. 1850, 24 mai 1853, 8 août 1867 ;S. 41, I, 206; 47, I, 69; 50, I, 523; 53, I, 406; 68, I, 39 ; Chambéry, 12 fév. 1873 ; Cass., 24 déc. 1873; R. G. Defrénois, III, 2779; voir cep. Cass., 20 mars 1854; S. 54, I, 297.

(10) Turin, 30 frim. an XIV; Bastia, 22 mai 1854; S. 54, II, 389.

(11) Aix, 11 mai 1807.

(12) Merlin, *Rép., Test.*, sect. 2, § 2, art. 5; Grenier et Bayle-Mouillard , II, 238 note *f;* Coin-Delisle, 972-45; Troplong, 1561; Demolombe, XXI, 298; Cass., 8 juill. 1834, 5 fév. 1850; S. 34, I, 75; 50, I, 523.

(13) Dict. not., *Test.*, 330; Dijon, 2 mars 1853, Douai, 24 mai 1853; Cass., 24 mai 1853; S. 53, I, 406; II, 377.

testateur et aux témoins (1); ou en présence du testateur et des témoins (2); ou qu'il résulte de l'énonciation à la suite des dispositions, que le testament a été lu au testateur qui a déclaré le comprendre et y persévérer, et que la présence des témoins au tout est ensuite mentionnée d'une manière quelconque (3). — Mais il ne suffirait pas de mentionner que la lecture a été faite en présence des témoins soussignés, lorsque quelques-uns des témoins ne savent signer (4); à moins qu'il ne résulte des autres énonciations de l'acte que cette mention s'applique indistinctement à tous les témoins (5).

151. — Mention insuffisante. — La mention insuffisante de la lecture du testament entraîne la nullité du testament entier; par exemple, si, après que le notaire a mentionné la lecture de dispositions, il en est ajouté d'autres sans faire mention de leur lecture, alors même que la mention ajoutée ne serait qu'une clause révocatoire de précédents testaments (6).

152. — Renvois. — La mention de la lecture s'applique au testament tout entier; par conséquent, non seulement au corps de l'acte, mais aussi aux renvois approuvés (7).

153. — Mention de non signa- **ture.** — La loi n'exige ·pas pour la validité du testament, qu'il soit fait mention de la lecture au testateur et aux témoins de la déclaration faite par le testateur qu'il ne sait ou ne peut signer (8).

154. — Ouïe dure. — Lorsque le testateur a l'ouïe dure, le testament doit être lu à très-haute voix de manière qu'il l'entende distinctement, ce qu'il est utile de mentionner. Décidé, à cet égard, que la preuve que le testateur était dans l'impossibilité absolue d'entendre peut être faite par témoins, sans qu'il soit besoin de s'inscrire en faux (9).

155. — Surdité complète. — Si le testateur est atteint d'une surdité complète et qu'il sache lire, supra n° 66, le testament est d'abord lu par le notaire au testateur en présence des témoins, afin que le vœu de la loi soit rempli, supra n° 147, puis par le testateur, à haute voix, devant le notaire et les témoins, ce qui doit être mentionné. Cette formalité satisfait aux prescriptions de la loi, en ce qui concerne la lecture au testateur en présence des témoins (10). Ce qui vient d'être dit serait applicable au sourd-muet dans le cas où il serait capable de tester par acte public, supra n° 67.

156. — Langue étrangère. —

FORMULE 8. — Testament reçu en Algérie. — Interprète (Nos 16, 32, 137).

PAR DEVANT Me Louis ALLIÈS, notaire à la résidence de..... (Algérie).
En présence de :
1º M. Denis PAPIN, propriétaire, demeurant à....., âgé de quarante-six ans;
2º M. Jérôme PALDING, menuisier, demeurant à...... âgé de trente-six ans;
3º M. Athanase FRAMY, négociant, demeurant à..... âgé de trente-deux ans;

---

(1) Bruxelles, 16 janv. 1808 ; Riom, 5 avril 1808. CONTRA Colmar, 11 fév. 1815.

(2) Cass., 18 oct. 1809.

(3) Colmar, 2 fév. 1813 ; Bruxelles, 9 mai 1822; Rennes, 17 mars 1815 ; Cass. 7 déc. 1816; Besançon, 3 mars 1819, 9 fév. 1820, 19 fév. 1821 ; Bastia, 2 juin 1828.

(4) Limoges, 23 fév. 1825 ; Cass., 10 avril 1838 ; S. 38, I, 535.

(5) Cass., 22 déc. 1830 ; S. 31, I, 12.

(6) Troplong, 1562; Aubry et Rau, § 670-94 ; Cass., 17 avril et 13 sept. 1809, 4 nov. 1811, 12 nov. 1816; Aix, 8 mars 1811; Toulouse, 12 août 1831 ; S. 32, II, 586. CONTRA Metz, 28 janv. 1813 ; Toulouse ,11 février 1818; Agen, 23 mai 1821 ; voir Grenoble, 9 juill. 1823.

(7) Cass , 3 août 1808, 18 août 1856 ; S. 57, I, 218.

(8) Bayle-Mouillard, II, 240, note h ; Coin-Delisle, 972-24; Marcadé, Rev. crit., 1852, p. 337 ; Demante, IV, 117 bis ; Saintespès, IV, 1063; Demolombe, XXI, 279, 315;

Montpellier, 3 juin 1833; Douai, 6 mars 1833, 24 mai 1853; Aix, 16 fév. 1853; Dijon, 2 mars 1853; Bastia, 10 avril 1854; 29 déc. 1856; Angers, 3 janv. 1855; Lyon, 28 déc. 1855 ; Cass., 3 juill. 1834, 8 mai, 4 et 12 juill. 1855, 1er juill. 1874; R. G. Defrénois, III, 2780 ; S. 34, I, 626 ; II, 107 ; 53, II, 182, 377 ; 54, II, 236, 735 ; 55, I, 597 ; II, 171, 250 ; 57, II, 333.

(9) Duranton, IX, 84 ; Poujol, 971-15 ; Paris, 16 janv. 1874; R. G. Defrénois, III, 2783 ; Lyon, 19 mai 1878 ; S. 78, II, 286; CONTRA Poitiers, 20 fév. 1857 ; J. N., 16076.

(10) Coin-Delisle, 972-21 ; Bayle-Mouillard, I, 282 ; Aubry et Rau, § 670-56; Marcadé, 972-3 ; Roll., test., 32 ; Demante, IV, 157 bis ; Besançon, 22 mai 1823 ; Montpellier, 1er déc. 1852 ; Cass., 10 avril 1854 ; Bordeaux, 5 juill. 1855; Pau, 9 janv. 1867; Aix, 10 nov. 1869; Cass., 14 fév. 1872; R. G. Defrénois, II, 1400 ; T. Chartres, 22 fév. 1878 ; R. N., 5608 ; CONTRA Massé et Vergé, § 436-1, et § 439-27; Demolombe, XXI, 272.

Idiome. — Lorsque le testateur parle une langue étrangère ou un idiome et que, néanmoins, le testament est écrit en français, la lecture du testament est faite, à la fois, dans la langue française et dans la langue du testateur, afin qu'il soit bien constant que ses volontés ont été fidèlement exprimées. Mais si les dispositions ont été écrites en langue étrangère ou en idiome, en raison de ce que les témoins ne comprennent pas la langue française, *supra* n° 138, la lecture est faite dans la langue ou l'idiome qui a servi pour l'écriture (1).

§ 9. — Signature.

157. — Signatures. — Le testament doit être signé par le testateur, les témoins (voir toutefois *infra* n° 170), et les notaires (*C. civ., 973, 974*); et contenir l'énonciation de ces signatures (2), par conséquent de celle du notaire aussi bien que de celles du testateur et des témoins. Toutefois, on décide que le défaut d'énonciation de la signature du notaire, n'entraînerait pas la nullité du testament, l'art. 14 de la loi du 25 ventôse an XI, n'étant pas applicable en matière de testament (3). Quant à l'énonciation de la signature du testateur en présence des témoins, elle n'est aucunement prescrite (4).

158. — Présence réciproque. — Non seulement le testateur doit signer en pré-sence des témoins et du notaire ou des notaires ; mais encore, il faut que les signatures des témoins et notaires soient apposés en présence du testateur, de manière que l'acte reçoive son entière confection avant que le testateur, les témoins et les notaires ne se séparent; en conséquence, serait entaché de nullité, le testament qui n'aurait pas été signé par les témoins, ainsi que le notaire, en présence du testateur (5).

159. — Mode de signer. — La signature du testateur a lieu par l'apposition de son nom de famille, en y ajoutant son prénom ou un paraphe, s'il a l'usage de le faire. On a décidé que le testament n'est pas nul pour l'absence de quelques lettres dans la signature (6); ni pour avoir été signé par les seules initiales de son nom, s'il avait l'usage de le faire ainsi, ou par un surnom sous lequel il était connu et qu'il portait dans sa vie publique et privée (7), voir aussi *infra* n° 223.

160. — Non signature. — Si le testateur déclare qu'il ne sait ou ne peut signer, il est fait dans l'acte mention expresse de sa déclaration, ainsi que de la cause qui l'empêche de signer (*C. civ.,* 973). Lorsque le testateur ne sait signer, il est utile de mentionner sa déclaration de ne savoir *écrire ni signer*, et non pas seulement sa simple déclaration de ne savoir *écrire*, car la pratique révèle que beaucoup de personnes entièrement illet-

---

4° Et M. Honoré GILLET, greffier de la justice de paix de....., où il demeure, âgé de vingt-six ans.

Tous les quatre Européens, parlant la langue française, demeurant à..... depuis plus d'un an; témoins réunissant les qualités voulues par les articles 975 et 980 du Code civil, mis en concordance avec l'article 15 de l'arrêté du ministre de la guerre du 30 décembre 1842; ainsi affirmé par les témoins sus-nommés et le testateur. — *Si le testateur les a choisis lui-même, on ajoute :* qui, d'ailleurs, les a choisis et appelés lui-même pour être témoins au présent testament.

En outre, Mᵉ ALLIÈS, assisté de M. Adolphe MALAY, interprète assermenté près le tribunal civil de....., demeurant à....., à ce présent, appelé par M. MOLARÈS, testateur, originaire d'Espagne, ne parlant que sa langue maternelle et ne connaissant pas la langue française,

---

(1) Voir Troplong, 1534; Metz, 19 déc. 1816; Douai, 2 mars 1842; J. N., 11512; Bruxelles, 1ᵉʳ mars 1870; R. G. Defrénois, 11, 1399.

(2) Merlin, *sign.*, § 3, art. 3; Toullier, V, 434; Duranton, IX, 93; Poujol, 973-25 ; Troplong, 1581; Demolombe, XXI, 306; Metz, 1ᵉʳ avril 1819; Cass., 23 nov. 1825, 21 mai 1838; S. 38, I, 297. CONTRA Marcadé, 973-1; Coin-Delisle, 973-4.

(3) Coin-Delisle, 971-37; Avis cons. d'Etat, 20 juin 1810; Riom, 17 nov. 1808, Lyon, 23 avril 1812. CONTRA Riom, 26 mars 1810. Voir aussi Nîmes, 29 avril 1806.

(4) Cass., 3 mai 1836; S. 36, I, 914.

(5) Gand, 5 avril 1833; Cass., 20 janv. 1840; S. 34, II, 671; 40, I, 111.

(6) Bordeaux, 5 mai 1828.

(7) Bourges, 19 avril 1824; Cass., 10 mars 1829; Nancy, 1ᵉʳ mars 1831; S. 31, II, 182.

trées ont cependant l'usage de signer. Toutefois, décidé à ce sujet, que la déclaration de ne savoir écrire peut, par appréciation des circonstances où cette déclaration est intervenue, être considérée comme équivalant à la mention que le testateur ne sait signer (1).

161. — Déclaration du testateur. — La déclaration de ne pas savoir signer ou de ne le pouvoir et la cause doivent être faites par le testateur, et ne sauraient résulter d'une simple énonciation faite par le notaire, *supra* n° 26. Il faut donc mentionner : 1° la déclaration du testateur à cet égard ; 2° la cause qui l'empêche de signer. Il ne suffirait pas de dire : *le testateur ne signe pas parce qu'il ne le sait pas, ou à cause de son état de faiblesse... de paralysie* ; il faut dire : *le testateur a* DÉCLARÉ *ne savoir signer... ou ne pouvoir signer à cause...* Le défaut de cette déclaration constitue l'omission d'une formalité substantielle, et suffit à elle seule pour faire annuler le testament (2).

162. — Interpellation. — Le défaut de déclaration par le testateur de ne savoir ou de ne pouvoir signer ne serait pas couvert par l'interpellation que le notaire lui aurait faite. Ainsi, il ne suffirait pas de dire : « Les témoins et le notaire ont seuls signé, le testateur, de ce interpellé par le notaire ne sachant le faire ou ne pouvant le faire (3). » Il n'en serait autrement que dans le cas où il

y aurait entre l'interpellation et la mention, une corrélation de nature à remplacer la déclaration ; par exemple, s'il était dit : « Le testateur interpellé a répondu ne le savoir ; » ou « le testateur a répondu de la voix et du geste que sa main était paralysée (4). »

163. — Mention finale. — La mention relative aux signatures à sa place naturelle à la fin de l'acte. Cependant l'art. 973 étant muet sur ce point, la mention de la déclaration du testateur qu'il ne sait ou ne peut signer, ne serait pas nulle pour avoir été apposée ailleurs, spécialement après les dispositions testamentaires et avant la clôture (5).

164. — Décès. — Le testament n'est complet qu'après l'accomplissement de ces formalités, *supra* n° 158. Il s'ensuit que si le testateur, après avoir signé ou avoir déclaré ne le savoir ou ne le pouvoir, vient à décéder avant que les témoins et le notaire ait tous signé, ou si l'un des témoins ou le notaire ou l'un des notaires viennent à mourir avant d'avoir signé, le testament est nul comme n'ayant pas reçu sa confection entière du vivant du testateur (6); mais comme le notaire n'est pas juge de la validité de l'acte, il est utile qu'il achève le testament en mentionnant le fait, et qu'il le signe avec les témoins (7).

165. — Perte des facultés. — Ce qui vient être dit s'appliquerait aussi au cas

---

à l'effet d'entendre ses volontés dans la langue espagnole et de les rendre et expliquer en langue française au notaire et aux témoins.

    A COMPARU :

    M. Jean-Guillaume MOLARÈS, cultivateur, demeurant à......

    « M. MOLARÈS étant sain d'esprit, ainsi qu'il est apparu au notaire et aux témoins. »

---

(1) Duranton, IX, 95 ; Aubry et Rau, § 670-79 ; Douai, 9 nov. 1809 ; Cass., 16 août 1807, 4 juin 1855, 1er fév. 1859, 23 déc. 1860 ; Bourges, 15 fév. 1860 ; S. 56, I, 251 ; 59, I, 393 ; 61, II, 70 ; 62, I, 29 ; Voir aussi Demolombe, XXI, 319. CONTRA Marcadé, 973-2 ; Coin-Delisle, 973-7 ; Bayle-Mouillard, II, 242 note *b* ; Liège, 22 août 1813 ; Cass., 14 juill. 1816 ; Bourges, 20 nov. 1816.

(2) Demolombe, XXI, 308 ; Troplong, 1587, Aubry et Rau, § 670-83 ; Massé et Vergé, § 439-3 ; Marcadé, 973-2 ; Limoges, 17 juin 1808 et 4 déc. 1821 ; Liège, 24 nov. 1806 et 29 juin 1821 ; Caen, 11 déc. 1822 ; Cass., 18 juin 1826, 20 déc. 1830, 15 avril 1835 ; S. 35, I, 359 ; Lyon, 9 mai 1873 ; R. G. Defrénois, III, 2781. Voir cep. Toullier, 5,438 ; Coin-Delisle, 973-6 ; Toulouse, 27 avril 1813 ; Colmar, 13 nov. 1813 ; Cass., 10 déc. 1861 ; S. 62, I, 193.

(3) Aubry et Rau, § 670-84 ; Limoges, 17 juin 1808, 4 déc. 1821 ; Grenoble, 22 juin 1810 ; Bordeaux, 17 juill. 1845 ; S. 46, II, 440.

(4) Marcadé, 973-2 ; Bayle-Mouillard, II, 242 *bis*, note *c* ; Demolombe, XXI, 317 ; Colmar, 13 nov. 1813 ; Toulouse, 29 juin 1821 ; Cass., 13 déc. 1813 ; Douai, 26 juill. 1876 ; R. G. Defrénois, III, 3855.

(5) Aubry et Rau, § 670-58 ; Toullier, V, 434 ; Coin-Delisle, 973-10 ; Cass., 18 août 1817, 10 mars 1824.

(6) Marcadé, 973-1 ; Demolombe, XXI, 300 ; Toullier, V, 444 ; Troplong, 1590 ; Coin-Delisle, 974-4 ; Gand, 5 av. 1833 ; Cass., 20 janv. 1840 ; S. 34, II, 671 ; 40, I, 111.

(7) Caen, 17 déc. 1857 ; Cass., 28 avril 1862 ; Lyon, 30 nov. 1861 ; J. N., 17424, 18174.

le testateur viendrait à perdre l'usage des facultés intellectuelles, par une défaillance de son intelligence ou autrement, avant que le testament fût accompli. Si ce fait était seulement allégué, la preuve devrait en être apportée par ceux qui attaqueraient le testament pour cette cause (1). — Décidé à ce sujet que si le notaire, après la signature du testament par le testateur et les témoins, vient à s'apercevoir de l'insanité d'esprit du testateur, il peut ne pas le compléter en refusant d'y apposer sa signature (2).

166. — Fausse déclaration. — Il ne suffit pas que le testateur déclare ne savoir signer, il faut réellement qu'il ne sache signer. Si donc le testateur sait signer et qu'il déclare faussement ne savoir signer, sa déclaration est erronée ou mensongère, de sorte qu'elle équivaut au défaut de signature, et le testament est entaché de nullité (3), à moins cependant que le testateur après avoir signé autrefois bien ou mal n'en ait perdu l'habitude, alors sa déclaration de ne savoir signer peut être suffisante (4). Toutefois, il vaut mieux mentionner sa déclaration d'avoir signé autrefois, mais ne plus le savoir.

167. — Responsabilité. — Le notaire qui a interpellé le testateur de déclarer s'il sait signer, et qui a mentionné dans le testament sa réponse négative, ne saurait être déclaré responsable des conséquences de la déclaration mensongèrement faite par le testateur qu'il ne sait signer (5).

168. — Essai de signer. — Lorsque le testateur a essayé de signer, mais n'a pu tracer que des traits sans suite ou des caractères informes, on laisse subsister la mention de signature, ainsi que les traits sans suite ou les caractères informes, au-dessous desquels on fait une nouvelle mention énonçant l'essai de signer et l'empêchement pour *telle* cause, puis la *déclaration* du testateur de ne pouvoir signer et la cause (6). — Serait nul le testament dans lequel la déclaration émanant seulement du notaire, *supra* n° 26, porterait que après avoir vainement essayé de signer le testateur, « n'a pu le faire à cause du trembleteur de sa main ; » ou : « n'a pu tracer que les caractères informes ci-dessus, et cela à cause de son état de faiblesse (7). Toutefois, on a considéré comme suffisante la mention que « le testateur a fait des efforts pour signer, mais que, poussant un cri de douleur, il finit par dire qu'il ne le pouvait pas, que cela lui était impossible (8). »

169. — Signature suffisante. — La signature du testateur irrégulière, incomplète et même illisible, est suffisante si elle ne

---

Lequel, par l'intermédiaire de M. MALAY, interprète, qui a rendu et expliqué ses volontés en langue française, au fur et à mesure qu'il les prononçait en langue espagnole, a dicté à Mᵉ ALLIÈS, en présence des quatre témoins ci-dessus nommés, son testament ainsi qu'il suit : « Je lègue, etc. »

Le présent testament a été écrit en entier par Mᵉ ALLIÈS, notaire soussigné, de sa main, tel qu'il a été dicté par le testateur en langue espagnole, et à mesure que la traduction en langue française en était faite par M. MALAY, interprète ; puis Mᵉ ALLIÈS en a donné lecture, et M. MALAY l'a ensuite traduit, lu et expliqué au testateur, qui a déclaré bien le comprendre, qu'il contient exactement ses volontés et qu'il y persiste. Le tout en la présence continue des quatre témoins.

---

(1) Demolombe, XXI, 301 ; Aubry et Rau, § 670-75 ; Paris, 14 juill. 1851 ; S. 52, II, 26 ; Poitiers, 30 déc. 1872 ; R. G. Defrénois, II, 1388.

(2) Bordeaux, 5 août 1841 ; J. N., 11159 ; S. 42, II, 21.

(3) Aubry et Rau, § 670-82 ; Demolombe, XXI, 307 ; Toullier, V, 439 ; Duranton, IX, 99 ; Coin-Delisle, 973-3 ; Troplong, 1585 ; Marcadé 973-1 ; Dict. not. *sign.*, 137 ; Roll., *ibid.*, 68 ; Limoges, 26 nov. 1823 ; Lyon, 16 août 1861 ; S. 62, II, 471. Voir cependant Riom, 13 août 1856 ; Cologne, 9 mai 1860. J. N., 16144.

(4) Marcadé, 973-1 ; Coin-Delisle, 973-3 ; Troplong, 1385 ; Demolombe, XXI, 307 ; Caen, 5 mai 1820 ; Montpellier, 27 juin 1834 ; Bordeaux, 18 janv. 1837 ; Lyon,

16 août 1861 ; S. 36, II, 169 ; 37, II, 218 ; 61, 11, 471 ; Cass., 5 mai 1831, 28 janv. 1840 ; S. 31, I, 199 ; 40, I, 115 ; Cass., 13 mai 1868 ; R. G. Defrénois, I, 375 ; J. N., 10649, 11180.

(5) Lyon, 16 août 1861 ; S. 62, II, 471.

(6) Troplong, 1586 ; Aubry et Rau, § 670-75 ; Demolombe, XXI, 305, 313 ; Cass., 21 juill. 1806, 18 juin 1810, 31 déc. 1850 ; Bordeaux, 2 mai 1861 ; S. 51, 1, 26 ; J. N., 17217.

(7) Toulouse, 5 avril 1818 ; Poitiers, 28 août 1834 ; S. 34, II, 522 ; Cass., 25 avril 1825, 15 avril 1835, 20 juill. 1875 ; S. 35, I, 359 ; R. G. Defrénois, III, 2782.

(8) Caen, 5 août 1875 ; R. G. Defrénois, III, 2782.

diffère pas essentiellement de celle qu'il apposait sur les actes faits par lui à la même époque, et, par conséquent, la mention surabondante faite par le notaire de l'impossibilité où s'est trouvé le testateur de signer plus lisiblement, ne saurait vicier le testament en raison de ce que le testateur n'aurait pas déclaré lui-même la cause de cette impossibilité (1). — Jugé, à ce sujet que le notaire commet une faute en se retirant sans terminer le testament, alors que le testateur, déclarant vouloir et pouvoir signer, n'appose cependant qu'une signature informe et incomplète (2).

170. — Signature des témoins.

— Bien que le testament, de même que les autres actes, doive être signé par les témoins, *supra* n° 157, il suffit dans les campagnes, afin de ne pas le rendre impossible dans certaines localités, qu'un des deux témoins sache signer et signe, si le testament est reçu par deux notaires, et que deux des quatre témoins sachent signer et signent s'il est reçu par un notaire *(C. civ., 974)*. On peut donc, dans les campagnes, faire figurer : dans le premier cas un, et dans le deuxième cas, deux témoins ne sachant pas signer.

171. — Ibid. — Mention. — On

mentionne habituellement le défaut de signature des témoins et la cause qui les a empêchés de signer ; mais l'inaccomplissement de cette formalité n'entraînerait nullement la nullité du testament, la loi n'exigeant à cet égard ni la déclaration des témoins, ni même la mention du notaire (3).

172. — Ibid. — Campagne. — C'est

aux juges qu'il appartient d'apprécier, d'après la population ou toutes autres circonstances [notamment la difficulté de réunir quatre personnes sachant signer, et non parentes du testateur ni des légataires], si le lieu dans lequel le testament est passé est une campagne (4) ; comme cette appréciation peut être différente de celle du notaire, il fera bien, toutes les fois qu'il le pourra, d'exiger que tous les témoins signent ; ce sera le moyen d'éviter toute difficulté.

173. — Ibid. — Identité. — S'il n'y

avait pas identité entre les noms des individus indiqués comme témoins dans le corps d'un testament et la signature de ces mêmes témoins, le testament serait entaché de nullité (5) ; à moins que l'erreur ne puisse être rectifiée, ce qui est apprécié par les tribunaux (6). Mais l'absence de quelques lettres dans la signature d'un témoin ne serait pas une cause de nullité, alors que son identité n'est pas contestable (7).

Sur l'interpellation que leur a faite Me ALLIÈS, le testateur, par l'intermédiaire de l'interprète, les quatre témoins et M. MALAY ont déclaré individuellement que lesdits quatre témoins, ainsi que l'interprète, ne sont parents ni alliés soit du testateur, soit des légataires.

Dont acte.

Fait et passé à....., en l'étude de Me ALLIÈS.

L'an mil huit cent soixante-dix-neuf, le vingt-six janvier.

Et le testateur a signé avec les quatre témoins, M. MALAY comme témoin additionnel et le notaire, après lecture donnée par Me ALLIÈS, et que le présent testament a été lu, au moyen de la traduction en espagnol, et expliqué par M. MALAY, interprète, à M. MOLARÈS, testateur ; le tout en présence des témoins.

---

(1) Cass., 19 juill. 1842, 31 déc. 1850 ; Bordeaux, 2 mai 1861 ; J. N., 11417, 14265, 17217.

(2) Lyon, 30 nov. 1864 ; J. N., 18174.

(3) Coin-Delisle, 974-7 ; Marcadé, art. 974 : Troplong, 1596 ; Aubry et Rau, § 670-90 ; Demante, IV, 119 *bis ;* Saintespès, IV, 1096 ; Demolombe, XXI, 325 ; Toulouse, 27 avril 1813, 20 juin 1821 ; CONTRA Duranton, IX, 93 et 103 ;

(4) Grenier et Bayle-Mouillard, II, 245 ; Toullier, V, 445 ; Duranton, IX, 102 ; Coin-Delisle, 974-5 ; Troplong,

1594 ; Marcadé, art. 974 ; Demolombe, XXI, 327 ; Aubry et Rau, § 670-92 ; Cass., 10 juin 1817 et 10 mars 1829 ; Lyon, 29 nov. 1828 ; Bordeaux, 29 avril 1829 ; Grenoble, 22 mars 1832 et 7 juill. 1838 ; Angers, 17 juin 1841 ; S. 33, II, 133 ; D., 39, II, 11 ; 41, I, 193 ; Riom, 5 mars 1873 ; R. G. Defrénois, III, 2784.

(5) Poitiers, 19 avril 1822.

(6) Cass., 24 juill. 1840 ; S. 41, I, 79.

(7) Cass , 4 mars 1841 ; S. 41, I, 442.

SECTION III. — DU TESTAMENT MYSTIQUE

SOMMAIRE ALPHABÉTIQUE

SOMMAIRE DES FORMULES.

174. — Définition. — Le testament *mystique* ou *secret* est celui que le testateur écrit lui-même ou qu'il fait écrire par un tiers, et qu'il présente ensuite clos et scellé à un notaire qui en dresse l'acte de suscription.

175. — Éléments. — Le testament mystique comprend donc deux choses : 1° Les dispositions écrites dans le papier intérieur; 2° l'acte de suscription écrit sur le papier servant d'enveloppe. — Il a sur le testament olographe l'avantage de participer à certains

§ 2. — TESTAMENT MYSTIQUE.

FORMULE 9. — Acte de suscription (Nᵒˢ 174 à 199).

PAR DEVANT Mᵉ Léon-Casimir DAIX, notaire à….., département de….., soussigné.
En présence de :
1° M. Louis-Honoré ANCEL, avocat à la cour d'appel de….., demeurant à…..;
2° M. Jean-Baptiste BLIN, négociant, demeurant à …;
3° M. Edgar-Casimir COURT, avoué près le tribunal civil de….., demeurant à….;
4° M. André-Arthur DOREL, propriétaire, demeurant à…..;
5° M. Paul-Charles MOREL, docteur en médecine, demeurant à….;
6° Et M. Alfred Emile FÉRET, rentier, demeurant à…..
Témoins instrumentaires.
Si le testateur n'a pu signer son testament :
1°…..; 2°…..; 3°…..; 4°…..; 5°….; 6°…..;
7° Et M. Elie-Vincent GLOS, marchand épicier, demeurant à…..
Témoins instrumentaires.
Etant fait observer que l'adjonction du septième témoin a eu lieu sur la déclaration faite par le testateur ci-après nommé, qu'il sait lire mais qu'il ne sait écrire ni signer (*ou* qu'il n'a pu signer ses dispositions lorsqu'il les a fait écrire, à cause de la paralysie de son bras droit).

égards de l'authenticité du testament par acte public.

176. — Réception. — L'acte de suscription est reçu par un notaire en présence de six témoins au moins (*C. civ., 976*), ou même de sept dans le cas exprimé *infra* n° 179, sans que la présence parmi eux d'un second notaire dispense du nombre prescrit (1).

177. — Notaire. — Le notaire ne doit pas être parent ni allié du testateur au degré prohibé par l'article 8 de la loi du 25 ventôse an XI (2). Mais il est indifférent que le papier intérieur renferme des dispositions à son profit ou au profit de l'un de ses parents au degré prohibé, alors même qu'elles auraient été écrites par lui ou dans son étude, car, légalement, il est présumé l'ignorer (3). *Infra* n° 185.

178. — Six témoins. — Les témoins doivent réunir les qualités requises pour le testament par acte public (4), *supra* n°s 27 et suiv.; toutefois, ils peuvent être les légataires ou les parents et alliés des légataires, les dispositions étant réputées secrètes (5). Ils doivent comprendre la langue dans laquelle le testateur fait sa déclaration au notaire ou aux témoins.

179. — Septième. — Si le testateur ne sait signer, ou s'il n'a pu le faire lorsqu'il a fait écrire ses dispositions, il est appelé à l'acte de suscription un septième témoin, lequel signe l'acte avec les autres témoins, et il est

fait mention de la cause pour laquelle ce témoin a été appelé (*C. civ., 977*). Cette mention n'est soumise à aucune forme sacramentelle, et peut être placée à n'importe quelle partie de l'acte (6). Le septième témoin fait partie des témoins appelés à l'acte de suscription et a le même rôle que les autres témoins (7).

180. — Lire. — Pour faire un testament mystique, il faut non-seulement avoir la capacité de tester, *supra* n°s 51 et suiv., mais encore savoir et pouvoir lire. En conséquence, ceux qui, à l'époque de l'acte de suscription, ne savent ou ne peuvent lire, sont privés de faire leurs dispositions dans cette forme (*C. civ., 978*); ainsi l'aveugle ne peut disposer dans la forme mystique (8).

181. — Écriture moulée. — Si le testateur ne sait pas lire *l'écriture à la main,* mais qu'il sache lire *l'écriture moulée ou imprimée,* il peut tester dans la forme mystique, si ses dispositions ont été reproduites dans l'écriture qu'il lit (9).

182. — Lecture. — Il suffit que le testateur ait pu lire ses dispositions au moment même où il les a présentées aux notaire et témoins, *infra* n° 188; il n'est donc pas nécessaire d'établir qu'il les a effectivement lues lui-même (10), ni, par conséquent, de faire mention de cette lecture soit dans l'écrit intérieur, soit dans l'acte de suscription (11).

185. — Preuve. — C'est à celui qui prétend que le testateur ne pouvait lire lors de

---

A COMPARU :

M. Marcel Hélin, rentier, demeurant à.....

« Mondit sieur Hélin étant sain d'esprit, ainsi qu'il est apparu au notaire et aux té-
» moins. »

---

(1) Grenier, 1, 257; Duranton, IX, 206 *note;* Marcadé, 976-9; Demolombe, XXI, 363; Dict. not., *acte de susc.,* 19; Roll. de Vill., *ibid,* 21.

(2) Marcadé, 976-5; Demolombe, XXI, 360.

(3) Toullier V, 467; Duranton IX, 143; Coin-Delisle, 976-32; Marcadé, 976-5; Troplong, 1638; Demolombe, XXI, 302; Nîmes, 21 fév. 1821; Montpellier, 9 fév. 1836; S. 37, II, 270; contra Grenier et Bayle-Mouillard, I, 269 *bis;* Massé et Vergé, § 639, *note* 14.

(4) Toullier, V, 468; Duranton, IX, 141; Marcadé, 976-5; Troplong, 1632; contra Coin-Delisle, 976-39. Voir aussi Demolombe, XXI, 374; Aubry et Rau, § 671-18.

(5) Marcadé, 976-5; Troplong, 1633; Demolombe, XXI, 372.

(6) Marcadé, art. 977; Troplong, 1658; Demolombe,

XXI, 365, 367; Cass. 3 janv. 1838; S. 38, I, 344.

(7) Coin-Delisle, 977-5; Cass. 16 fév. 1834; S. 35, I, 463.

(8) Toullier, V, 478; Troplong, 1660; Demolombe, XXI, 385. Voir cependant Marcadé, art. 978; Coin-Delisle, 976-4.

(9) Coin-Delisle, 978-2; Marcadé, 976-2; Massé et Vergé, § 440-21; Demolombe, XXI, 393, 394; Voir Metz, 8 mars 1821; contra Duranton, IX, 135; Troplong, 1661; Dict. not. *test.,* 399.

(10) Troplong, 166; Demolombe, XXI, 399; Aubry et Rau, § 671-16; Pau, 3 juill. 1865; Aix, 13 août 1866; Paris, 30 nov. 1866; Cass., 7 mai 1866, 27 mai 1868; R. G. Defrénois, I, 381.

(11) Demolombe, XXI, 399.

la confection du testament, à en apporter la preuve (1), qui peut être faite par témoins (2).

184. — Formes. — Lorsque le testateur veut faire un testament mystique, il écrit ses dispositions ou les fait écrire par une autre personne et les signe, *supra* n° 179 (*C. civ.*, *976*), sans qu'il soit nécessaire de les dater, le testament s'incorporant à l'acte de suscription dont il prend la date, qu'il soit ou non signé. En conséquence, c'est au jour de cet acte qu'il faut se placer pour la capacité de tester (3).

185. — Écriture. — Les dispositions sont écrites soit par le testateur, soit par un tiers quelconque, même un mineur, un étranger, une femme, soit par une seule personne ou par plusieurs, soit en partie par le testateur lui-même et en partie par un autre ou par plusieurs autres (4); elles peuvent aussi être écrites par le notaire qui dresse l'acte de suscription, alors même qu'il est institué légataire universel (5), ou nommé exécuteur testamentaire salarié (6), ou par un légataire (7) qui, ensuite, peut être témoin à l'acte de suscription (8). Toutefois, il est préférable de ne pas les faire écrire par des personnes intéressées (9). Il n'est pas nécessaire qu'il soit signé de la personne qui l'a écrit (10).

186. — Clôture. - - Scel. — Le papier qui contient les dispositions du testateur, ou le papier qui sert d'enveloppe, s'il y en a une, est clos et scellé (*C. civ.*, *976*). La clôture doit être faite de telle sorte que le testament ne puisse être ouvert sans bris ni fracture, soit en le pliant sous forme de lettre ou en le renfermant dans une enveloppe, soit en entourant la feuille de papier d'un ruban qui le traverse à divers endroits; et le scel a lieu par l'apposition sur de la cire fondue ou, à défaut, sur du pain à chanter (11), d'un sceau ou cachet pouvant ne pas être celui du testateur (12) qui, suivant des auteurs, doit, à peine de nullité, porter une empreinte (13), qu'il est utile de décrire dans l'acte de suscription, quoique cela ne soit pas exigé (14).

187. — Clore. — Sceller. — Le papier peut être clos et scellé par un autre que le testateur; mais s'il est présenté aux notaire et témoins non clos ni scellé, il est préférable qu'il le soit par le notaire.

188. — Présentation. — Le testateur présente son testament ainsi clos et scellé au notaire et à six témoins au moins, ou il le fait clore et sceller en leur présence. (*C. civ.*, *976*).

Ou bien :

« Mondit sieur HÉLIN étant malade de corps, mais sain d'esprit, ainsi qu'il est apparu » au notaire et aux témoins. »

Lequel a présenté à Mᵉ DAIX, notaire soussigné, et aux six témoins (*ou* aux sept témoins), le présent papier plié en forme de lettre, clos et scellé en deux endroits avec de la cire bleue et un cachet ayant pour empreinte les lettres M. H. entrelacées (*ou* le présent

---

(1) Troplong, 1662 ; Massé et Vergé, § 440, *note* 25 ; Demolombe, XXI, 396 ; Douai, 25 juill. 1845 ; Cass., 22 juin 1852, 7 mai 1866 ; S. 52, I, 699 ; 66, I, 320.

(2) Bordeaux, 2 avril 1828.

(3) Toullier, V, 475 ; Duranton, IX, 123 ; Massé et Vergé, § 440-5 ; Coin-Delisle, 976-18 ; Troplong, 1623 ; Marcadé, 976-2 ; Demolombe, XXI 339 ; Cass., 14 mai 1809 ; Colmar, 20 janv. 1824.

(4) Marcadé, 976-2 ; Coin-Delisle, 976-23 ; Troplong, 1631 ; Demolombe, XXI, 334 ; Cass., 11 mai 1811.

(5) Grenier, I, 264 ; Duranton, IX, 126 ; Coin-Delisle, 976-23 ; Troplong, 1638 ; Demolombe, XXI, 302 ; Cass. 8 avril 1806 ; Nimes, 21 fév. 1820.

(6) Cass., Belg., 28 janv. 1873 ; R. Gⁱ Defrénois, III, 2792.

(7) Grenier, I, 269 ; Coin-Delisle, 976-23 ; Aubry et Rau, § 671-4 ; Troplong, 1621 ; Demolombe, XXI, 333 ; Nimes, 21 fév. 1821 ; Bordeaux, 6 avril 1854 ; S. 54, II, 736.

(8) Toullier, V, 467 ; Coin-Delisle, 980-10 ; Marcadé, 976-5, *note* ; Aubry et Rau, § 671-3 ; Troplong, 1634 ;

Demolombe, XXI, 333 ; Nimes, 21 fév. 1821 ; CONTRA Grenier, I, 268 ; Massé et Vergé, § 439-14 ; Roll. de Vill., *acte de susc.*, 12.

(9) Roll. de Vill., *acte de susc.*, 15 ; Jur. N. 10424.

(10) Cass., 16 déc. 1834 ; S. 35, I, 463.

(11) Demolombe, XXI, 350 ; Agen, 27 fév. 1855 ; Cass., 27 mars 1865 ; S. 55, II, 340 ; 66, I, 354.

(12) Marcadé, 976-2 ; Coin-Delisle, 976-29 ; Aubry et Rau, § 671-8 ; Duranton, IX, 124 ; Cass., 8 fév. 1820 ; Colmar, 20 janv. 1824.

(13) Grenier et Bayle-Mouillard, II, 261 ; Toullier, V, 463 ; Aubry et Rau, § 671-7 ; Duranton, IX, 124 ; Marcadé, 976-2 ; Demolombe, XXI, 347 ; Dict. not., *test.*, 430 et *acte de susc.*, 7 ; Cass., 7 août 1810 ; Cass., Bruxelles, 18 fév. 1818 ; CONTRA Coin-Delisle, 976-29 ; Mourlon, II, p. 301 ; Troplong, 1627 ; Dalloz, 3260 ; Massé et Vergé, § 440-8 ; Bordeaux, 14 nov. 1839 ; Agen, 27 fév. 1855 ; Cass., 2 avril 1856 ; S. 55, II, 345 ; 56, I, 581 ; J. N. 15601.

(14) Demolombe, XXI, 348.

189. — Mention. — La présentation et l'état du papier présenté, c'est-à-dire qu'il est clos et scellé, doivent être mentionnés dans l'acte de suscription à peine de nullité (1), sans toutefois que la mention soit soumise à des formes sacramentelles; ainsi la nullité ne serait pas encourue parce que le notaire aurait employé le mot *remet* au lieu du mot *présente* (2), ou au lieu de dire que le testament a été présenté *au notaire et aux six témoins,* — il aurait dit : *au notaire en présence des témoins* (3).

190. — Déclaration. — Le testateur déclare que le contenu du papier, par lui présenté, est son testament écrit et signé de lui, ou écrit par un autre et signé de lui (*C. civ.*, *976*), ou, s'il sait lire, mais qu'il ne sache ou ne puisse signer, écrit par un autre et non signé de lui (*C. civ.*, *977*). On n'exige pas qu'il soit fait mention dans l'acte de suscription de là personne qui a écrit le testament (4), cependant il est préférable de la nommer; cela est même nécessaire si le testament a été écrit en partie par le testateur, et en partie par un ou plusieurs autres, afin d'éviter tout soupçon d'altération (5).

191. — Enonciation. — La déclaration du testateur que le papier présenté est son testament, doit être mentionnée dans l'acte de suscription à peine de nullité (6).

192. — Acte de suscription. — Le notaire dresse l'acte de suscription sur le papier présenté par le testateur ou sur la feuille qui sert d'enveloppe (*C. civ.*, *976*), ce qu'il est utile de mentionner dans l'acte, encore bien que la loi ne l'exige pas (7). Si l'acte était écrit sur un papier distinct et à part, il serait nul (8).

193. — Règles. — Cet acte est assujetti aux règles prescrites par la loi du 25 ventôse an XI pour les actes notariés en général (9). Toutefois, il doit, à peine de nullité, être écrit par le notaire lui-même (10), ce que l'on mentionne ordinairement, quoique cela ne soit pas obligatoire (11).

194. — Minute. — Il n'est pas nécessaire que l'acte de suscription soit passé en minute; dès lors le testateur, qui a d'abord laissé son testament mystique entre les mains du notaire, peut ensuite se le faire remettre, en lui en donnant décharge (12).

195. — Lecture. — Mention. — Il est utile de mentionner que l'acte de suscription a été lu au testateur en présence des té-

---

papier clos à l'entour avec un ruban blanc et scellé aux quatre coins du recto et du verso avec de la cire rouge et un cachet ayant pour empreinte les lettres M. H. en caractères gothiques).

Si le papier est clos et scellé en présence des notaires et témoins :

Lequel a fait clore et sceller par Mᵉ DAIX, en présence des six témoins (*ou* des sept té-

(1) Grenier et Bayle-Mouillard, II, 264; Toullier, V, 471; Aubry et Rau, § 671-21; Zach., § 440-9; Duranton, IX, 139; Marcadé, 976-4; Demolombe, XXI, 375, 381; Troplong, 1640; Cass., 7 août 1810, 28 déc. 1812; Poitiers, 28 mai 1826; CONTRA Coin-Delisle, 976-45 à 51. Voir Toulouse, 19 juin 1830.

(2) Troplong, 1642; Demolombe, XI, 377; Cass., 7 avril 1806, 11 mai 1811.

(3) Demolombe, XXI, 379; Metz, 8 mars 1821; Bordeaux, 5 mai 1828; Toulouse, 19 juin 1830.

(4) Dict. not., *test.*, 419 et *acte de susc.*, 60; Demolombe, XXI, 335; Aubry et Rau, § 671-10; Cass., 16 déc. 1834; S. 35, I, 463.

(5) Voir Troplong, 1631; Massé et Vergé, § 440-12; Aubry et Rau, § 671-2; Demolombe, XXI, 335; Cass., 11 mai 1811; Lyon, 26 janv. 1822.

(6) Voir *supra* note 1; ajoutez, Orléans, 17 juillet 1847.

(7) Troplong, nº 1646; Demolombe, XXI, 384; Aubry et Rau, § 671-27; Metz, 8 mars 1821.

(8) Troplong, 1639; Demolombe, XXI, 355; Marcadé, 976-3; Coin-Delisle, 976-34; Aubry et Rau, § 671-13; Cass., 6 juin 1815.

(9) Marcadé, 976-5; Demolombe, XXI, 356; Cass., 16 déc. 1834.

(10) Toullier, V, 481; Massé et Vergé, § 440-13; Aubry et Rau, § 671-12; Coin-Delisle, 976-35; Marcadé, 976-3; Demolombe, XXI, 357; Troplong, 1637; Dict. not., *acte de susc.*, 77; CONTRA Duranton, IX, 127.

(11) Toullier, V, 481; Duranton, IX, 127; Coin-Delisle, 976-41; Aubry et Rau, § 671-26; Troplong, 1645; Dict. not. *acte de susc.*, nº 78; Roll., *ibid.*, nº 88; Demolombe, XXI, 384.

(12) Merlin, *Notaire*, § 5; Toullier, V, 659; Duranton, IX, 470, note; Vazeille, 1035-6; Massé, *Parfait not.*, liv. 3, chap. 17; Troplong, 1653; Carré et Chauveau, *Proc.*, art. 916, 917; Massé et Vergé, § 440-13; Coin-Delisle, 976-20; Demolombe, XXI, 358; Riom, 1ᵉʳ déc. 1818; Bruxelles, 23 juill. 1825; Cass., Belg., 26 mai 1826; Seine, 11 déc. 1847; Paris, 10 juin 1848; S. 48, II, 45, 356; CONTRA Délib. chamb. not., Paris, 6 fév. 1823; Grenier et Bayle-Mouillard, II, 277 *bis*; Poujol, 976-22; Roll., *acte de susc.*, nº 107; Dict. not., *ibid.*, nº 33, *minute*, nº 223; *test.* nº 433.

moins ; cependant le défaut de cette mention n'entraînerait pas la nullité du testament, la loi ne l'exigeant pas (1). Si le testateur est atteint d'une surdité complète, il ne peut entendre la lecture, mais on peut lui donner l'acte à lire (2), ce qui doit être mentionné, *supra* n° 155 et formule quatrième.

196. — Signature. — L'acte de suscription est signé tant par le testateur que par le notaire, ensemble par les témoins (*C. civ.*, *976*), ce qui doit être mentionné en fin de l'acte (3). Les témoins doivent tous signer, même lorsque l'acte est dressé dans une campagne (4).

197. — Signature empêchée. — En cas que le testateur, par un empêchement survenu depuis la signature du testament, ne puisse signer l'acte de suscription, il est fait mention de la déclaration qu'il en a faite, sans qu'il soit besoin en ce cas d'augmenter le nombre des témoins (*C. civ.*, *976*) ; il n'est pas nécessaire non plus que le testateur déclare la cause de l'empêchement (5), cependant, il est d'usage de le faire. Ordinairement, cette mention se place à la fin de l'acte ; si, néanmoins, elle se trouvait placée dans le corps de l'acte, cela n'entraînerait pas la nullité du testament (6).

198. — Cause. — Non-signature. Si un septième témoin a été appelé en raison de ce que le testateur ne sait signer ou n'a pu le faire lorsqu'il a fait écrire ses dispositions, *supra* n° 179, on mentionne la déclaration faite par le testateur de la cause pour laquelle il ne signe pas, et l'on énonce la signature des sept témoins et du notaire. Cette mention se place à la fin de l'acte ; toutefois, le testament ne serait pas nul en raison de ce qu'elle aurait été mise dans le corps de l'acte même (7).

199. — Seule séance. — Toutes les formalités constitutives de l'acte de suscription doivent être accomplies de suite et sans divertir à d'autres actes (*C. civ.*, *976*) ; autrement dit, l'acte doit être fait en une seule séance, ce qu'il est utile de mentionner dans l'acte de suscription, encore bien que la loi ne l'exige pas (8).

200. — Mutisme. — En cas que le testateur ne puisse parler, mais qu'il puisse écrire, il peut faire un testament mystique, pourvu : 1° que le testament soit entièrement

---

moins), son testament renfermé dans l'enveloppe sur laquelle est écrit le présent acte de suscription, et a présenté à Mᵉ Daix, notaire soussigné, et aux six témoins (*ou aux sept témoins*), le présent papier, plié en forme de lettre, clos et scellé en deux endroits avec de la cire bleue et un cachet ayant pour empreinte les lettres M. H. en caractères gothiques.

Et il a déclaré que le présent papier est l'enveloppe dans laquelle est contenu son testament écrit et signé par lui (*ou signé par lui mais écrit par M.....*) — (*ou encore si le testateur ne sait ou n'a pu signer*) : écrit par M....., mais non signé de lui par les motifs qui ont été indiqués plus haut.

En conséquence, Mᵉ Daix, notaire soussigné, a écrit de sa main le présent acte de suscription sur le papier servant d'enveloppe au testament.

Fait et passé à....., en l'étude, — *ou à.....*, au domicile du testateur, dans sa chambre à coucher, au 1ᵉʳ étage, où il a été trouvé alité.

L'an mil huit cent soixante-dix-neuf, le deux février,

Et M. Hélin a signé avec les six témoins et le notaire, après lecture donnée par Mᵉ Daix au testateur, en présence des témoins.

Si le testateur ne peut signer par suite d'un empêchement survenu depuis la signature du testament :

---

(1) Toullier, V, 481 ; Duranton, IX, 127 ; Coin-Delisle, 976-41 ; Demolombe, XXI, 384 ; Aubry et Rau § 671-28.

(2) Dict. noct. *test.*, 402, 403. Voir Demolombe, XXI, 406.

(3) Marcadé, 976-5 ; Toullier, V, 485 ; Troplong, 1640 ; Aubry et Rau, § 675-30 ; Demolombe, XXI, 387 ; Voir cependant Cass , 16 déc. 1834 ; S. 35 ; I, 463 ;

(4) Toullier, V, 483 ; Coin-Delisle, 976-38 ; Marcadé, 976-6 ; Aubry et Rau, § 671-14 ; Troplong, 1632 ; Demolombe, XXI, 386 ; Cass., 20 juill. 1809 ; Pau, 19 déc. 1829 ; Toulouse, 1ᵉʳ mars 1836.

(5) Demolombe, XXI, 385.

(6) Duvergier sur Toullier, V, 484, note *b* ; Troplong, 1647 ; Aubry et Rau, § 671-15 ; Cass , 3 janv. 1838 ; S. 38, I, 244.

(7) Cass., 3 janv. 1838 ; S. 38, I, 244.

(8) Duranton, IX, 130 ; Coin-Delisle, 976-41 ; Marcadé, 976-1 ; Aubry et Rau, § 671-25 ; Bayle-Mouillard, I, 263 ; Troplong, 1651 ; Demolombe, XXI, 384 ; Dict. not., *acte de susc.*, 94 ; Cass., 8 fév. 1820 ; Bordeaux, 14 nov. 1839.

écrit, daté et signé de sa main; 2° qu'il le présente aux notaire et témoins, et 3° qu'au haut de l'acte de suscription il écrive en leur présence que le papier qu'il présente est son testament (*C. civ.*, *979*). Cette règle est applicable au cas seulement où le testateur ne peut parler au moment de l'acte de suscription; mais s'il parle à cette époque, il est indifférent qu'il n'ait pu parler au moment où ses dispositions ont été écrites, et, dans ce cas, l'écriture peut être de la main d'un tiers (1).

201. — Muet. — Sourd-muet. — Ce qui s'applique à quiconque ne peut parler, par suite de paralysie de la langue ou de toute autre cause accidentelle, comme aussi au muet de naissance et même au sourd-muet de naissance (2).

202. — Formalités. — Après les formalités tracées *supra* n° 200, le notaire écrit l'acte de suscription dans lequel il est fait mention que le testateur a écrit les mots y indiqués en présence du notaire et des témoins; au surplus, on observe tout ce qui est prescrit par l'article 976 (*C. civ.*, *979*).

203. — Sourd-muet. — Lecture. — Le sourd-muet ne peut entendre la lecture de l'acte, mais il peut y être suppléé en lui donnant l'acte à lire (3), ce qui doit être mentionné. Voici la formule applicable à ce cas : *Après que lecture du présent acte de suscription a été prise par M....., sourd-muet, et après lecture par M^e....., aux témoins, M..... a signé avec les témoins et le notaire.*

204. — Ratures. — Surcharges. — Le testament mystique régulier au moment où il a été fait, ne saurait être vicié pour les ratures, surcharges ou interlignes qui pourraient y être pratiquées par une main étrangère, lors de son ouverture après le décès du testateur. En pareil cas, il appartient aux tribunaux de rechercher et de rétablir, en leur forme et leur sens primitifs, les clauses de ce testament (4).

205. — Authenticité. — L'écrit intérieur renfermant les dispositions du testateur participe à l'authenticité de l'acte de suscription; en conséquence, si l'écriture ou la signature est méconnue, ceux qui se prévalent du testament ne sont pas tenus d'en poursuivre

M. Hélin, sur l'interpellation de signer que lui a faite Me Daix, a déclaré que, par suite de la paralysie dont il a été atteint depuis la signature de son testament, il ne peut signer; les six témoins et le notaire ont seuls signé après lecture donnée, etc. (*comme dessus.*)
Si le testateur ne sachant ou ne pouvant signer n'a pas signé ses dispositions :
M. Hélin, sur l'interpellation de signer que lui a faite Me Daix, a déclaré savoir lire, mais ne savoir écrire ni signer (*ou savoir signer mais ne le pouvoir à cause de la paralysie de son bras droit*) ; les sept témoins et le notaire ont seuls signé après lecture donnée, etc. (*comme dessus.*)
Le tout a été fait de suite en une seule séance et, par conséquent, sans divertir à d'autres actes.

FORMULE 10. — Acté de suscription par un testateur qui ne peut parler
(N°s 200 à 206).

Écriture en haut de l'acte de suscription de la main du testateur.
Le papier que je présente est mon testament entièrement écrit, daté et signé de ma main. (*Signature.*)
Par-devant M^e.....
En présence de : 1°..... (six témoins),
A comparu : M.....
Lequel a présenté à M^e...... etc. (*Voir formule 9e.*)
Comme le testateur ne peut parler, il a écrit en tête des présentes, en présence du

(1) Troplong, 1668; Aubry et Rau, § 671-32; Orléans, 17 juill. 1847; S. 47, II, 614.
(2) Toullier, V, 477; Demolombe, XXI, 400; Colmar, 7 fév. 1815.
(3) Dict. not., *test.*, 402, 403. Voir Troplong, n° 1649; Demolombe, XXI, 406; Bordeaux, 3 mai 1828.
(4) Cass., 11 mai 1869; R. G. Defrénois. n° 382.

la vérification, et le testament ne peut être attaqué que par la voie de l'inscription de faux (1).

206. — Nullité. — Un testament qui se trouve nul comme testament mystique, en raison de l'inaccomplissement des formalités prescrites pour l'acte de suscription, est néanmoins valable, comme testament olographe, si la disposition intérieure est écrite en entier, datée et signée de la main du testateur (2).

SECTION IV. — DU TESTAMENT OLOGRAPHE.

SOMMAIRE ALPHABÉTIQUE

SOMMAIRE DES FORMULES.

notaire et des six témoins, que le papier qu'il présente est son testament entièrement écrit, daté et signé de sa main.

En conséquence, Me..... a écrit, etc. (*Voir même formule.*)

§ 3. — TESTAMENT OLOGRAPHE.

FÓRMULE 11. — Testament olographe. Legs entre époux (Nos 207 à 225).

Je soussigné Léon-Charles GALLEY, propriétaire, demeurant à Paris, rue du Faubourg-Saint-Honoré, no 45,

Ai fait mon testament ainsi qu'il suit :

Je lègue à Laure AVENEL, ma femme, l'usufruit de l'universalité des biens et droits mobiliers et immobiliers qui composeront ma succession, en quoi qu'ils puissent consister et en quelque lieu qu'ils soient dus et situés, sans aucune exception.

Ce legs ne subira aucune réduction en cas d'existence d'ascendants ; mais si je laisse des

---

(1) Grenier et Bayle-Mouillard, II, 276 ; Toullier, V, 501 ; Duranton, IX, 145 ; Coin-Delisle, 976-6 ; Troplong, 1652 ; Demolombe XXI, 411 ; Metz, 8 mars 1821 ; Bordeaux, 9 sept. 1829 ; Besançon, 22 mai 1845 ; S. 46, II, 388 ; contra Aubry et Rau, § 671-34 ; Bruxelles, 4 mars 1831.

(2) Grenier et Bayle-Mouillard, II, 276 ; Toullier, V, 480 ; Duranton, IX, 138 ; Troplong, 1654 ; Massé et Vergé, § 440-23 ; Demolombe, XXI, 409 ; Marcadé, 976-1 ; Aubry et Rau, § 671-33 ; Dict. not., *acte de susc.*, 103 ; Aix, 18 janv. 1808 ; Caen, 26 janv. 1826 ; Dijon, 28 fév. 1827 ; Cass., 6 juin 1815, 23 déc. 1828 ; contra Coin-Delisle, 976-15 ; Poitiers, 28 mai 1824.

207. — Définition. — On appelle *testament olographe* celui qui est l'œuvre exclusivement personnelle du testateur. Il n'est point valable s'il n'est écrit en entier, daté et signé de la main du testateur; la loi ne l'assujettit à aucune autre forme (*C. civ., 970*). La circonstance que le testament réunissant ces caractères porte en tête le mot : *copie*, ne lui ôterait rien de sa valeur (1). D'ailleurs, il appartient aux juges du fond de déclarer si l'acte présenté constitue un testament véritable ou un simple projet (2).

§ 1. — Ecriture.

208. — Mode d'écriture. — L'*écriture* peut être faite avec de l'encre ou toute autre matière, même au crayon (3), en français ou en toute autre langue (4), sur une seule feuille de papier ou sur plusieurs; dans ce dernier cas, il suffit que la dernière feuille soit signée, s'il y a entre toutes les feuilles une liaison nécessaire (5).

209. — Instrument. — Le testament olographe peut être écrit non-seulement sur du papier timbré ou libre ou sur des notes, sur un carnet, sur un registre de compte, en marge d'un livre imprimé, dans le cours d'un acte sous seing privé (6); mais encore sur quelque matière ou substance que ce soit, par exemple, du carton, du bois, du linge, une ardoise, une pierre, etc.; pourvu, dans tous les cas, qu'on y trouve la volonté de faire une disposition testamentaire.

210. — Testateur. — Tiers. — Le testateur doit seul écrire. Un mot écrit par une autre main, même inutile au sens des dispositions, serait une cause de nullité du testament (7); à moins que ce ne fût à l'insu du testateur (8). Toutefois, une disposition additionnelle postérieure, contenue dans le corps du testament et écrite par une main étrangère, avec l'assentiment du testateur, n'entraînerait pas la nullité du testament (9).

211. — Aide. — On décide que le fait par le testateur, atteint de cécité ou d'un tremblement nerveux, de s'être fait aider d'une main étrangère pour la disposition matérielle de son écriture sur le papier, ne nuit pas à la validité du testament, pourvu que le tiers étranger n'ait pas conduit sa main afin de lui faire former les lettres (10).

212. — Projet. — Il ne suffit pas d'écrire en traçant des traits et des caractères conformes à ceux du projet que le testateur copie; il faut, pour la validité du testament, qu'il comprenne ce qu'il écrit. Ainsi on a annulé : 1° le testament d'une personne illettrée et complètement incapable d'écrire sans le secours d'une autre personne, alors qu'elle n'a-

---

enfants ou autres descendants, il sera réduit à la moitié aussi en usufruit, des mêmes biens et droits.

Dans l'un comme dans l'autre cas, ma femme jouira de l'usufruit légué pendant sa vie, à compter du jour de mon décès, sans être tenue de fournir caution ni de faire emploi des valeurs mobilières, mais à la charge de faire faire inventaire.

---

(1) Demolombe, XXI, 141; Aubry et Rau, § 668-35; Cass., 4 nov. 1857; Limoges, 20 déc. 1876; S. 58, I, 53, 77, II, 150; J. N., 16218, 21821.

(2) Cass., 3 déc. 1850; S. 50, I, 780; Voir aussi Cass., 4 août 1857, 19 fév. 1867; S. 58, I, 43; 67, I, 162; J. N., 16157.

(3) Coin-Delisle, 970-23; Marcadé, 970-2; Troplong, 1472; Aubry et Rau, § 668-17; Demolombe, XXI, 122; Aix, 27 janv 1846; S. 47, II, 30; J. N., 12897.

(4) Troplong, 1503; Demolombe, XXI, 120; Aubry et Rau, § 665-8; Bordeaux, 26 janv. 1829.

(5) Troplong, 1473; Demolombe, XXI, 128; Aubry et Rau, § 668-16; Rennes, 24 déc. 1849; Paris, 22 janv. 1850, 10 janv. et 21 juill. 1857; Cass., 21 juin 1842, 3 déc. 1850, 21 juin 1852, 4 août et 4 nov. 1857; J. N., 15994, 16113, 16157, 16218.

(6) Toullier, V, 357; Duranton, IX, 25; Coin-Delisle, 970-23; Aubry et Rau, § 668-15; Demolombe, XXI,

121; Nîmes, 21 janv. 1810; Paris, 4 août 1857, 14 août 1860.

(7) Toullier, V, 357; Duranton, IX, 27; Troplong, 1467; Marcadé, 970-2; Coin-Delisle, 970-11; Demolombe, XXI, 63 à 69; Seine, 7 mai 1863.

(8) Toullier, V 358; Duranton, IX, 27; Marcadé, 970-2; Coin-Delisle, 970-5; Massé et Vergé, § 437-2; Aubry et Rau, § 668-2; Troplong, 1468; Demolombe, XXI, 64 65; Lyon, 17 août 1855, 25 nov. 1868; Cass., 22 juin 1857, 11 mai 1869; R. G. Defrénois, I, 377; J. N., 15638, 16111.

(9) Montpellier, 5 mai 1872; Cass., 14 avril 1874; R. G. Defrénois, II, 1401; III, 2787; Lyon, 27 juin 1876; J. N., 21547; Cass., 16 juill. 1878; Journ. Not. 3115.

(10) Troplong, 1470; Demolombe, XXI, 61; Aubry et Rau, § 668-4; Nancy, 19 fév. 1846; Paris, 21 avril 1848; Cass., 18 mars, 1830, 28 juin 1847; S. 48, I, 216; J. N., 13484.

4

vait pas l'intelligence de l'écriture formée par sa main et ne pouvait se rendre compte de la valeur des caractères qu'elle formait, ni de la signification des mots qu'elle écrivait (1); — 2° celui d'un sourd et muet, *supra* n° 67, en raison de ce qu'il était constant qu'il n'avait pu se rendre compte de la signification des mots produits par la combinaison des caractères qu'il avait tracés (2).

213 — Sens. — On répute non écrits les mots qui ne présentent aucun sens, et l'exécution du testament est ordonnée sans que l'on ait égard à ces mots (3).

214. — Legs rayé. — Si une disposition est rayée ou bâtonnée, il y a présomption que c'est par le testateur, sauf à celui à qui la rature préjudicie à faire la preuve du contraire (4).

§ 2. — Date.

215. — Indication. — La date, qui a pour objet de préciser l'époque où le testament a été fait, est l'indication, en toutes lettres ou en chiffres (5), des jours, mois et an, et non pas seulement des mois et an (6), ni d'entre telle époque et telle autre (7). On la met habituellement à la fin de l'acte et avant la signature (8), encore bien qu'il soit permis de la mettre après, ou à toute autre place, même lorsque le testament est écrit sur plusieurs feuilles (9).

216. — Renvoi. — Le renvoi écrit à la suite ou en marge ou par interligne est valable, quoique non daté, s'il se rattache au corps du testament par un lien intellectuel, a avec lui une corrélation évidente et se trouve contemporain du testament, de manière à être protégé par la date unique de ce testament (10); ou si, écrit à une autre époque que le corps du testament, il est constaté par les juges du fait que le renvoi a été écrit au moment où le testateur donnait l'existence à son testament en y apposant la date et sa signature (11).

217. — Addition. — Le renvoi, en suite ou à la marge ou par interligne, est nul s'il est établi par des présomptions graves et par la comparaison des écritures, qu'il est postérieur au testament; alors il constitue, par addition, une disposition nouvelle, non valable, faute d'avoir été datée et signée (12).

Ou bien : Je lègue à Laure AVENEL ma femme, la pleine propriété de l'universalité des biens et droits mobiliers et immobiliers qui composeront ma succession, en quoi qu'ils puissent consister et en quelque lieu qu'ils soient dus et situés, sans aucune exception,
Si je laisse des enfants ou autres descendants, ce legs sera réduit à la quotité disponible

---

(1) Cass., 20 déc. 1858; S. 59, I, 389.
(2) Bruxelles, 19 déc. 1822; T. Charleville, 16 mai 1874; R. G. Defrénois, III, 2785.
(3) Cass., 15 janv. 1834; S. 34, I, 175; Voir Angers, 29 mars 1828.
(4) Coin-Delisle, 970-21; Douai, 26 mai 1838; S. 38, II, 262; voir aussi Cass., 12 janv. 1833, 21 fév. 1837; S. 33, I, 91; 37, I, 432.
(5) Toullier, V, 306; Duranton, IX, 31; Troplong, 1481; Aubry et Rau, § 668-28; Demolombe, XXI, 81; Nîmes, 20 janv. 1810.
(6) Marcadé, 970-3; Duranton, IX, 311; Toullier, V, 362; Demolombe, XXI, 73, 80; Aubry et Rau, § 668-6; Cass., 3 mars 1846, 31 janv. 1859, 31 juill. 1860; J. N., 12718; S. 59, I, 337; 60, I, 769; contra Coin-Delisle, 970-8.
(7) Rouen, 15 nov. 1838; S. 39, II, 16.
(8) Duranton, IX, 42; Marcadé, 970-3; Troplong, 1491; Demolombe, XXI, 115, 116; Paris, 13 août 1811, 22 avril 1828; Bordeaux, 12 janv. 1825; Rennes, 11 fév. 1830; Cass., 6 mai 1812, 9 mai 1825, 11 mai 1831; Poitiers, 6 janv. 1804; Journ. not. 1864, p. 94; voir cependant Toullier, V, 375; Liége, 12 déc. 1811.
(9) Marcadé, 970-3; Demolombe, XXI, 215; Aubry et Rau, § 668-29; Coin-Delisle, 970-30; Paris, 22 janv. 1850; Cass., 21 juin 1842, 17 juill. 1867; 7 juill. 1869; S. 42, I,

577; 50, II, 115; R. G. Defrénois, I, 378; voir Besançon, 21 janv. 1857, 19 déc. 1877; S. 57, II, 89; 78, II, 78; J. N., 21821.
(10) Marcadé, 970-5; Coin-Delisle, 970-34; Troplong, 1410; Massé et Vergé, § 437-5; Aubry et Rau, § 668-21; Demolombe XXI, 135; Paris, 2 août 1836, 7 mars 1867; Orléans, 3 juill. 1858; Lyon, 22 fév. 1859; Dijon, 24 mars 1859, 24 juill. 1861; Bordeaux, 23 janv. 1871; Cass., 2 fév. 1807. 18 août 1862; 13 nov. 1871; J. N., 16357, 18831; S. 30, II, 492; 59, I, 350; II, 130, 323, 518; 61, II, 539; 63, I, 268; 68, II, 23; R. G. Defrénois, I, 378; II, 1402.
(11) T. Melun, 12 mars 1875; Cass., 11 nov. 1874; 13 juill. 1875; R. G. Defrénois, III, 2788; voir Paris, 13 mars 1877; Cass., 20 mars 1878; J. N., 21061, 21820.
(12) Marcadé, 970-5; Aubry et Rau, § 668-23; Coin-Delisle, 970-34; Demolombe, XXI, 134; Caen, 21 août 1860; Lyon, 11 déc. 1860; Besançon, 19 juill. 1861; Dijon, 24 juill. 1861; Amiens, 6 fév. 1862; Grenoble, 10 juin 1868; Paris, 12 mai 1870; Cass., 27 juin 1860, 16 déc. 1861, 22 nov. 1870; J. N., 16895, 17051, 17147, 17218; S. 60, I, 773; 61, II, 205, 483, 539; 62, I, 15; II, 203; R. G. Defrénois, I, 378; II, 1402; T. Versailles, 6 avril 1877; Droit, 8 mai.

218. — Fausse date. — Quand il est établi que le testateur a mis une fausse date à son testament, par exemple, s'il est d'une date antérieure à la mise en circulation du papier timbré sur lequel il l'a écrit (1), ou s'il l'a daté d'une époque postérieure à son décès ou d'un jour qui n'existe pas dans le calendrier, comme le 31 novembre (2), et qu'on ne puisse pas trouver, au moyen des énonciations prises dans le testament même les éléments nécessaires pour rectifier la date erronée (3), la fausseté ou l'erreur de date équivaut à l'absence de date, et le testament est nul (4).

219. — Enveloppe. — La date mise par le testateur sur l'enveloppe qui renferme le testament ne saurait suppléer à l'absence de date (5).

220. — Date surchargée. — La surcharge de la date ne l'invalide pas en principe; elle prouve seulement que le testateur, ayant commis une erreur, a voulu la rectifier (6).

221. — Foi. — Lorsque le testament est attaqué comme portant une fausse date ou une date erronée, c'est par l'inscription de faux que la fausseté ou l'erreur de date doit être établie, le testament faisant foi de sa date (7). Mais si c'est pour captation et suggestion qu'il est attaqué, la fausseté de la date comme la fraude qu'elle a eu pour but de dissimuler, peut être démontrée par tous les moyens de preuve (8).

§ 3. — Lieu. — Signature.

222. — Lieu. — Il n'est pas nécessaire d'indiquer le lieu où le testament a été rédigé (9); mais l'usage est de le mentionner.

223. — Signature. — La signature doit être celle dont le testateur fait usage, qu'elle soit : de son nom de famille, ce qui est préférable; d'un surnom; de son pseudonyme; même de son prénom (10). Décidé que le testament olographe d'un évêque signé d'une croix, des initiales de ses prénoms et du nom de son évêché peut être maintenu comme revêtu d'une signature légale, lorsque le testateur était dans l'usage de signer ainsi (11). Mais jugé que si le testateur a l'habitude de signer son nom patronymique,

la plus large en pleine propriété et en usufruit, avec dispense en ce qui concerne l'usufruit de fournir caution et de faire emploi, mais à la charge de faire faire inventaire.

Fait et écrit de ma main, à Paris, le cinq février mil huit cent soixante-dix-neuf.

(Signature.)

(1) Marcadé, 970-3; Demolombe, XXI, 96; Amiens, 19 fév. 1856, 8 juin 1858, 2 fév. 1860; Orléans, 24 janv. 1857; Montpellier, 5 janv. 1864, 11 déc. 1867, 31 déc. 1872; Seine, 24 déc. 1873; Lyon, 25 juin 1875; Cass., 4 janv. 1847, 18 nov. 1856, 31 janv. 1859, 31 juill. 1860, 11 mai 1864, 14 mai 1867, 28 juin 1869, 5 fév. 1873; 16 janv. 1877; J. N., 12037, 13976, 15958, 16316, 16873, 18062; S. 56, 11, 217, 58, II, 497, 614; 59, I, 337; 60, I, 769; 64, I, 233; 67, I, 216; R. G. Defrénois, II, 1405, III, 2790; R. N., 5398; voir Nîmes, 24 janv. 1870, R. G. Defrénois, II, 1404; Cass., 6 nov. 1877; J. N., 21915. CONTRA Cass., Belgique 26 mars 1875; R. G. Defrénois, III, 2790.

(2) Lyon, 25 fév. 1870; Douai, 10 fév. 1873; R. G. Defrénois, II, 1403; III, 2789.

(3) Marcadé, 970-3; Demolombe, XXI, 89; Rouen 14 avril 1847, 21 nov. 1854; Paris, 5 avril 1851; Nîmes, 28 juill. 1857; Lyon, 22 fév. 1859, 3 mars 1869, 5 avril 1878; Orléans, 29 juill. 1865; Metz, 4 juill. 1867; Montpellier, 11 déc. 1867; Cass., 2 mars 1830, 1er mars 1832, 3 janv. 1838, 8 mai 1855, 6 août 1856, 18 janv. 1858, 15 mai 1864, 9 et 28 juin 1869; J. N., 15569, 15896, 16252, 16597; S. 32, I, 205; 38, I, 182; 48, II, 447; 51, II, 193; 55, I, 329; 56, I, 778; 57, II, 728; 59, II, 545; 64, I, 233; 65, II, 272; R. G. Defrénois, I, 379; Cass., 8 janv. et 4 fév. 1879.

(4) Troplong, 1484; Coin-Delisle, 970-39; Aubry et Rau, § 668-8; Demolombe, XXI, 87; Cass., 26 déc. 1832, 9 mai 1833, 9 janv. 1839, 18 nov. 1856, 31 janv. et 18 août 1859, 20 fév. et 31 juill. 1860, 14 mai 1867; Bordeaux, 28 fév. 1872; Lyon, 14 déc. 1875; T. Beauvais, 6 août 1877; J. N., 16185, 16516, 16813, 16044, 18866; S. 32, I, 11; 33, I, 527; 39, I, 438; 59, I, 337; 60, I, 139, 769; 67, I, 236; R. G. Defrénois, II, 1405; III, 2790.

(5) Coin-Delisle, 970-32; Demolombe, XXI, 87; Paris, 3 juin 1867; Cass., 9 juin 1869; R. G. Defrénois, I, 379.

(6) Cass., 11 juin 1810; Montpellier, 20 déc. 1871; R. G. Defrénois, II, 1406.

(7) Aubry et Rau, § 669-10; Cass., 4 janv. 1847, 22 fév. 1853; Toulouse, 9 déc. 1867; S. 47, I, 357; 53, I, 328; 68, II, 1; CONTRA Marcadé, 970-6.

(8) Marcadé, 972-6; Aubry et Rau, § 669-11; arrêt précitées; *Adde* Cass., 21 août 1876; S. 77, I, 157,

(9) Marcadé, 970-3; Toullier, V, 368; Duranton, IX, 23; Coin-Delisle, 970-29; Troplong, 1480; Demolombe, XXI, 78; Cass., 6 janv. 1814; Bordeaux, 23 janv. 1829.

(10) Marcadé, 970-4; Demolombe, XXI, 103; Troplong, 1495; Aubry et Rau, § 666-1; Pau, 13 juill. 1822; Bourges, 19 août 1824; Bordeaux, 7 mars 1827; Cass., 23 mars 1824, 10 mars 1829; Paris, 7 avril 1848; S. 48, II, 217.

(11) Coin-Delisle, 970-4; Cass., 23 mars 1824.

la signature de son prénom est insuffisante (1).

224. — Place. — La signature est habituellement apposée à la suite de l'acte testamentaire, comme en étant un complément nécessaire. Cependant décidé qu'il suffit que l'indication du nom du testateur se trouve dans la partie finale du testament sous forme de simple énonciation; par exemple : *Fait à... le..., par moi Joseph* BOULARD (2).

225. — Ratures, surcharges, etc. — Les ratures, surcharges, interlignes, renvois, ne sont soumis à aucune formalité d'approbation (3), cependant il est préférable de le faire.

§ 4. — Testament par lettre missive.

226. — Forme. — Le testament olographe peut être fait en la forme d'une lettre missive, à la condition que cette lettre renferme la volonté définitive et arrêtée de faire un legs; et que, d'ailleurs, elle contienne toutes les formalités prescrites par la loi pour cette espèce de testament (4); ce qui doit être apprécié par le juge (5).

227. — Insuffisance. — Il ne suffirait pas d'une lettre annonçant seulement, d'une manière générale et sommaire, les volontés de celui qui écrit, alors surtout qu'il se réfère pour les détails à un acte testamentaire (6), ou annonçant qu'il a fait un testament en faveur du destinataire (7), même quand les dispositions seraient faites par un *post-scriptum*, s'il n'est pas signé (8).

SECTION V. — DU CODICILLE OU TESTAMENT POSTÉRIEUR

228. — Droit ancien. — Dans la législation ancienne, le codicille était : en pays de droit écrit, un acte testamentaire qui ne contenait que des legs ou autres dispositions, sans institution d'héritier; et en pays coutumier, un acte postérieur au testament qui avait pour objet d'y ajouter ou d'y changer quelque chose.

229. — Droit actuel. — Le Code n'a pas suivi cette distinction : quoique dans le langage usuel on appelle encore codicille la disposition qui ajoute ou change quelque chose à un testament antérieur, cette disposition constitue un acte testamentaire postérieur assujetti aux formes du testament, suivant qu'il est authentique, mystique ou olographe.

230. — Plusieurs testaments. — Quand un testateur fait plusieurs testaments à des dates différentes, sans mention de révocation, ils reçoivent simultanément leur exé-

---

FORMULE 12. — Testament par lettre missive (Nos 226 et 227).

A Monsieur Emile LAROZE, rue Saint-Féréol, n° 46, à Marseille.

« Mon cher ami, pour vous donner un gage de mon souvenir et vous témoigner combien nos excellentes relations m'ont laissé de plaisir, je vous prie de vouloir bien agréer le legs que je déclare vous faire par cette lettre de : la garniture de cheminée se trouvant dans mon cabinet de travail; plus ma bibliothèque en vieux chêne sculpté avec tous les livres qui la garnissent, et les deux cartonniers aussi en chêne sculpté qui en sont le complément. Le

---

(1) Seine, 28 janv. 1860; R. G. Defrénois, I, 380.

(2) Marcadé, 970-4; Toullier, V, 376; Duranton, IX, 42; Droplong, 1493; Massé et Vergé, § 437-13; Aubry et Rau, § 668-31; Grenier et Bayle-Mouillard, II, 228, 7°; Demolombe, XXI, 114; Cass., 20 avril 1813; Pau, 15 fév. 1870; Besançon, 19 déc. 1877; S. 76, II, 328; 78, II, 78; J. N., 21821. CONTRA Coin-Delisle, 970-42; Laurent, XIII, 227; Liége, 22 fév. 1812.

(3) Marcadé, 970-2; Toullier, V, 359; Duranton, IX, 28; Coin-Delisle, 970-20; Aubry et Rau, § 668-18; Demolombe, XXI, 131; Cass., 15 janv, 1834; Trib. Lyon, 28 nov. 1860; Paris, 12 mai 1870; Cass., 13 nov. 1877;

S. 34, I, 173; 78, I, 121; R. G. Defrénois, II, 1402

(4) Marcadé, 970-3; Coin-Delisle, 970-23; Toullier, V, 368; Duranton, IX, 26; Troplong, 1476; Massé et Vergé, § 437-8; Taulier, IV, p. 112; Demante, IV, 115 *bis*; Demolombe, XXI, 125; Bourges, 8 fév. 1859; Paris, 10 mars 1873; R. G. Defrénois, III, 2791; Cass., 13 août 1878; Journ. not., 3123; voir aussi Colmar, 5 juill. 1870; R. G. Defrénois, II, 1407.

(5) Cass., 13 juin 1866; 10 fév. 1879; J. N., 18552.

(6) Paris, 25 mai 1852; S. 52, II, 289.

(7) Rouen, 14 avril 1847; S. 48, II, 447.

(8) Grenoble, 22 fév. 1865; S. 65, II, 164.

cution, si ce n'est à l'égard des dispositions antérieures incompatibles ou contraires à celles postérieures, *infra* n°s 455 et suiv.

231. — Ibid. — Même date. — Lorsque, par deux testaments d'une même date, le testateur lègue identiquement le même objet à deux personnes distinctes, et qu'aucun indice ne peut révéler l'intention du testateur de révoquer l'un des deux testaments, les deux legs doivent être exécutés concurremment, qu'ils soient universels, à titre universel ou particuliers (1).

CHAPITRE DEUXIÈME

DES LEGS

---

252. — Généralité. — Les dispositions testamentaires sont, ou universelles, ou à titre universel, ou à titre particulier. — Chacune de ces dispositions, soit qu'elle ait été faite sous la dénomination d'institution d'héritier, soit qu'elle ait été faite sous la dénomination de legs, produit son effet suivant les règles ci-après établies pour les legs universels, pour les legs à titre universel et pour les legs particuliers (*C. civ., 1002*). Ainsi, il est indifférent que l'on dise : *j'institue N... mon héritier*, ou *j'institue N... mon légataire universel*.

253. — Objet. — Les dispositions testamentaires ont pour objet des legs ou des libéralités ; voir cependant *infra* n°s 421 à 424.

— En dehors de toute intention de libéralité, les déclarations du testateur constituent de simples énonciations dont la preuve, en cas de dénégation, doit être établie ; en conséquence, si le testateur a déclaré dans son testament qu'il a fait une avance à l'un de ses enfants, cela ne donne pas aux autres enfants le droit d'exiger qu'il en tienne compte à la masse de la succession (2).

254. — Interprétation. — Le juge du fait, ayant le pouvoir d'interpréter la volonté du testateur, alors qu'il s'agit de déterminer l'objet et l'étendue des libéralités (3), peut la constater et réparer une erreur qui se serait glissée dans l'instrument de sa volonté, en prenant pour règle d'interprétation l'article

---

tout vous sera livré dans les trois mois de mon décès, franc et quitte de tous frais et de tous droits de succession.

» Votre bien affectionné,

Arthur LESAGE.

» Paris, le six février mil huit cent soixante-dix-neuf. »

§ 4. — CODICILLE.

FORMULE 13. — Testament postérieur (N°s 228 à 231).

Par mon testament en date du....., j'ai institué pour mon légataire universel, Jean LOISEL, à la charge d'acquitter divers legs particuliers.

---

(1) Cass., 5 juin 1834 ; Limoges, 6 mars 1840 ; Agen, 6 déc. 1858 ; Rouen, 6 mars 1876 ; Cass., 17 août 1876 ; S. 34, I, 725 ; 40, II, 252 ; 58, II, 706 ; R. G. Defrénois, III, 2758, 3853.

(2) Bastia, 10 avril 1854 ; S. 54, II, 236.

(3) Demolombe, XXI, 740 ; Aubry et Rau, § 712-3 ; Cass., 30 avril 1833, 13 avril 1837, 5 déc. 1838, 13 avril et 18 nov. 1840, 21 juin et 16 déc. 1861, 28 janv. et 1er juill. 1862, 23 fév. 1863, 2 mai 1864, 23 juill. 1867, 30 janv. 1868, 9, 17 janv. et 25 avril 1877 ; S. 33, I, 466 ; 37, I, 526 ; 39, I, 321 ; 40, I. 1002 ; 41, I, 90 ; 62, I, 80, 194, 571, 863 ; 63, I, 68 ; 64, I, 235 ; 67, I, 379 ; 68, I, 100 ; 77, I, 213, 312 ; 78, I, 56.

1157 du Code civil combiné avec la volonté présumée dn testateur (1). Ainsi, il peut décider, sans commettre d'excès de pouvoir : qu'un legs est conditionnel, bien que la condition n'y soit pas littéralement exprimée (2) ; — qu'une disposition portant legs de la totalité des *meubles* doit être interprétée comme si elle portait : la totalité des *immeubles*, alors que sa décision est appuyée sur l'ensemble des dispositions testamentaires, desquelles il résulte que, sans cette rectification, elles seraient un non sens ou une œuvre contradictoire (3) ; — comme aussi, dans le cas où le testateur ayant fait un legs de quarante mille francs, a raturé les mots : *quarante mille*, et écrit au-dessus par interligne : trente-cinq, sans répéter le mot : *mille*, que le legs est non pas de trente-cinq francs, mais de trente-cinq mille francs (4) ; — ou encore, quand un legs est fait à une personne désignée, et, à son défaut, aux siens, que cette expression peut être in-terprétée comme s'appliquant aux collatéraux (5).

235. — Chose suppléée. — Mais le juge ne peut puiser cette preuve que dans l'acte lui-même, et non pas la chercher en dehors du testament ou dans des documents qui ne s'y rattachent pas, car alors ce serait changer ou refaire le testament (6). Ainsi le tribunal ne peut suppléer l'omission de désigner la chose léguée, *infra* n° 293.

256. — Division. — Ce chapitre sera divisé en onze sections qui traiteront : 1° du legs universel ; 2° du legs à titre universel ; 3° du legs particulier ; 4° du legs par préciput et hors part ; 5° du legs conditionnel ; 6° du legs avec accroissement ; 7° du legs avec substitution ; 8° du legs avec clause pénale ; 9° des dispositions relatives aux personnes ; 10° de l'exécuteur testamentaire ; 11° enfin de la révocation des testaments et de la caducité des legs.

SECTION I. — DU LEGS UNIVERSEL

SOMMAIRE ALPHABÉTIQUE

Ajoutant à ce testament, et sans le révoquer, au contraire en le maintenant :

Le legs de quatre mille francs en faveur de Anna LATULLE, ma domestique, est porté à six mille francs, ce qui l'augmente de deux mille francs.

Je lègue, etc.

---

(1) Duranton, IX, 364 ; Toullier, V, 436 ; Massé et Vergé, § 490-4 ; Aubry et Rau, § 712-6 ; Bastia, 10 avril 1854 ; Rouen, 2 mars 1853 ; Paris, 30 août 1853 ; S. 54, II, 236 ; 55, II, 217.

(2) Cass., 21 août 1834 ; S. 34, I, 645.

(3) Dijon 21 juill. 1869 ; Cass., 9 mai 1870 ; R. G. Defrénois, II, 1413.

(4) Cass. 4 août 1873 ; R. G. Defrénois, II, 2786

(5) Bordeaux, 10 juin 1833 ; S. 33, II, 504.

(6) Paris, 13 juill. 1866 ; Chambéry, 25 juill. 1866 ; Cass., 13 juin 1866, 20 janv. 1868 ; S. 66, I, 403 ; II, 302 ; 67, II, 150 ; 68, I, 100.

SOMMAIRE DES FORMULES

§ 1. — Légataires universels.

237. — Définition. — Le legs universel est la disposition testamentaire par laquelle le testateur donne à une ou plusieurs personnes l'universalité des biens qu'il laissera à son décès (*C. civ. 1003*). Si le legs universel est fait à plusieurs, il importe peu que ce soit par un seul ou par plusieurs testaments; pourvu, s'il y en a plusieurs, qu'il en résulte bien l'intention d'instituer les divers légataires (1).

238. — Successibles exclus. —

Pour que le legs soit universel, il faut l'entière exclusion de l'héritier légitime, de manière que si les autres dispositions du testateur sont nulles ou caduques, le légataire universel en profite à l'exclusion de l'héritier légitime, *infra* n° 490. On ne saurait donc voir une disposition universelle, quand même le testateur n'aurait aucun autre bien, dans le legs d'une succession qui lui est échue ou de ses droits dans la communauté d'entre lui et son conjoint (2); — ou dans des legs d'objets déterminés à diverses personnes qui épuisent la totalité de sa succession (3).

§ 5. — LEGS UNIVERSELS.

FORMULE 14. — **Universalité à une seule personne** (N°s 237 et 238).

J'institue pour mon légataire universel Jean-Auguste BUDIN, mon neveu; en conséquence, je lui lègue l'universalité des biens et droits mobiliers et immobiliers qui formeront ma succession, sans aucune exception ni réserve. — *Ou s'il y a des charges :* aux charges ci-après.

(1) Troplong, 1773, 2188; Demolombe, XXII, 383; Hureaux, *succ.*, V, 149; Cass., 12 fév. 1862; S. 62, I, 385; Seine, 20 nov. 1869; R. G. Defrénois, I, 384.

(2) Coin-Delisle, 1003-20; Duranton, IX, 231; Hureaux, *succ.*, V, 146; Demolombe, XXI, 533; Cass., 9 avril 1834.

(3) Duranton, IX, 180; Demolombe, XXI, 534; Cass., 2 déc. 1878; Journ. N., 3153.

259.—Cas divers.—On doit considérer comme legs universels les suivants : 1° Celui fait sous cette dénomination, quoique grevé de legs particuliers absorbant la fortune du testateur (1); — 2° celui de l'universalité des biens en nue propriété (2), *infra* n° 248, dans ce cas, si le testateur n'a pas exprimé à quelle personne l'usufruit a été réservé, les tribunaux peuvent décider, par interprétation de sa volonté, qu'il a entendu réserver l'usufruit à ses héritiers légitimes, comme aussi, qu'à défaut d'indication, l'usufruit se réunit de suite à la propriété aux mains du légataire universel (3); — 3° la disposition par laquelle le testateur lègue *ce dont il peut disposer* ou *son disponible*, ou même *sa portion*, ou *sa quotité disponible* (4); — 4° la disposition faisant suite à un ou plusieurs legs particuliers, par laquelle le testateur lègue le *surplus de ses biens*, ou *le restant*, ou *ce qui reste*, ou *l'excédant de ses biens s'il y en a* (5); si la disposition du surplus ou du restant est précédée d'un legs à titre universel, par exemple, le legs *à Paul d'un quart des biens et à Léon du surplus*, elle ne forme plus un legs universel,

mais des legs à titre universel (6), à moins que l'intention contraire ne résulte du testament (7).

240. — Expression. — En tous cas, il est toujours préférable de préciser la volonté du testateur en ajoutant l'institution du legs universel.

241. — Quotité disponible. — Prélèvement. — Choix. — La faculté de disposer est absolue et ne saurait être restreinte qu'en vertu d'un texte précis ; par suite, le testateur, qui aurait pu léguer des biens déterminés jusqu'à concurrence de la quotité disponible, peut aussi, en instituant un légataire du disponible, soit indiquer les biens sur lesquels le legs sera prélevé, soit conférer au légataire le droit de choisir parmi les immeubles ou les autres biens de la succession, ceux qui devront le remplir du montant de son legs (8).

242. — Legs postérieur. — Le légataire universel institué, auquel il est légué une grande partie de la succession en toute propriété et l'usufruit du surplus, ne perd pas cette qualité, en principe, par le legs posté-

---

FORMULE 15. — Portion disponible. — Imputation. — Choix.
(N°s 239 à 247).

Je lègue à Joseph DURAND, mon filleul, toute la portion dont la loi me permet la disposition, des biens et droits mobiliers et immobiliers qui formeront ma succession, sans aucune exception ; en conséquence, je l'institue pour mon légataire universel.

S'il y a une imputation, on ajoute : Ce legs s'imputera d'abord sur les meubles-meublants et objets mobiliers, qui garniront mon habitation au jour de mon décès, au taux de la prisée qui en sera faite dans l'inventaire; puis sur, etc. (*Indiquer les objets.*)

Ou si le choix des biens est laissé au légataire : M. Durand, pour se remplir du montant de son legs, aura le droit de choisir soit parmi les valeurs mobilières, soit parmi les immeubles, soit parmi les uns et les autres, tels biens qu'il jugera convenable, dont il opérera le prélèvement sur la masse jusqu'à concurrence du montant de ses droits.

---

(1) Demolombe, XXI, 535; Hureaux V, 144; Cass., 14 juill. 1830; Orléans, 22 avril 1847.

(2) Proudhon, *Usuf.* 475; Coin-Delisle, 1003-16 ; Duranton, IX, 181; Demolombe, XXI, 538; Aubry et Rau, § 714-7; Laurent, XIII, 518; Cass., 7 août 1827; Angers, 28 mars 1878; S. 78, II, 168.

(3) Cass., 23 mars 1852, 3 déc. 1872, 9 janv. 1877; S. 52, I, 349; 73, I, 73; 77, I, 213.

(4) Toullier, V, 679; Grenier et Bayle-Mouillard, II, 289; Aubry et Rau, § 714-8; Duranton, IX, 182; Marcadé, 1003-1; Coin-Delisle, 1003-9 ; Troplong, 1774; Demolombe, XXI, 540; Cass., 7 août 1827; 25 mai 1831, 11 avril 1838; S. 31, I, 210; 38, I, 418.

(5) Duranton, IX, 179; Coin-Delisle, 1003-8; Demolombe, XXI, 535, 542; Aubry et Rau, § 714-10; Douai,

26 août 1847; Cass., 25 nov. 1818, 5 mai 1852, 4 déc. 1854, 9 août 1858; J. N., 13159, 14693, 16403, 16500; S. 49, I, 66; 52, I, 522 ; 55, I, 368; 58, I, 789; Paris, 9 janv. 1872; R. G. Defrénois, II, 1409; voir cep. Troplong, 1784; Orléans, 31 août 1831; Cass., 25 avril 1860, 8 janv. 1872; Paris, 2 déc. 1872; S. 32, II, 145; 60, I, 635; R. G. Defrénois, II, 1415; Cass., 4 fév. 1879.

(6) Marcadé, 1003-1; Toullier, V, 517 ; Duranton, IX, 186; Coin-Delisle, 1003-8; Demolombe, XXI, 543; Aubry et Rau, § 714-9; Bruxelles, 29 juill. 1808.

(7) Cass., 5 mai 1852; S. 52, I, 522.

(8) Nîmes, 13 déc. 1837; Bastia, 4 janv. 1858, 4 mars 1874; voir aussi Montpellier, 27 déc. 1866. CONTRA Rouen, 25 fév. 1828; Chambéry, 17 janv. 1865; R. G. Defrénois, III, 2800.

rieur de la nue propriété de ce surplus à la famille légitime du testateur (1).

243. — Restriction. — Un legs qualifié universel par le testateur ne dégénère pas en legs à titre universel, par ce fait qu'après l'institution universelle le testateur énumère, comme étant compris dans le legs, tous les biens qu'il possède actuellement (2) ; — non plus qu'en raison de ce que le testateur l'a restreint aux immeubles en disposant de ses biens meubles au profit d'autres personnes ; dans ce cas, si le testateur, postérieurement à son testament, a aliéné des immeubles dont les prix sont encore dus au jour de son décès, ces prix appartiennent, non pas au légataire universel, mais au légataire du mobilier (3).

244. — Charges. — Un legs universel peut être grevé de charges et subordonné à l'obligation de faire tel emploi déterminé, *infra* n° 369, de la totalité du patrimoine, pourvu qu'appelé à recueillir certains avantages dérivant de cet emploi ou compatibles avec lui, le légataire ait un intérêt appréciable à l'exécution du testament (4).

245. — Résidu. — Conversion.
— Quand le testament portant institution d'un légataire universel, lui impose la charge de l'acquit de legs particuliers et le versement du résidu à un légataire indiqué, il ne peut, sans le concours de ce dernier légataire, exiger la conversion en titres au porteur d'actions nominatives qui dépendent de la succession. Il en est ainsi, alors même que le testateur l'aurait nommé exécuteur testamentaire, s'il ne lui a pas conféré la saisine (5).

246. — Réservataires. — La présence des héritiers à réserve n'ôte pas au legs son caractère de legs universel (6).

247. — Héritier et légataire. — Le même individu peut être à la fois héritier du sang et légataire universel, ces deux qualités pouvant coexister sur la tête de la même personne (7).

248. — Nue-propriété ; usufruit. — Ainsi que nous l'avons établi dans notre *Traité des liquidations*, t. I, n°s 1384 et 1385, le legs de la nue-propriété de la totalité de la succession, avec réserve seulement de l'usufruit aux héritiers réservataires, est réduit à la nue-propriété de la quotité disponible, de sorte

---

FORMULE 16. — Surplus (Nos 239 à 247).

Je lègue : 1° à M. Léon BUNEL, mon cousin, une somme de six mille francs ;
2° A M. Noël AUBIN, mon autre cousin, demeurant à....., une pièce de terre labourable, située commune de....., lieu dit....., etc. ;
3° A M....., etc.
Quant à tout le surplus des biens et droits mobiliers et immobiliers qui formeront ma succession, sans aucune exception, je le lègue à M Antoine VIGNAT, mon frère, que j'institue pour mon légataire universel et mon unique héritier.
Tous les legs ci-dessus sont faits avec dispense de rapport à ma succession.

FORMULE 17. — Nue-propriété de l'universalité ou pleine propriété de la quotité disponible (N° 248).

Je lègue à Jeanne DERBY, ma petite-fille, seule enfant de Léonie VANIER, veuve de Constant DERBY, ma fille : soit la nue-propriété de l'universalité des biens et droits mobiliers et immobiliers qui formeront ma succession, sans exception, l'usufruit étant réservé à ma fille Mme veuve DERBY pendant sa vie ; soit la pleine propriété de toute la portion dont la loi me permet la disposition des biens et droits mobiliers et immobiliers qui formeront ma succession. L'option entre ces deux legs appartiendra à Mme DERBY, ma fille, qui, à ce moyen, aura pour ses droits héréditaires, à son choix, soit l'usufruit de toute ma succession, soit la pleine propriété de sa réserve légale. Cette option devra être faite dans les quatre mois de mon décès ;

---

(1) Paris, 18 mars 1873 ; R. G. Defrénois, III, 2793.
(2) Lyon, 22 fév. 1859 ; S. 59, II, 548.
(3) Bourges, 9 mai 1848 ; S. 48, II, 585 ; voir aussi Cass., 20 nov. 1843 ; S. 43, I, 850.
(4) T. Beauvais, 14 juin 1876 ; R. G. Defrénois, III, 3856.

(5) Paris, 26 juin 1878 ; G. T. 9 août.
(6) Duranton, IX, 188 ; Demolombe, XXI, 536 ; Agen, 28 nov. 1827.
(7) Cass., 17 mai 1870 ; R. G. Defrénois, II, 1408.

que les héritiers réservataires se trouvent recueillir la pleine propriété de leur réserve et l'usufruit de la quotité disponible; peu importe que le testateur ait imposé à ses héritiers, à titre de clause pénale, l'obligation, à défaut de délivrance, d'abandonner la pleine propriété de la quotité disponible; une telle clause étant considérée comme non écrite (1). — Mais le testateur peut disposer soit de la nue-propriété de la totalité de sa succession, soit de la pleine propriété de la quotité disponible, au choix de ses héritiers réservataires, de manière à leur laisser l'option entre l'usufruit de tous les biens ou la pleine propriété de leur réserve légale (2). L'option étant un droit personnel aux héritiers légitimes, il faut prévoir le cas où ils se refuseraient à opter, et, dans ce cas, stipuler que le legs sera de plein droit de la pleine propriété de la quotité disponible.

249. — Legs conjoint. — Si le legs universel est fait à plusieurs personnes, ce doit être collectivement, de manière qu'ils le re-cueillent tous conjointement, et que, si l'un ou plusieurs des légataires ne le recueillent pas, l'universalité demeure tout entière à ceux qui le recueillent. Il faut éviter, autant que possible, dans le legs universel à plusieurs personnes d'assigner les parts des légataires : *j'institue Pierre, Paul et Léon, mes légataires universels.* Toutefois, si le testateur a, dans une disposition accessoire ayant pour objet l'exécution de l'institution des legs, déterminé la part que chaque légataire prendra dans sa succession lors du partage, cette disposition ne change pas le caractère du legs, exemple : *j'institue pour mes légataires universels Pierre, Paul et Léon, Pierre pour moitié, et Léon et Paul pour chacun un quart*, dans ce cas, si l'un d'eux ne recueille pas le legs, sa part accroît aux deux autres dans la proportion de leurs parts et portions (3).

250. — Assignation de parts. — Mais si l'assignation de parts est dans la disposition, le legs est à titre universel; exemple :

à défaut par ma fille de la faire dans ce délai, le legs à ma petite-fille sera, par le fait seul de son expiration, de la pleine propriété de la quotité disponible.

Si ma fille opte pour l'usufruit, elle sera dispensée de fournir caution, mais il sera fait emploi de tous les deniers soumis à son usufruit, au fur et à mesure de leur recouvrement, en rentes trois pour cent sur l'Etat ou en obligations des principales lignes de chemins de fer, au choix de Mme Derby, au nom de cette dame pour l'usufruit, la nue-propriété à ma petite-fille.

Pour le cas où Jeanne DERBY me prédécéderait, laissant des descendants légitimes, ceux-ci recueilleront le présent legs en son lieu et place.

FORMULE 18. — Legs à plusieurs sans assignation de parts (N° 249).

Je lègue l'universalité des biens et droits mobiliers et immobiliers qui formeront ma succession, à mes trois neveux : Léon LEDUC, Charles et Louis BELIN. En conséquence, je les institue conjointement pour mes légataires universels.

Si l'un ou plusieurs d'eux me prédécèdent, laissant des descendants légitimes, ceux-ci recueilleront leurs parts en leurs lieu et place, suivant les règles de la représentation.

FORMULE 19. — Legs à plusieurs avec assignation de parts (N°s 249 à 254).

J'institue pour mes légataires universels conjointement, mes neveux et nièces, petits-neveux et petite-nièce ci-après nommés; et, par conséquent, je leur lègue l'universalité des biens et droits mobiliers et immobiliers qui formeront ma succession, sans exception :

1° Jules DUBOIS;

2° Anne DUBOIS, femme de Louis ASSELIN,

Mes neveu et nièce, enfants de Christophe DUBOIS, mon frère décédé;

(1) Paris, 17 mars 1877; Cass., 6 mai 1878; S. 78, I, 319; J. N., 21909.
(2) Demolombe, XIX, 430; voir Angers, 4 fév. 1867; R. G. Defrénois, I, 446.
(3) Marcadé, 1003-1; Toullier, V, 505; Duranton, IX, 180; Demolombe, XXII, 384; Bordeaux, 27 fév. 1844; Paris, 9 janvier 1872; Limoges, 30 nov. 1875; Angers, 28 mars 1878; Cass.. 22 fév. 1841, 12 fév. 1862, 18 juin 1878; S. 41, I, 536; 44, II, 334; 62, I, 385; 76, II, 315; 78, II, 168; Journ. not. 3108; R. G. Defrénois, II, 1410.

Je lègue à Pierre la moitié des biens qui composeront ma succession, à Paul un quart des mêmes biens, et à Léon le dernier quart (1). Selon quelques auteurs, il y aurait là une question de fait et d'intention qui devrait se résoudre par l'interprétation des termes du testament et l'appréciation de l'ensemble des circonstances (2); ainsi, par exemple, l'assignation de parts n'enlève pas au legs son caractère de legs universel quand le testateur établit le droit d'accroissement, *infra* n° 372, pour le cas où l'un ou plusieurs des légataires ne le recueilleraient pas (3).

251. — Division par tête. — Entre légataires universels institués conjointement et. sans expression de parts, la succession se divise par tête et non par souche, alors même que les légataires sont les neveux et nièces du testateur, ses seuls héritiers (4).

252. — Cousins. — Décidé, par interprétation de la volonté du testateur, que l'institution en faveur de cousins et petits-cousins s'applique aux cousins-germains et aux descendants de cousins-germains, sans s'étendre aux autres cousins d'un degré plus éloigné, et n'exclut pas entre eux la division par lignes (5).

253. — Extension. — Quand les institués sont : *les enfants de un tel*, le mot enfants comprend non-seulement ceux du premier degré, mais encore ceux des degrés subséquents qui viennent par représentation de leurs parents prédécédés sans avoir recueilli (6), mais non les descendants naturels, alors même que le testateur aurait appelé à sa succession, à défaut des institués, les enfants qu'ils auraient laissés (7). — De même, le legs fait aux frères s'étend aux sœurs, et celui aux neveux s'étend aux nièces, à plus forte raison si le testateur a ajouté : mes héritiers naturels (8).

254. — Exécuteur testamentaire. — Jugé que le testament portant institution d'un légataire universel, chargé de donner à chacun des héritiers du testateur son avoir par portions égales, peut être interprété

3° Les trois enfants de Marguerite Dubois, femme Agnel, ma nièce décédée, troisième enfant de Christophe Dubois, mon frère, qui sont : Jean, Laurent et Christine Agnel, mes petits-neveux et petite-nièce ;

4° Auguste Dublé, mon neveu, seul enfant de Christine Dubois, ma sœur, décédée femme de Honoré Dublé ;

5° Sylvain Maret ;

6° Et Louise Maret,

Mes neveu et nièce, seuls enfants de Aglaée Dubois, ma sœur décédée, veuve de Noël Maret.

Ma succession se divisera par sixième, dont un sixième pour chacun de mes cinq neveux et nièces, qui recueilleront par tête, et le dernier sixième pour les trois enfants de Mme Agnel, conjointement entre eux, qui le recueilleront par souche.

Dans le cas où l'un ou plusieurs de mes neveux et nièces viendraient à décéder avant moi, la part leur revenant dans le legs universel qui précède appartiendra à leurs enfants et autres descendants légitimes, comme les représentant. S'ils ne laissent pas de descendants, leur part accroîtra, comme de droit, à leurs colégataires universels qui viendront par tête à ma succession, les enfants de Mme Agnel formant une tête.

En cas de décès avant moi de l'un ou plusieurs des enfants de Mme Agnel, mes petits-neveux et petite-nièce, leur part dans la quotité afférente à leur souche appartiendra à leurs descendants légitimes, comme les représentant ; s'ils n'en laissent pas, elle accroîtra à leurs frères et sœur survivants ou les descendants de ceux-ci, qui alors recueilleront seuls la quotité dévolue à leur souche.

Le présent testament fixe de la manière ci-dessus la dévolution de ma succession, qui remplacera l'ordre de successibilité réglé par la loi; en conséquence, les legs qui précèdent ne seront pas rapportables à ma succession.

(1) Toullier, V, 505; Aubry et Rau, § 714-5; Demolombe, XXI, 537; Cass., 18 mai 1823, 19 fév. 1861; S. 61, I, 421.

(2) Marcadé, 1044-1 ; Coin-Delisle, 1044-7 ;

(3) Coin-Delisle, 1003-10.

(4) Bordeaux, 14 juin 1859; S. 60, II, 324.

(5) Cass., 12 et 13 août 1831; S. 51, I, 667, 670.

(6) Metz, 6 avril 1870 ; Seine, 10 fév. 1876; R. G. Defrénois, II, 1411 ; III, 2796 ; voir cep. Riom, 24 mai 1861; S. 61, 11, 481.

(7) Besançon, 7 fév. 1846; S. 47, II, 245.

(8) Aix, 6 mai 1854; Bordeaux, 14 juin 1859 ; S. 55, II, 757 ; 60, II, 321.

dans ce sens : 1° que l'expression légataire universel doit être changée en celle d'exécuteur testamentaire ; 2° que le partage doit se faire entre les héritiers suivant leurs droits héréditaires et par souche, bien que la formule prise à la lettre dût amener un partage par tête (1).

255. — Conjoint. — Ascendants.
La quotité disponible entre époux étant, quand il n'y a point d'enfants ou descendants, de tout ce dont l'époux pourrait disposer en faveur d'un étranger, et, en outre, de l'usufruit de la réserve des ascendants (*C. civ.*, *1094*), le legs universel fait purement et simplement à un conjoint comprend l'usufruit de la portion des biens formant la réserve légale des ascendants ; une disposition expresse à cet égard n'est donc pas nécessaire (2), bien que, cependant, il soit préférable de la faire. La question ne souffre pas difficulté et comprend nécessairement la réserve, quand la disposition est de tout ce que la loi autorise l'époux testateur à donner (3). Jugé qu'il appartient aux juges de re-

chercher, en présence d'un legs pur et simple, si le testateur a eu l'intention d'y comprendre l'usufruit de la réserve des ascendants (4).

256. — Ibid. — Descendants. — Par suite du même principe, s'il y a des enfants ou descendants du mariage, le legs universel entre époux est réduit à un quart en pleine propriété et un quart en usufruit (5).

257. — Exhérédation. — Lorsque le testateur, au lieu de procéder par voie d'institution directe, c'est-à-dire, au lieu de faire directement un legs universel, procède par voie d'exclusion, la disposition profite aux parents non exclus. Ainsi, s'il exclut tous ses parents dans une ligne, c'est une disposition implicite en faveur des parents de l'autre ligne ; s'il exclut quelques uns de ses héritiers, c'est une disposition implicite en faveur de ses autres héritiers ; enfin si, ayant des ascendants, il exclut tous ses parents collatéraux, ce sont ses ascendants qui se trouvent institués (6); quand même, dans tous les cas ci-dessus, le testateur, aurait institué un légataire universel si le legs

FORMULE 20. — Conjoint. — Ascendants. — Descendants (N°ˢ 255 et 256).

Je lègue à Lucie MEUNIER, ma femme, l'universalité des biens et droits mobiliers et immobiliers qui formeront ma succession, sans aucune exception. En conséquence, je l'institue pour ma légataire universelle. Pour le cas où je laisserais un ou plusieurs ascendants venant à ma succession, le présent legs comprendra l'usufruit de la réserve légale des ascendants. Mais si je laisse des descendants, ce legs sera réduit à un quart en propriété et un quart en usufruit.

Dans les deux cas, ma femme jouira de l'usufruit pendant sa vie, à compter du jour de mon décès, sans être tenue de fournir caution ni de faire emploi, mais à la charge de faire faire inventaire.

FORMULE 21. — Legs universel par l'exclusion de successibles (N°ˢ 257 à 259).

Je déclare expressément exclure de ma succession tous mes parents de la ligne maternelle ; voulant que ma succession soit en totalité dévolue à mes parents de la ligne paternelle, dans l'ordre où la loi les appellera à ma succession. A cet effet, je les institue pour mes légataires universels.

(1) Douai, 22 nov. 1838; S. 39, II, 231; Paris, 24 mai 1873; R. G. Defrénois, III, 2797.
(2) Marcadé, 1098-3; Coin-Delisle, 1094-7-10; Toullier, V, 867; Proudhon, *Usuf.*, I, 354; Duranton, IX, 790 ; Troplong, 2755; Massé et Vergé, § 460-15; Demolombe, XXIII, 504; Dict. not., *Port. disp.*, 161, 272; Roll. de Vill., *ibid.*, 230, 231 ; Bonnet, III, 1028; Caen, 20 mars 1843, 28 mai 1858; Riom, 16 déc. 1846; Paris, 30 déc. 1847, 1ᵉʳ mars 1864, 7 juin 1869; Lyon, 2 fév. 1853; Pau, 29 nov. 1860; Cass., 30 juin 1842, 3 avril 1843, 24 avril 1854, 19 mars 1862; Rennes, 1ᵉʳ avril 1868; Seine, 29 juillet 1868; J. N., 11624, 14902, 16463, 17094, 17356; S. 43, I, 280, 539; 54, I, 430; 62, I, 1073; 65, I,

377; R. G. Defrénois, I, 431. CONTRA Agen, 28 nov. 1827; Bastia 12 janv. 1859; S. 60, II, 181.
(3) Agen, 11 déc. 1827.
(4) Toulouse, 24 août 1868 ; R. G. Defrénois, I, 431.
(5) Demolombe, XXIII, 505; Aubry et Rau, § 689-6.
(6) Coin-Delisle, 895-4; Massé et Vergé, § 416-13 ; Aubry et Rau, § 647-14, Colmar, 22 juin 1831 ; Bordeaux, 26 août 1850; Rennes, 27 fév. 1860; Metz, 6 avril 1870; Paris, 27 nov. 1877, 5 janv. 1878; Cass., 7 juin 1832, 16 déc. 1862, 17 nov. 1863, 6 nov. 1878; J. N., 14202, 16792, 17414, 17911, 21830; S. 32, I, 51, 542; 50, II, 598; 60, II, 324; 63, I, 202; 64, I, 5; 70, II, 285; Journ. n. 3144; Cass., 12 fév. 1879; Droit, 16 fév.

est devenu caduc (1). Mais il vaut toujours mieux préciser la volonté du testateur.

258. — Ibid. — Lignes. — La disposition par laquelle un testateur exhérède quelques-uns de ses héritiers, et déclare supprimer entre les autres toute distinction de lignes et de degrés constitue ces derniers légataires universels (2).

259. — Ligne exclue. — Le legs universel fait aux parents de la ligne paternelle à l'exclusion de l'autre ligne, s'interprète en ce sens que les parents paternels sont appelés à la succession comme ils le seraient si le testateur était décédé *ab intestat*, et non tous les parents à quelque degré qu'ils soient (3).

260. — Mineur. — Nous avons vu, *supra* n° 69, que le mineur parvenu à l'âge de seize ans peut, par testament, disposer de la moitié seulement de ce qu'il lui serait permis de disposer s'il était majeur. Si le mineur laisse son père (ou sa mère) en concours avec des collatéraux et qu'il ait institué son auteur légataire universel, il est présumé n'avoir voulu laisser à ses collatéraux que tout ce dont il ne pouvait pas les priver, en les exhérédant pour moitié seulement en raison de son incapacité comme mineur qui le prive du droit de les exhéréder pour le tout. Par conséquent, le legs, indépendamment de la part héréditaire du légataire, comprend la moitié des droits héréditaires des collatéraux, de sorte qu'ils sont réduits à l'autre moitié ; et si ce sont des collatéraux autres que frères et sœurs ou descendants d'eux, le père (ou la mère) a droit, en outre, à l'usufruit du tiers de cette dernière moitié en vertu de l'article 754. (Voir mon *Traité des liquidations*, t. I, n°s 1525, 1526.) Il est utile d'exprimer dans le testament les conséquences du legs, afin qu'aucune contestation ne puisse être soulevée.

261. — Tiers et enfant naturel. — Les père ou mère naturels, en instituant un tiers ou l'un des parents appelés par la loi à la succession légitime, peuvent laisser intacte, en faveur de leurs enfants naturels, la part

— *Ou bien :* J'exclus formellement de ma succession tous mes parents collatéraux ; voulant que ma succession soit en totalité dévolue à mes ascendants existants au jour de mon décès, dans l'ordre, etc. (*Le surplus comme dessus.*)

FORMULE 22. — Legs universel par un mineur (N° 260).

J'institue pour ma légataire universelle, Léonie DANTARD, ma mère, veuve de Auguste FLOMET, demeurant à.....; en conséquence, je lui lègue l'universalité des biens et droits mobiliers et immobiliers qui formeront ma succession. A ce moyen, ma mère succédera : dans la ligne maternelle, la moitié qui lui est dévolue ; et dans l'autre moitié affectée à la ligne paternelle, à la moitié dont il m'est permis de disposer. Par suite, mes héritiers collatéraux ne pourront réclamer rien autre chose que la moitié de leur part, dont, en raison de ma minorité, il m'est interdit de disposer, et sur laquelle ma mère aura, en outre, l'usufruit du tiers, conformément à l'article 756 du Code civil.

— *Si la mère est en concours avec des frères et sœurs :* A ce moyen, ma mère, indépendamment du quart qui lui est dévolu par la loi, aura la moitié des trois quarts formant la part héréditaire de mes frères et sœurs, soit au total cinq huitièmes. Par suite, mes frères et sœurs n'auront droit ensemble qu'à la moitié des trois quarts à eux dévolus, soit trois huitièmes, dont, en raison de ma minorité, il m'est interdit de disposer.

FORMULE 23. — Légataire universel et enfants naturels (N° 261).

J'institue pour mon légataire universel, M. Charles LAURENT, mon neveu, propriétaire, demeurant à....., à la charge par lui de concourir dans ma succession avec Thérèse LAURENT et Jules LAURENT, mes deux enfants naturels reconnus qui conserveront d'une manière intégrale les droits héréditaires que leur confère l'art. 757 du Code civil, suivant la parenté au jour de mon décès de ceux qui seraient appelés à ma succession si je n'en avais pas disposé.

---

(1) Cass., 10 fév. 1869 ; R. G. Defrénois, I, 385.
(2) Metz, 23 mars 1865 ; Cass., 31 juill. 1876 ; S. 65, II, 231 ; R. G. Defrénois, III, 3857,

(3) Agen, 15 mars 1824 ; Grenoble, 18 fév. 1868 ; R. G. Defrénois, I, 386.

héréditaire qui leur est attribuée par l'art. 757 du Code civil, *supra* n° 81. Il est utile de bien déterminer dans le testament les droits du légataire universel et ceux des enfants naturels, afin de ne laisser prise à aucune fausse interprétation.

262. — Descendants d'enfant naturel. — Les enfants et descendants légitimes d'un enfant naturel, après le décès de celui-ci, alors qu'ils ne peuvent plus être considérés comme personnes interposées, ne sont pas incapables de recevoir du père ou de la mère naturel de leur auteur, au-delà de la part héréditaire de celui-ci, la prohibition de l'article 908, étant limitée à l'enfant naturel, ne saurait être étendue à ses enfants. Ceux-ci peuvent donc, dans ce cas, recevoir l'intégralité de la succession, *supra* n° 83.

263. — Enfants naturels d'un enfant légitime. — Les enfants natu-rels étant, civilement, considérés comme des étrangers à l'égard des parents de leurs père ou mère, peuvent recevoir des libéralités de ces parents sans autre limite que la réserve légale des successibles. Les père et mère de leur auteur naturel ont, par suite, la faculté de disposer en leur faveur de la quotité disponible dans leurs successions, *supra* n° 82. L'usufruit peut en être réservée aux enfants légitimes, même avec condition qu'il sera incessible et insaisissable, *infra* n°s 367, 368.

264. — Hospice. — Lits. — Les legs, qu'ils soient universels, à titre universel ou particuliers, peuvent être faits en faveur d'un hospice, d'une commune ou de tout autre des établissements publics énumérés, *supra* n° 98. Si des charges sont imposées à ces legs, les établissements qui en profitent sont soumis à leur exécution. Quand un legs en faveur d'un hospice a lieu à la charge de fonder des

Au moyen de quoi le legs universel sera de tout ce qui, d'après la loi, se trouverait dévolu à mes héritiers légitimes; voulant que Charles LAURENT soit mon seul héritier dans ma succession légitime.

FORMULE 24. — **Legs universel aux enfants légitimes d'un enfant naturel** (N° 262).

Je lègue à Zoé DARLAY et à Auguste DARLAY, enfants issus du mariage de Céleste PLACET, ma fille naturelle décédée, avec Honoré DARLAY, son mari décédé, l'universalité des biens et droits mobiliers et immobiliers qui formeront ma succession, sans exception; en conséquence, je les institue conjointement pour mes légataires universels. Si ces enfants ou l'un d'eux viennent à me prédécéder, laissant des enfants légitimes, ceux-ci recueilleront dans ma succession, comme représentant leur auteur, la part qui lui aurait été dévolue en vertu du présent testament.

FORMULE 25. — **Legs de la quotité disponible aux enfants naturels d'un enfant légitime. — Usufruit incessible et insaisissable.** (N° 263).

Je lègue à Blanche DAMIN et à Georges DAMIN, enfants naturels reconnus de Elise DAMIN, ma fille légitime et ma seule présomptive héritière, la quotité disponible dans ma succession étant de la moitié des biens et droits mobiliers et immobiliers qui formeront la masse de mon hérédité, mais en nue-propriété seulement; quant à l'usufruit de cette moitié, je le lègue à titre alimentaire, et par conséquent incessible et insaisissable, à Elise DAMIN, ma fille.

FORMULE 26. — **Legs universel à un hospice** (N°s 264, 319).

Je lègue à l'hospice de la ville de....., l'universalité des biens et droits mobiliers et immobiliers, sans exception, qui formeront ma succession; en conséquence, je l'institue pour mon légataire universel,
A la charge de fonder dans l'aile gauche de l'hospice une salle où seront établis six lits destinés à des vieillards, qui devront être soignés, habillés, nourris et entretenus par l'hospice. Ces vieillards seront choisis par le conseil municipal; et quand une extinction viendra à se produire, celui destiné à succéder sera aussi à la désignation du conseil. La salle

lits, *infra* n° 319, le testateur peut réserver à ses héritiers ou à un autre établissement le droit de désigner les personnes qui les occuperont.

265. — Commune. — Hospice. — Les dispositions testamentaires ne peuvent avoir lieu en faveur d'établissements publics qu'autant que ces établissements ont été autorisés par le gouvernement, *supra* n° 104. Mais, ainsi que nous l'avons dit, *supra* n° 105, une disposition peut être faite pour la création d'un établissement public, par exemple un hospice, quand elle est imposée à une personne morale déjà existante, comme une commune.

266. — Religieuse. — Une religieuse faisant partie d'une communauté autorisée ne peut disposer, soit en faveur de la communauté, soit au profit de l'un de ses membres, au-delà du quart de ses biens, à moins que le legs n'excède pas dix mille francs. Si le legs est en faveur d'une religieuse, il peut être universel ou à titre universel, sauf réduction; mais si c'est au profit de la communauté, il ne peut être que particulier et non pas universel ou à titre universel, à peine de nullité, *supra* n° 101.

§ 2. — Saisine du légataire.

267. — Saisine. — Tout legs pur et simple donne au légataire, du jour du décès du testateur, un droit à la chose léguée, droit transmissible à ses héritiers ou ayant cause (*C. civ.*, *1014*). Ainsi, le légataire universel, à l'instar des héritiers légitimes, acquiert du jour du décès la propriété de tous les biens héréditaires s'il n'y a pas d'héritiers à réserve, ou la propriété indivise dans la proportion de la quotité disponible, s'il y a des réservataires (1).

---

devra être d'une étendue suffisante pour que chacun des lits soit au centre d'un espace de quatre mètres de large sur trois mètres de profondeur; chaque espace devra, dans le sens de sa largeur, être séparé des autres par une clôture en planche de un mètre cinquante centimètres au-dessus du sol.

FORMULE 27. — Legs universel à une Commune pour la fondation d'un hospice (N° 265).

Je lègue à la commune de....., l'universalité des biens et droits mobiliers et immobiliers qui formeront ma succession, sans aucune exception; en conséquence, je l'institue pour ma légataire universelle,

A la charge d'employer le produit de ma succession à fonder un hospice dans cette commune, destiné à secourir sur place et à domicile, les indigents malades et infirmes et les vieillards indigents. Le conseil municipal déterminera la somme à affecter à l'achat du terrain, à la construction et à l'installation. Tout le surplus de ma succession sera employé en rentes sur l'Etat,.au nom de l'hospice, et les revenus affectés à la destination indiquée plus haut.

FORMULE 28. — Legs universel par une religieuse à une religieuse (N° 266).

J'institue ma chère sœur Léonie BUQUET, en religion *sœur Borromée,* pour ma légataire universelle; en conséquence, je lui lègue l'universalité des biens et droits mobiliers et immobiliers qui formeront ma succession, sans exception. Je fais observer que mes biens sont loin d'atteindre le maximum de dix mille francs fixé par la loi.

FORMULE 29. — Legs de la quotité disponible à des petits-enfants. — Droit aux fruits du jour du décès (N°s 267 à 274.)

Je lègue aux enfants de ma fille Louise LAVILLE, femme AUBRY, qui seront existants au jour de mon décès, toute la portion dont la loi me permet la disposition des biens mobiliers

---

(1) Demolombe, XXI, 549; Caen, 29 nov, 1875; Cass., 17 janv. 1877; S. 77, I, 312; J. N., 21551, 21657.

268. — Réservataires. — Délivrance. — Lorsqu'au décès du testateur il y a des héritiers à réserve, ces héritiers sont saisis de plein droit, par sa mort, de tous les biens de la succession, et le légataire universel est tenu de leur demander la délivrance des biens compris dans le testament (*C. civ.*, *1004*). Le testateur ne saurait le dispenser de l'obligation de faire cette demande en délivrance ; une telle disposition serait réputée non écrite (1). Jusqu'à ce que le légataire ait obtenu la délivrance, il ne peut exercer aucune action, soit personnelle, soit réelle contre les débiteurs de la succession et les détenteurs des biens héréditaires (2); sauf, cependant, les mesures provisoires et urgentes qui peuvent être nécessaires pour sauvegarder ses droits, par exemple la nomination d'un administrateur provisoire (3).

269. — Réservataires et non réservataires. — Le légataire universel qui se trouve en présence d'un héritier réservataire dans une ligne et d'héritiers non réservataires dans l'autre ligne, est saisi à l'égard de ces derniers, et n'est tenu de demander la délivrance à l'héritier réservataire que de la portion de l'hérédité dont celui-ci eût été investi s'il n'y avait pas eu de testament (4).

270. — Jouissance. — Néanmoins, dans les mêmes cas, le légataire universel a la jouissance des biens compris dans le testament à compter du jour du décès, si la demande en délivrance a été faite dans l'année depuis cette époque ; sinon, cette jouissance ne commence que du jour de la demande formée en justice, ou du jour que la délivrance a été volontairement consenti (*C. civ.*, *1005*); et il ne doit supporter les intérêts des dettes que du jour de la jouissance. Le testateur peut par une disposition testamentaire donner, dans tous les cas, la jouissance au légataire, à compter du jour de son décès (5).

271. — Mesures conservatoires. — Mais lorsque, au décès du testateur, il n'y a pas d'héritiers à réserve, le légataire universel est saisi de plein droit, par la mort du testateur, sans être tenu de demander la délivrance (*C. civ.*, *1006*); sauf aux héritiers ou autres intéressés à prendre des mesures conservatoires s'ils veulent attaquer le testament (6).

272. — Place de l'héritier. — Le légataire universel, ainsi saisi, remplace les héritiers légitimes, et, comme eux, succède à tous les droits actifs et passifs du défunt; par exemple, à l'action en nullité, ou en rescision pour lésion, d'une vente consentie par le testateur (7); — et si le défunt a obtenu une concession dans un cimetière et y a fait élever

---

et immobiliers qui formeront ma succession. En conséquence, je les institue pour mes légataires universels.

Dans le cas où l'un ou plusieurs de mes petits-enfants viendraient à décéder avant moi, laissant des descendants, ceux-ci recueilleront les parts qui auraient été dévolues aux prédécédés, comme les représentant ; et, en conséquence, seront mes légataires universels, au lieu et place de leurs auteurs, à proportion de la part que ceux-ci auraient eue dans ma succession s'ils eussent survécu.

Mes petits-enfants et leurs descendants, en cas de prédécès, auront la pleine propriété et la jouissance des biens formant la part qu'ils recueilleront dans ma succession, à compter du jour de mon décès.

Et ils auront droit aux fruits et revenus de ces biens, à partir du même jour, sans être, pour cela, astreints à la demande en délivrance.

(1) Marcadé, 1004-1 ; Toullier, V, 494 ; Duranton, IX, 191 ; Coin-Delisle, 1004-6 ; Troplong, 1792 ; Demolombe, XXI, 553 ; Aubry et Rau, § 718-6 ; Bruxelles, 2 déc. 1830.

(2) Duranton, IX, 200 ; Demolombe, XXI, 555 ; Aubry et Rau, § 718-18 ; Limoges, 29 déc. 1868 ; R. G. Defrénois, I, 401,

(3) Debelleyme, *Référés*, II, p. 307 ; Bordeaux, 4 avril 1855 ; S. 56, II, 117 ; Paris, 18 nov. 1871 ; R. G. Defrénois, II, 1301.

(4) Marcadé, 1004-2 ; Coin-Delisle, 1004-2 ; Toullier, V, 494 ; Alger, 29 fév. 1875 ; R. G. Defrénois, III, 2816 ; voir aussi Limoges, 29 déc. 1868 ; *Ibid.*, I, 401. CONTRA Demolombe, XXI, 565.

(5) Marcadé, 1014-2 ; Troplong, 1856 ; Demolombe, XXI, 645 à 648 ; Paris, 18 nov. 1870 ; J N. 21563.

(6) Demolombe, XXI, 559 ; Rouen, 21 mai 1810 ; Bastia, 10 janv. 1840.

(7) Bourges, 1er fév. 1832 ; Colmar, 7 août 1834 ; S. 33, II, 56 ; 35, II, 223.

un tombeau, le légataire universel en devient propriétaire et peut y autoriser une inhumation (1). — Toutefois, il n'a pas, en sa qualité de légataire universel, la propriété de la raison sociale sous laquelle ce dernier faisait le commerce (2).

273. — Réserves. — Quand, en faisant un legs universel, le testateur a réservé une certaine somme pour en disposer au profit de qui il jugerait à propos, et qu'il n'en a pas disposé, il peut être décidé, d'après les circonstances et l'ensemble du testament, que cette somme doit appartenir non au légataire universel, mais aux héritiers légitimes du testateur ; à plus forte raison, si l'usufruit de cette somme a été légué au légataire universel (3).

274. — Renonciation. — Exclusion. — Il faut à la fois être héritier et avoir droit à la réserve pour faire obstacle à la saisine du légataire universel ; en conséquence, ne sauraient y faire obstacle : 1° Les héritiers légitimes renonçants ou exclus comme indignes (4) ; 2° les aïeuls, lorsque la succession est dévolue à des frères et sœurs ou descendants d'eux (5) ; 3° un enfant naturel, quoiqu'il ait droit à une réserve, puisqu'il n'est pas héritier (6).

275. — Dettes. — Legs. — Si le légataire universel recueille tous les biens par suite de la non existence d'héritiers à réserve, il est, comme l'aurait été l'héritier légitime, tenu au paiement de toutes les dettes et des legs (7).

276. — Ibid. — Contribution. — Dans le cas, au contraire, où le légataire universel est en concours avec un héritier auquel la loi réserve une quotité des biens, il est tenu des dettes et charges de la succession du testateur, personnellement pour sa part et portion, et hypothécairement pour le tout ; et il est tenu d'acquitter tous les legs, sauf le cas de réduction, ainsi qu'il est expliqué aux articles 926 et 927 (*C. civ.*, *1009*).

277. — Ultra vires. — Le légataire universel, qu'il soit saisi de plein droit ou qu'il ne soit saisi que par la délivrance, est dans les deux cas assimilé à un héritier légitime ; comme lui, il est tenu *ultra vires* au paiement des dettes et charges de la succession (8), et peut, soit accepter purement et simplement, soit renoncer, soit même accepter sous bénéfice d'inventaire (9).

278. — Modifications. — Le testateur est libre par ses dispositions testamentaires, de modifier de telle manière qu'il le juge à propos, le mode de contribution aux legs déterminé par la loi, pourvu qu'il n'entame pas la réserve des héritiers.

FORMULE 30. — **Legs de la quotité disponible.** — **Charge de l'acquit des dettes et des legs** (Nos 275 à 278).

Je lègue à Hector DURAND, mon cousin, négociant, demeurant à....., toute la portion dont la loi me permet la disposition des biens mobiliers et immobiliers qui formeront ma succession. En conséquence, je l'institue pour mon légataire universel.

Comme condition expresse de ce legs, je charge mon légataire universel :

1° De supporter toutes les dettes dont ma succession sera grevée, à quelque titre que ce soit, moins cependant les droits de succession à la charge de mon fils ou ses descendants.

2° D'acquitter, sans réduction, les legs particuliers ci-après :

Je lègue, etc.

---

(1) T. Marseille, 14 mai 1873 ; R. G. Defrénois, III, 2794.
(2) Bordeaux, 18 janv. 1875 ; *ibid.*
(3) Cass., 11 mars 1846 ; S. 46, I, 561.
(4) Demolombe, XXI, 562.
(5) Duranton, IX, 135 ; Troplong, 1814 ; Demolombe, XXI, 562 ; CONTRA Coin-Delisle, 1004-5.
(6) Duranton, IX, 194 ; Demolombe, XXI, 564.
(7) Demolombe, XXI, 571.
(8) Toullier et Duvergier, V, 556 ; Taulier, IV, p. 150, 154 ; Demante, III, 24 *bis;* Bilhard, *Bénéf. d'inv.,* 27 ; Grenier et Bayle-Mouillard, I, 316 ; Coin-Delisle, 1009-1 ;

Troplong, 1836 ; Demolombe, XIII, 160 ; XV, 117 ; XXI, 560 ; Toulouse, 9 juin 1852 ; Cass., 16 avril 1839, 13 août 1851 ; Poitiers, 16 août 1864 ; Angers, 1er mai 1867 ; S. 39, .I, 51 ; Cass., 51, I, 657 ; 65, II, 63 ; 67, II, 305 ; J. N., 14484, 18837 ; CONTRA Marcadé, *art.* 871, 1002-2 ; Bugnet sur Pothier, VIII, p. 243 ; Tambour, *Bénéf. d'inv.,* p. 424 ; Mourlon, II, p. 408. Voir Aubry et Rau, § 723-1, 6 ;
(9) Toullier, IV, 395 ; Bilhard, *Bénéf. d'inv.,* 28 ; Troplong, 1836 ; Demolombe, XXI, 560 ; Cass., 13 août 1851 ; S. 51, 1, 657. CONTRA Chabot, 774-14 ; Duranton, VII, 14 ; Marcadé, *art.* 871.

SECTION II. — DU LEGS A TITRE UNIVERSEL

SOMMAIRE ALPHABÉTIQUE

SOMMAIRE DES FORMULES

279. — Quote-part. — Le legs est à titre universel : 1° Quand le testateur lègue une quote-part telle qu'une moitié, un tiers, soit des biens dont la loi lui permet de disposer (C. civ., 1010), soit des biens composant sa succession, soit encore des biens et valeurs que son légataire universel ou à titre universel recueillera dans sa succession et comme charge de son legs (1); alors même que le legs d'une quote-part serait fait avec affranchissement de toutes contributions aux dettes (2).

280. — Mobilier. — Immeubles. — 2° Quand le testateur lègue ou tous ses immeubles (3) ou tout son mobilier, ou une quotité fixe de tous ses immeubles ou de tout son mobilier (C. civ., 1010); dans ce cas, le legs doit être de l'universalité, ou d'une quote-part telle que moitié, un tiers, etc., d'une nature

§ 6. — LEGS A TITRE UNIVERSEL.

FORMULE 31. — Quote-part des biens (N° 279).

Je lègue à Auguste-Gaston MARCEL, mon neveu, négociant, demeurant à....., par préciput et hors part, un quart des biens et droits mobiliers et immobiliers qui composeront ma succession.

FORMULE 32. — Biens immeubles (N° 280).

Je lègue à Victor-Valentin DAVID, tous les biens et droits immobiliers que je laisserai à mon décès et qui dépendront de ma succession, sans aucune exception.

Ou bien : Je lègue à..... le quart des biens et droits immobiliers, etc.

FORMULE 33. — Biens meubles (N°s 280 à 282).

Je lègue à Estelle-Fanny MOREL, tous les biens et droits mobiliers que je laisserai à mon décès et qui dépendront de ma succession, sans aucune exception.

Ou bien : Je lègue à..... un quart des biens et droits mobiliers, etc.

---

(1) Demolombe, XXI, 579; Aubry et Rau, § 714-16; Cass., 27 mars 1855; S. 55, I, 702.
(2) Bayle-Mouillard, II, 288; Demolombe, XXI, 587; CONTRA Coin-Delisle, 1002-16.

(3) Voir Cass., 3 déc. 1872; R. G. Defrénois, II, 1414.

de biens. Si le legs est de tous les immeubles, il ne comprend pas les prix des immeubles vendus depuis le testament, qui sont de simples créances mobilières et ne sauraient être subrogés aux immeubles (1).

281. — Mobilier. — Etendue. — Lorsque le legs à titre universel est de l'universalité ou d'une quote-part du *mobilier*, il est nécessaire de se servir de l'expression : *biens meubles* ou *biens mobiliers*. Et, dans ce cas, le legs comprend la totalité ou une quotité de ce qui est considéré comme meuble, aux termes de l'article 535 du Code civil (2) ; par conséquent, l'office dont le défunt était pourvu (3), comme aussi les prix non payés des immeubles aliénés depuis le testament, même par suite d'expropriation pour cause d'utilité publique (4), et les loyers et fermages courus jusqu'au jour du décès, lors même qu'ils ne viendraient à échéance qu'à une époque postérieure au décès du testateur (5).

282. — Meubles meublants. — Si le testateur emploie seulement le mot : *mobilier*, ou le mot : *meubles*, il peut ne pas être suffisant. En effet, dans le langage ordinaire, on entend par ces mots les meubles corporels qui garnissent l'habitation ; et il a pu être décidé, par interprétation de la volonté du testateur, que le legs de *tous les meubles*, ou *des effets mobiliers,* ou *de tout le mobilier,* ne comprend que les biens meubles corporels et non l'argent comptant ni les valeurs et créances (6).

283. — Quotité. — Biens au décès. — Le legs d'une quotité des biens que le testateur *laissera à son décès,* ou des biens qui *composeront sa succession,* sans autre désignation, se calcule sur les seuls biens existants à l'époque de son décès, et, par conséquent, sans y réunir fictivement ceux dont il a disposé entre-vifs, même par avancement d'hoirie, par cette raison que, dans le doute, c'est l'interprétation restrictive du legs qui doit prévaloir (7).

284. — Ibid. — Masse. — Il en est autrement si le testateur a légué soit la quotité disponible, soit une portion de la quotité disponible, soit une somme fixe ou un objet déterminé, soit même une quotité des biens lui appartenant. Dans ces divers cas, le calcul de la quotité disponible se fait sur une masse composée tant des biens existants que de ceux dont il a disposé entre-vifs (8) ; mais le legs ne se prend réellement que sur les biens existants au décès, puisque, selon l'art. 857, le rapport ne se fait jamais aux légataires.

FORMULE 34. — Quotité des biens au décès (N° 283).

Je lègue à Eugène-Florent PETIT, un quart des biens et droits mobiliers et immobiliers qui se trouveront dans ma succession, étant expliqué que ce quart sera calculé sur les seuls biens existants à mon décès ; par conséquent, sans comprendre dans la masse, à titre de rapport fictif, les biens dont j'aurai pu disposer entre-vifs.

FORMULE 35. — Même legs. — Rapport fictif (N° 284).

Je lègue à Luc DAILLET, le quart des biens mobiliers et immobiliers qui formeront ma succession, sans aucune exception ; par conséquent, en calculant ce quart sur une masse formée tant des biens existants à mon décès, que de ceux dont j'aurai pu disposer entre

---

(1) Douai, 24 fév. 1845 ; S. 45, II, 275 ; voir aussi Cass., 9 avril 1872 ; R. G. Defrénois, II, 1460.

(2) Bruxelles, 9 mars 1813 ; Bourges, 9 mai 1848 ; Cass., 20 juin 1854 ; S. 48, II, 585 ; 54, I, 476.

(3) Dard, *offices*, p. 395.

(4) Alger, 27 déc. 1862 ; S. 63, II, 102.

(5) Rouen, 22 janv. 1828 ; Orléans, 23 nov. 1850 ; S. 51, II, 138 ; voir aussi Cass., 1er août 1832 ; S. 32, I, 797.

(6) Demolombe, XXI, 385 ; Rouen, 6 août 1834 ; Cass., 3 mars 1836, 24 juin 1840 ; Caen, 26 mars 1840 ; Nîmes, 28 juill. 1857 ; Lyon, 30 déc. 1869 ; Grenoble, 20 janv. 1873 ; Cass., 10 fév. 1873 ; T. Albi, 6 mars 1876 ; S. 36,

I, 760 ; 40, I, 899 ; 46, II, 553 ; 57, II, 628 ; R. G. Defrénois, II, 1412 ; III, 2798 ; voir cep. Agen, 13 juill. 1876 ; Journ. N., 2944.

(7) Duranton, VII, 293 ; Grenoble, 3 fév. 1832, 13 juin 1876 ; Paris, 7 mars 1840 ; Chambéry, 25 juill. 1866 ; Bourges, 18 mai 1874 ; Cass., 8 mars 1875 ; R. G. Defrénois, III, 2799.

(8) Duranton, VII, 294 ; Coin-Delisle, 918-8 ; Troplong, 981 ; Cass., 8 juill. 1826, 13 mai et 19 août 1829, 8 janv. 1834, 2 mai 1838 ; Colmar, 19 fév. 1855 ; S. 34, I, 12 ; 38, I, 385 ; 55, II, 625 ; Lyon, 10 mai 1867 ; J. N., 19072. CONTRA Toullier, IV, 465 ; Chabot, 857-4.

285. — **Délivrance.** — Les légataires à titre universel sont tenus de demander la délivrance aux héritiers à réserve, à leur défaut aux légataires universels; et à défaut de ceux-ci aux héritiers appelés dans l'ordre établi au titre *des successions* (*C. civ., 1011*). Il doit faire cette demande même quand il n'y a pas d'héritiers à réserve, puisqu'il n'est jamais saisi; peu importe que le testateur l'en ait dispensé, une telle clause étant contraire à la loi serait réputée non écrite, *supra* n° 268.

286. — **Jouissance.** — Le légataire à titre universel a, comme le légataire universel, la jouissance des biens compris dans le testament à compter non pas seulement du jour de la délivrance, conformément à l'article 1011, mais du jour du décès si la demande en délivrance a été faite dans l'année; sinon du jour de la demande formée en justice ou de la délivrance volontairement consentie (1). Toutefois, en raison de la controverse, il est utile d'exprimer dans le testament la volonté du testateur à cet égard. Mais la question ne fait plus difficulté quand le légataire est un héritier à réserve qui ne saurait être astreint à former contre lui-même une demande en délivrance (2), ou quand le légataire a été mis immédiate-

ment en possession de la chose léguée (3).

287. — **Dettes.** — Le légataire à titre universel est tenu, comme le légataire universel, des dettes et charges de la succession du testateur, personnellement pour sa part et portion, et hypothécairement pour le tout (*C. civ., 1012*), et même *ultra vires* (4), s'il n'a pas accepté sous bénéfice d'inventaire (5). Si un legs particulier a été mis à la charge du légataire à titre universel d'une quote-part, il ne doit pas moins contribuer au paiement des dettes à proportion de cette quote-part et non pas seulement de son émolument (6).

288. — **Legs particuliers.** — Le légataire à titre universel, qui absorbe toute la quotité disponible, est, comme le légataire universel, *supra* n° 276, tenu d'acquitter tous les legs particuliers, sauf réduction (7). Si son legs n'est que d'une quotité de la portion disponible, il est tenu d'acquitter les legs particuliers par contribution avec les héritiers naturels (*C. civ., 1013*), qui y participent à proportion de ce qui leur reste dans la quotité disponible, et non pas de la part qu'ils recueillent dans la succession totale (8). Si les héritiers ne sont pas réservataires, il contribue avec eux à proportion de la part et portion dans la succession qui leur reste (9).

SECTION III. — DU LEGS PARTICULIER

SOMMAIRE ALPHABÉTIQUE

---

vifs, et dont le rapport fictif sera effectué. Mais, bien entendu, le quart légué sera pris sur les seuls biens existants à mon décès.

FORMULE 36. — **Legs avec jouissance du jour du décès du testateur**
(N°s 285 et 286).

Je lègue à....., etc.

---

(1) Grenier et Bayle-Mouillard, II, 297; Toullier, V, 515; Aubry et Rau, § 720-5; Poujol, 1011-3; Taulier, IV, p. 153; Colmet de Sant., IV, 154 *bis*; Demolombe, XXI, 597, 598; CONTRA Coin-Delisle, 1015-11; Marcadé, 1006-2; Troplong, 1855; Saintespès, IV, 1394.

(2) Grenier et Bayle-Mouillard, II, 301; Toullier, V, 541; Coin-Delisle, 1015 20; Troplong, 1803; Nîmes, 5 janv. 1838; Bourges, 27 avril 1838; Limoges, 21 fév. 1839; Riom, 11 avril 1856; Montpellier, 23 mai 1858; voir cependant Demolombe, XXI, 619.

(3) Grenier, I, 301; Toull., V, 541; Nîmes, 5 janv. 1838; Limog., 5 juin 1846; S. 38, II, 289; 46, II, 578; Cass., 11

août 1874, R. G. Defrén,, III, 2817. CONT, Durant., IX, 272.

(4) Voir les autorités citées *supra*, p. 73, note 8.

(5) Demolombe, XXI, 599.

(6) Chabot, *art.* 871; Duvergier sur Toullier, V, 522; Aubry et Rau, § 723-11; Demolombe, XVII, 33; CONTRA Toullier, V, 522; Troplong, 1858; Demante, III, 205.

(7) Marcadé, *art.* 1013; Demolombe, XXI, 603.

(8) Bugnet sur Pothier, VIII, p. 295; Mourlon, II, p. 309; Marcadé, *art.* 1013; Taulier, IV, p. 154; Saintespès, IV, 1406; Colmet de Santerre, IV, 156 *bis*; CONTRA Duranton, IX, 222; Demolombe, XXI, 606.

(9) Demolombe, XXI, 604.

SOMMAIRE DES FORMULES

M.... aura la pleine propriété et la jouissance des biens compris dans son legs, à compter du jour de mon décès.

En conséquence, il aura droit, à partir du même jour, aux fruits et revenus de ces biens, sans être tenu, à raison de cette jouissance, à l'obligation de former la demande en délivrance de son legs.

FORMULE 37. — Charge de l'acquit des dettes et des legs
(Nos 287 et 288).

Je lègue à M. Paul PETIT, etc.

Comme condition du legs à titre universel que je viens de lui faire, M. Paul PETIT sera tenu de supporter la moitié des dettes dont ma succession pourra être grevée, à quelque somme qu'elles s'élèvent, en ce non compris les droits de succession à la charge de mes héritiers et de mes autres légataires, ni les frais relatifs au partage de ma succession.

Quant à mes legs particuliers et aux frais relatifs à leur délivrance, ils seront acquittés :

par M. Paul PETIT, pour moitié, comme charge de son legs;

Et par mes héritiers ou autres successeurs, pour l'autre moitié.

§ 1. — Caractère et étendue du legs.

289. — Définition. — Tout legs qui n'a pas pour objet l'universalité ou une quote-part de l'universalité, ni tous les immeubles ou tout le mobilier ou une quote-part des uns ou des autres, ne forme qu'une disposition à titre particulier (*C. civ., 1010*).

290. — Cas divers. — Ainsi, ne forment que des dispositions à titre particulier, lors même que le testateur n'aurait pas d'autres biens de la même nature ou que les choses léguées comprendraient tout son patrimoine (1) : 1° Le legs d'immeubles déterminés ; 2° le legs de toutes les terres de labour ou de toutes les vignes ou de toutes les maisons de campagne, ou encore de tous les immeubles que le testateur possède dans les colonies, dans telle commune, dans tel département (2), ou de : les *autres immeubles* dont le testateur n'a pas dis-

§ 7. — LEGS PARTICULIER.

FORMULE 38. — Immeuble (Nos 289, 290).

Je lègue à M. Jean COUSIN, demeurant à....., ma maison située à....., consistant en.....— Il en aura la propriété et la jouissance du jour de mon décès.

FORMULE 39. — Ferme (N° 290).

Je lègue, par préciput et hors part, à M. Léon BARRÉ, mon neveu, demeurant à....., ma ferme, appelée *Ferme du Bel-Air*, située commune de....., consistant en corps de ferme, terres de labour, prés, pâtures, bois et vignes, formant tous les immeubles, de quelque nature qu'ils soient, que je possède et posséderai à mon décès, sur la commune de....., sans aucune exception ni réserve.

FORMULE 40. — Droit indivis dans une succession (N° 290).

Je lègue à M. Philéas BONNET, tous mes droits successifs mobiliers et immobiliers, tant en fonds et capitaux qu'en fruits et revenus échus et à échoir, me revenant dans la succession de M. Jérôme OBLIN, mon oncle, décédé à....., le....., sans aucune exception ni réserve, même l'accroissement qui surviendrait avant comme après mon décès, par suite de la renonciation qui serait faite par l'un ou plusieurs de mes cohéritiers. Il disposera du tout à compter de mon décès, et aura droit aux fruits et revenus à partir du jour du décès de M. OBLIN.

A la charge par M. BONNET d'acquitter la portion dont je peux être tenu dans les dettes et charges de la succession, y compris les legs faits par M. OBLIN, et les droits de mutation auxquels cette succession pourra donner ouverture ; le tout de manière que ma succession ne soit aucunement inquiétée ni recherchée.

(1) Toullier, V, 150 ; Marcadé, 1010-3 ; Coin-Delisle, 1003-14 ; Aubry et Rau, § 714-22 Troplong, 1849 ; Demolombe, XXI, 533, 582-584 ; Cass., 25 avril 1860, 15 juin 1868 ; Trib. Soissons, 20 juill. 1868 ; R. G. Defrénois, 387.

(2) Grenier, I, 288 ; Toullier, V, 540 ; Duranton, IX, 229 ; Marcadé, 1010-2 ; Pau, 26 juin 1824.

posé (1) ; — 3° le legs à quatre légataires, chacun pour un quart; des immeubles laissés par le testateur à son décès , autres que ceux donnés à un tiers et ceux situés sur le territoire d'une commune réservés à ses légataires (2) ; — 4° le legs des valeurs et créances faisant partie des biens du testateur (3) ; — 5° le legs d'une succession échue au testateur ou de ses droits dans une communauté de de biens entre époux (4) ; — 6° le legs de tous les meubles existants dans une maison désignée (5), ou de tout le mobilier corporel dépendant de la succession du testateur, ou encore du restant du mobilier, défalcation faite d'objets légués (6) ; — 7° la disposition par laquelle le testateur, après divers legs particuliers, fait le suivant : « Je laisse la note de mon avoir; si la dépense n'absorbe pas tout mon avoir, le surplus sera pour N.....; » dans ce cas, il y a seulement legs du reliquat (7).

291. — Objets mobiliers. — Argent. — Lorsque le legs est de tous les meubles et objets mobiliers corporels, de créances, de valeurs, de deniers comptants, etc., il faut préciser ce qu'il doit comprendre afin d'éviter toute interprétation sur son étendue. Jugé : 1° que le legs par la femme à son mari de son mobilier, à l'exception de sa part dans les créances et dettes passives de la communauté, ne comprend pas les sommes encaissées pour le compte de la communauté par le mandataire du mari (8) ; — 2° que le legs « de tous les meubles meublants, linge et argenterie, tous biens meubles contenus dans une armoire, » ne comprend pas l'argent comptant que l'armoire renferme, ni les créances dont les titres y ont été ultérieurement trouvés (9); — 3° que le legs de tous les meubles et effets qui se trouveront dans la maison du testateur au jour de son décès, ou dans un autre lieu déterminé, ne comprend ni l'argent comptant ni les créances actives (10) ; — 4° que le legs d'un fonds de commerce comprend les droits, créances et recouvrements en dépendant (11) ;

FORMULE 41. — Droits dans une communauté (N° 290).

Je lègue à M. Denis PAPIN, mon filleul, tous mes droits mobiliers et immobiliers dans la communauté d'acquêts qui existe entre M. Jean ALLARD, mon mari, et moi, en quoi qu'ils puissent consister, y compris les reprises en deniers que je pourrai avoir à exercer. Mes biens propres mobiliers et immobiliers, à reprendre en nature, sont seuls exceptés de ce legs.

A la charge par M. PAPIN d'acquitter toute la portion dont je pourrai être tenue dans les dettes et charges de la communauté ; et pour le cas où les récompenses par moi dues dépasseraient mes reprises en deniers, de faire le rapport de l'excédant à la communauté.

M. PAPIN aura la jouissance des droits légués, à partir du jour de mon décès, sans qu'il soit besoin, pour cela, de demande en délivrance.

FORMULE 42. — Maison avec le mobilier (N° 291).

Je lègue à M. Louis MONDAR ma maison située à....., avec tous les meubles meublants, objets mobiliers, argenterie, linge, bijoux, denrées, et généralement tous les meubles corporels quelconques, qui garniront cette maison au jour de mon décès, sans aucune exception.

FORMULE 43. — Objets mobiliers (N° 291).

Je lègue à....., tous les meubles meublants, objets mobiliers, argenterie , linge, bijoux,

(1) Cass , 2 déc. 1878 ; Journ. N. 3153.
(2) Rouen, 17 nov. 1873 ; R. G. Defrénois, III, 2801.
(3) Seine, 18 mars 1874; R. G. Defrénois, III, 2801.
(4) Proudhon , Usuf., IV, 1845 ; Duranton, IX, 230, 231 ; Aubry et Rau, § 714-18 ; Cass., 21 nov. 1871 ; R. G. Defrénois, II, 1415.
(5) Demolombe, XXI, 533, 583 ; Turin, 24 mars 1806.
(6) Rouen, 21 fév. 1842 ; Cass., 20 juin 1854 ; J. N., 11343, 15268 ; S. 42, II, 262 ; 54, I, 476.
(7) Cass., 8 janv. 1872 ; Paris, 2 déc. 1872 ; R. G. Defrénois, II, 1415 ; voir aussi Cass., 2 déc. 1878 ; Journ.

Not , 3153 ; voir cep. Cass., 20 juin 1854 ; S. 54, I, 476.
(8) Paris, 6 mai 1870 ; R. G. Defrénois, II, 1394.
(9) Montpellier, 2 déc. 1860 ; R. G. Defrénois, II, 1416 ; voir cep. Caen, 3 déc. 1851, S. 52, II, 248.
(10) Agen , 30 déc. 1823 , 6 mars 1860 ; Bordeaux, 9 mars 1830 ; Rennes, 17 mars 1843 ; Douai, 23 juin 1846 ; Montpellier, 16 déc. 1852 ; S. 44, II, 253 ; 46, II, 364 ; 53, II, 200 ; 60, II, 251 ; voir aussi Pau, 27 juill. 1822; Caen, 17 nov. et 14 déc. 1847 ; Cass. 28 fév. 1832, 20 mars 1854 ; S. 32, I, 246 ; 48, II, 514, 515 ; 54, I, 699.
(11) Paris, 12 avril 1833 ; S. 32, II. 304.

— 5° que le legs de l'argent comptant qui existera au domicile du testateur, au jour de son décès, comprend celui se trouvant à son domicile de droit et à sa résidence de fait (1), et même celui déposé hors de sa maison, si ce dépôt n'était que passager et accidentel pour être rétabli dans la maison (2), mais non les sommes que le légataire a pu recevoir pour le testateur en qualité de mandataire, alors même que le legs est de tout l'argent comptant (3); — 6° que le legs de tout ce que le testateur possédera d'argent au jour de son décès comprend les espèces monnoyées et les billets de banque, mais ne s'étend pas aux créances (4).

292. — Choses. — On peut léguer toutes les choses qui sont dans le commerce, à la condition qu'elles soient transmissibles par succession et que le légataire ait la capacité nécessaire pour les recueillir.

293. — Désignation. — La disposition, pour être valable, doit contenir la désignation de la chose léguée (5). Toutefois, elle peut être des biens à échoir au testateur par le résultat d'un partage à intervenir ultérieurement (6).

294. — Legs limitatif. — Lorsque le legs a pour objet une chose déterminée, par exemple une créance ou une valeur, il est limité à cette chose. Par suite, si elle n'existe plus au décès du testateur : en ce qui concerne la créance, parce qu'elle est éteinte au moyen du remboursement, de la remise de la dette ou de la compensation même légale; — et à l'égard de la valeur parce qu'elle a été réalisée; — le legs est devenu inexistant à défaut de la chose qui en faisait l'objet; par conséquent, se trouve révoqué ou. caduc (7), *infra* n° 466.

295. — Legs démonstratif. — Cependant, même dans le cas où le legs est d'une créance dénommée ou d'une somme à prendre sur cette créance, ou d'une valeur, par exemple une rente sur l'Etat ou une fraction de rente, il peut être décidé, par interpré-

---

chevaux, bestiaux, voitures, denrées, et généralement tous les meubles corporels quelconques qui dépendront de ma succession, sans aucune exception.

FORMULE 44. — Argent comptant (N° 291).

Je lègue à Zoé SMITH, ma nièce, tout l'argent comptant qui se trouvera dans ma succession au jour de mon décès, comprenant non-seulement le numéraire et les billets de banque, mais encore la somme qui se trouvera en dépôt à titre de compte courant en chèques à vue dans la *Société générale* ou toute autre banque ou établissement de crédit. Etant expliqué que toutes créances à quelque titre que ce soit et toutes valeurs quelconques en sont formellement exceptées.

FORMULE 45. — Objets déterminés (N°s 292 et 293).

Je lègue à mon ami Louis DESNOYERS :
1° Le tableau à l'huile représentant un paysage par COROT, qui se trouve dans mon cabinet de travail;
2° Un groupe en marbre, placé dans le vestibule d'entrée, ayant pour sujet : *Le courage et l'amitié.*

FORMULE 46. — Legs limitatif de créance et valeur (N° 294).

Je lègue à Octave DAX :
1° Une créance au capital de dix mille francs, montant d'une obligation souscrite à mon profit par M. Charles BÉNARD, cultivateur, et Mme Germaine CLARET, sa femme, demeurant à...., suivant acte passé devant Me....., notaire à....., le....., avec tous les intérêts courus et

---

(1) Grenoble, 8 mai 1831; S. 32, II, 306.
(2) Nimes, 12 mars 1830.
(3) Bruxelles, 9 juin 1815.
(4) Angers, 11 mars 1870; R. G. Defrénois, 11, 1412.

(5) Aix, 20 mars 1833; S. 33, II, 362; Rouen, 20 mai 1878; R. N. 5671.
(6) Demolombe, XXI, 39; Cass., 7 avril 1847; D. 47, 1, 221.
(7) Orléans, 31 mai 1873; R. G. Defrénois, III, 2828.

tation de la volonté du testateur, que l'énonciation est simplement démonstrative, de manière que le legs, étant non pas de la créance ou de la valeur elle-même, mais plutôt de l'émolument qui en fait l'objet, ne devient pas caduc par cela seul que la créance ou la valeur se trouve ne plus exister au jour du décès du testateur (1). Mais il est utile, afin d'éviter la controverse, de préciser d'une manière exacte la volonté du testateur sur ce point.

296. — Legs similaire. — Lorsque deux époux ont fait, le même jour, par deux testaments séparés, le legs d'une somme pareille à une même personne, il peut être décidé, par interprétation de l'intention des testateurs, que ces deux testaments ne constituent, en réalité, qu'un seul et même acte, contenant legs d'une somme unique exigible seulement au décès du dernier mourant des époux (2).

297. — Legs répétés. — Jugé que quand, par le même testament, le testateur met à la charge d'un légataire universel un legs particulier de somme ou de rente en le faisant à deux reprises, on doit considérer que c'est par inadvertance qu'il a été répété, et les juges peuvent décider que les deux legs n'en forment en réalité qu'un seul (3).

298. — Usufruit. — Le legs de l'usufruit de l'universalité ou d'une quote-part des biens que le testateur laissera à son décès, donnant seulement au légataire le droit de jouir des choses dont un autre a la propriété (*C. civ., 578*), ne constitue pas un legs universel ni à titre universel, mais seulement un legs particulier (4). — On a décidé qu'un tel legs, quand il est de l'universalité des biens, comprend l'usufruit éventuel des biens dont le testateur n'avait que la nue propriété, pour en jouir à l'époque du décès de celui qui en était usufruitier lors du décès du testateur (5). — Décidé aussi que le testateur peut assurer au légataire en usufruit de ses biens, un revenu minimum annuel de....., et disposer que si les

---

à courir au jour de mon décès, mais seulement pour le cas où cette créance me serait encore due ;

2° Dix actions de la Société houillère de *Champagnac*, faisant l'objet d'un certificat en mon nom, n°....., si je les possède encore lors de mon décès.

FORMULE 47. — Legs démonstratif de créance et valeur (N°⁵ 295 à 297).

Je lègue à M. Octave DAX :

1° La somme de quatre mille francs à toucher de M. Luc QUENTIN, demeurant à....., sur celle de dix mille francs, formant le prix de la vente que je lui ai faite d'une maison située à....., suivant contrat passé devant Mᵉ....., notaire à....., le.....; ou, si cette créance n'est plus due à l'époque de mon décès, une pareille somme de quatre mille francs à prendre sur les plus clairs deniers qui dépendront de ma succession ;

2° Quatre cents francs de rente trois pour cent sur l'Etat français, à prendre sur les rentes de cette nature qui dépendront de ma succession. S'il n'en existe pas, il sera pris sur les plus clairs deniers de ma succession, somme suffisante pour acquérir quatre cents francs de rente trois pour cent afin de remplir M. DAX du présent legs.

FORMULE 48. — Usufruit de l'universalité (N°⁵ 298, 299).

Je lègue à Mˡˡᵉ Héloïse MONNET, l'usufruit de l'universalité des biens et droits mobiliers

---

(1) Bordeaux, 15 juill. 1831 ; Paris, 2 août, 1836 ; Toulouse, 19 juill. 1837 ; Grenoble, 19 juin 1846, 16 mai 1870 ; Cass., 8 déc. 1852, 20 déc. 1865, 6 janv. 1874 ; S. 31, II, 338 ; 36, II, 492 ; 37, II, 476 ; 47, II, 304 ; 53, I, 203 ; 66, I, 25 ; R. G. Defrénois, II, 1439 ; III, 2828.

(2) Caen, 26 mai 1873 ; Cass., 29 avril 1874 ; R. G. Defrénois, III, 2802.

(3) Bordeaux, 28 janv. 1873 ; R. G. Defrénois, III, 2805.

(4) Proudhon, *Usuf.* 473 ; Duvergier sur Toullier, V, 432 ; Coin-Delisle, 1003-12 et 17 ; Marcadé, 1010-3 ; De-

molombe, X, 258 ; XXI, 386 ; Aubry et Rau, § 714-19 ; Bordeaux, 19 fév. 1853 ; Riom, 26 juill. 1862 ; Nimes, 30 avril et 21 déc. 1866 ; Agen, 19 déc. 1866 ; J. N., 17697, 18344 ; S. 63, II, 1 ; 67, II, 180, 320. CONTRA Troplong, 1848 ; Duranton, IX, 208 ; Paris, 21 fév. 1826 ; Rouen, 2 mai 1853 ; Poitiers, 22 juill. 1861 ; Cass., 7 août 1827, 8 déc. 1862 ; S. 63, I, 34 ; J. N., 14941, 17697.

(5) Proudhon, *Usuf.*, 302 ; Duranton, IX, 255 ; Demolombe, XXI, 690 ; Rennes, 19 mai 1863 ; Bordeaux, 16 juin 1863 ; Cass., 15 mai 1865 ; S. 63, II, 263 ; 65, I, 377.

fruits des biens sont insuffisants pour le service de ce revenu, l'usufruitier pourra vendre les immeubles afin de les convertir en capitaux d'un revenu supérieur (1).

299. — Nue-propriété. — Si le testateur lègue à un étranger l'usufruit de l'universalité de ses biens, en déclarant exclure de sa succession tous ses parents indistinctement, sans attribuer la nue-propriété à personne, l'exclusion, en un tel cas, doit être considérée comme non écrite, et la nue-propriété est dévolue, à l'exclusion de l'Etat, aux héritiers légitimes dans l'ordre déterminé par la loi (2).

300. — Chose d'autrui. — Lorsque le testateur a légué la chose d'autrui, le legs est nul, soit que le testateur ait connu ou non qu'elle ne lui appartenait pas (*C. civ., 1021*). Il en est ainsi du legs d'un immeuble appartenant à un tiers (3), quand même il serait l'héritier du testateur ou son légataire universel

ou à titre universel (4), à moins qu'il ne lui ait imposé l'obligation de le livrer sous forme de condition ou de charge (5). Le legs serait également nul lors même que le testateur aurait chargé son héritier d'acheter l'immeuble pour le livrer au légataire (6); mais s'il l'a chargé de l'acheter moyennant tel prix, et que le tiers en demande un prix plus élevé ou refuse de le vendre, le légataire a droit à la remise de la somme fixée (7).

501. — Exception. — On ne considère pas comme legs de la chose d'autrui : 1° le legs de quantités ou de choses indéterminées, comme une somme d'argent, des denrées, des bestiaux, etc. (8), même d'une somme cumulée, pendant la vie d'un légataire en usufruit, à payer par sa succession (9); 2° le legs d'un immeuble qui, lors du testament, appartenait à un tiers, mais dont le testateur est devenu propriétaire par la suite (10);

---

et immobiliers qui formeront ma succession, sans aucune exception. Elle jouira de cet usufruit pendant sa vie, à compter du jour de mon décès, sans être tenue de fournir caution, mais à la charge de faire faire inventaire et d'employer en rentes sur l'Etat ou en obligations des principales lignes de chemins de fer, les deniers qui seront grevés de son usufruit.

Il sera prélevé sur ma succession somme suffisante pour acquitter tant les dettes et charges dont elle sera grevée, que les droits de mutation par décès à la charge de mes héritiers et de l'usufruitière, de manière qu'ils soient indemnes de ces frais, sans indemnité de part ni d'autre.

FORMULE 49. — Usufruit d'une chose déterminée (N°s 298 et 299).

Je lègue à Louis Morel, l'usufruit pendant sa vie de ma maison de campagne située à....., avec les meubles meublants, objets mobiliers, argenterie, linge, vaisselle, et généralement tout le mobilier corporel qui la garnira au jour de mon décès ; il jouira du tout, en qualité d'usufruitier, sans être tenu de fournir caution, mais à la charge de faire faire inventaire ainsi que l'état prescrits par l'article 600 du Code civil.

FORMULE 50. — Immeuble appartenant à un tiers (N°s 300 et 301).

Connaissant le désir de X..... de se rendre acquéreur d'une maison située à....., rue....., n°....., appartenant à Z....., je charge N....., mon légataire universel, d'acheter cet immeuble au nom de X....., et de le remettre à ce dernier, pourvu que le prix en principal et frais

---

(1) Cass., 2 déc, 1878; Journ. N., 3153.

(2) Cass., 17 nov. 1863; S. 64, I, 5.

(3) Coin-Delisle, 1021-4; Marcadé, 1021-11; Demolombe, XXI, 685; voir cependant Mourlon, II, p. 374.

(4) Marcadé, 1021-1; Aubry et Rau, § 675-12; Taulier, IV, p. 159; Troplong, 1948; Colmet de Santerre, IV, 166 *bis;* Demolombe, XXI, 687; Bruxelles, 12 oct. 1821; Cass., 19 mars 1822; contra Toullier, V, 517; Duranton, IX, 251; Coin-Delisle, 1021-17; Saintespès, IV, 1489; Paris, 5 juin 1820; Bastia, 3 fév. 1836. S. 36, II, 247.

(5) Toullier, V, 517; Duranton, IX, 251; Troplong, 1949; Aubry et Rau, § 675-13; Demolombe, XXI, 688;

Cass., 19 mars 1822, 29 mars 1837; Bastia, 3 fév. 1836; S. 36, II, 247; 37, I, 685.

(6) Coin-Delisle, 1021-2 et 10; Marcadé, 1021-1; Bayle-Mouillard, II, 319; Saintespès, IV, 1842; Demolombe, XXI, 684; contra Mourlon, II, p. 374.

(7) Toullier, V, 517; Duranton, IX, 251; Coin-Delisle, 1021-9; Troplong, 1948; Demolombe, XXI, 682.

(8) Marcadé, 1021-1; Coin-Delisle, 1021-8; Demolombe, XXI, 680.

(9) Cass., 31 mars 1868; R. G. Defrénois, 1, 389. contra Nîmes, 14 juin 1865; S. 65, II, 341.

(10) Demolombe, XXI, 680; Aubry et Rau, § 675-15.

3° le legs de la chose d'autrui sur laquelle le testateur avait un droit futur certain ou même conditionnel (1).

502. — Indivision. — Quand le testateur a légué pour partie ou pour le tout une chose dont il avait la copropriété indivise avec un tiers, et que l'indivision a cessé du vivant du testateur par partage ou licitation, le legs doit recevoir son exécution si c'est le testateur qui en est devenu propriétaire; il est nul si c'est à son copropriétaire qu'il est échu (2). Si l'indivision subsiste encore, il faut distinguer : s'agit-il de la propriété d'une chose unique, le droit passe au légataire tel qu'il appartenait au testateur, pour l'exercer de la même manière que celui-ci (3); mais si, au contraire, il s'agit d'une universalité indivise dont la chose léguée fait partie, le sort du legs dépend de l'issue du partage (4).

503. — Augmentation. — Lorsque celui qui a légué la propriété d'un immeuble, l'a ensuite augmenté par des acquisitions, ces acquisitions fussent-elles contiguës, ne sont pas censées, sans une nouvelle disposition, faire partie du legs (*C. civ., 1019*). Ainsi, quand le legs est d'une maison à laquelle le testateur a ajouté un jardin séparé par une rue, ce jardin n'est pas l'accessoire obligé de la maison, et si le testateur veut le comprendre dans le legs, il faut qu'il le déclare par une disposition nouvelle (5); mais si le legs est d'une ferme à laquelle le testateur a ajouté une pièce de terre contiguë, provenant d'un achat fait depuis la confection du testament, cette pièce de terre est considérée comme s'étant incorporée à la ferme et en est l'accessoire (6).

504. — Construction. — Agrandissement. — Il en est autrement : 1° des embellissements ou des constructions nouvelles faites dans le fond légué (*C. civ., 1019*), c'est-

n'excède pas dix mille francs, mon légataire universel devant payer le prix comme charge de son legs, jusqu'à concurrence de dix mille francs, mais sans être tenu de verser la différence dans le cas où le prix serait moindre. Si Z..... refusait de vendre sa maison ou s'il en demandait un prix supérieur à dix mille francs, contrat en main, mon légataire universel, pour ce cas, remettra à X....., auquel j'en fais don et legs, une somme de dix mille francs.

FORMULE 51. — Chevaux (N° 301).

Je lègue à Nicias GLOS, deux chevaux d'une valeur chacun de deux mille à deux mille cinq cents francs, à son choix. J'oblige mon légataire universel à lui en faire la remise dans les six mois de mon décès.

FORMULE 52. — Chose indivise (N° 302).

Je lègue à Louis GÉRARD, ma moitié dans une maison située à....., rue....., n°....., indivise entre Jean QUERTIER et moi. Si par suite de licitation ou autrement, je deviens par la suite propriétaire de la totalité de cette maison, je la lègue en entier à Louis GÉRARD, à la charge de payer à qui de droit ou de tenir compte à ma succession du prix de la moitié appartenant à Jean QUERTIER, sans y comprendre les frais de vente. Si cette maison est devenue, par suite de licitation ou autrement, la propriété de Jean QUERTIER, ou si elle a été vendue à un tiers, je lègue à Louis GÉRARD une somme de dix mille francs payable dans les six mois de mon décès.

FORMULE 53. — Maison avec enclos et terrain. — Augmentations (Nos 303, 304).

Je lègue à Luc NORTIER, ma maison située à....., avec le jardin y attenant enclos de

---

(1) Cass., 24 mars 1869; R. G. Defrénois, I, 390.
(2) Marcadé, 1021-2; Coin-Delisle, 1021-14; Troplong, 1952, Demolombe, XXI, 692; Aubry et Rau, § 675-20.
(3) Duranton, IX, 248; Coin-Delisle, 1021-12; Troplong, 1951; Hureaux, *succ.*, V, 98; Demolombe, XXI, 694.
(4) Marcadé, 1021-2-3; Colmet de Santerre, IV, 166

bis; Hureaux, V, 103; Aubry et Rau, § 675-18; voir cep. Duranton, IX, 249; Troplong, 1953; Demolombe, XXI, 695.
(5) Demolombe, XXI, 719; Marcadé, 1019-1.
(6) Mourlon, II, p. 872; Taulier, IV, p. 163; Demolombe, XXI, 720; CONTRA Toullier, V, 535; Coin-Delisle, 1019-4.

à-dire de toutes constructions élevées par le testateur, quand même le fond légué serait tout à fait nu (1) ; — 2° d'un enclos dont le testateur a augmenté l'enceinte (même art.), soit avec des terrains dont il était déjà alors propriétaire, soit avec des terrains acquis depuis.

305. — Immeubles. — Acquisition. — Lorsque le testateur lègue tous les immeubles qu'il possède dans *telle* commune, le legs ne comprend pas les nouveaux immeubles qu'il a acquis dans cette commune depuis la confection du testament ; mais si le legs est de tous les immeubles que le testateur possédera au jour de son décès dans telle commune, il comprend les nouveaux immeubles (2).

306. — Chose indéterminée. — Lorsque le legs est d'une chose indéterminée, comme un cheval, une pièce de vin, un sac de blé, etc., l'héritier n'est pas obligé de la donner de la meilleure qualité, et il ne peut l'offrir de la plus mauvaise (*C. civ.*, *1022*); à moins qu'il ne s'agisse du legs indéterminé de choses à prendre parmi celles d'une certaine espèce qui se trouvent dans la succession, dans ce cas, l'héritier peut offrir celle des choses qui a le moins de valeur (3). Mais quand le testateur a accordé le droit de choisir, si c'est au légataire, il peut demander le meilleur, si c'est à l'héritier, il peut donner le plus mauvais (4).

307.—Rente viagère. — Capital. — L'obligation imposée au légataire universel de servir une rente viagère à une personne désignée, à moins qu'elle ne préfère le capital une fois payé, constitue un legs alternatif avec droit d'option pour le bénéficiaire et s'il meurt avant d'avoir exercé ce droit, il passe à ses héritiers (5).

308.—Créancier.—Domestique. — Le legs fait au créancier n'est pas censé en compensation de sa créance, ni le legs fait au

---

murs et de haies, ensemble d'une contenance de 1 hectare 20 ares environ, et les terrains contigus à ce jardin, que je pourrai acquérir par la suite, alors même qu'ils n'auraient pas été réunis à l'enclos ; le tout devant former une propriété que j'entends comprendre en totalité dans le présent legs.

Si je viens à augmenter cette propriété par des constructions joignant les bâtiments actuellement existants, ou par des constructions nouvelles, dans le jardin ci-dessus désigné ou sur les terrains contigus que j'aurais acquis, ils seront aussi de plein droit compris dans ce legs.

FORMULE 54. — Immeubles situés dans une commune (N° 305).

Je lègue à Narcisse BLAY, tous les biens immeubles, de quelque nature qu'ils soient, que je posséderai lors de mon décès sur le territoire de la commune de.....; par conséquent, outre ceux que je possède actuellement, tous ceux dont je deviendrai propriétaire par la suite.

FORMULE 55. — Chose indéterminée (N° 306).

Je lègue à Léon DINARD, deux hectolitres de blé, qualité moyenne ; mon légataire universel lui en fera la délivrance dans les six mois de mon décès.

Ou bien : Je lègue à Léon DINARD, deux hectolitres de vin, à prendre, à son choix, parmi les vins qui se trouveront dans ma cave, située à....., à l'époque de mon décès.

FORMULE 56. — Rente ou capital au choix du légataire (N° 307).

Je lègue à Auguste DIDIER, une rente viagère, sur sa tête et pendant sa vie, de cinq cents francs par an, qui sera payable de six en six mois en sa demeure, à partir du jour de mon décès et nonobstant toute demande en délivrance ; ou, s'il le préfère, un capital de six mille

---

(1) Toullier, V, 534 ; Duranton, IX, 267 ; Coin-Delisle, 1019-10 ; Troplong, 1940 ; Saintespès, 1473 ; Demolombe, XXI, 714 ; CONTRA Vazeille, 1019-5 ; Bayle-Mouillard, II, 317 ; Marcadé, 1019-2.

(2) Coin-Delisle, 1019-5 ; Troplong, 1938 ; Demolombe, XXI, 721 ; Cass., 10 juin 1835, 22 janv. 1839 ; S. 36, I, 45 ; D. 39, 1, 71.

(3) Toullier, V, 527 ; Troplong, 1963 ; Demolombe, XXI, 733 ; Aubry et Rau, § 722-17 ; Aix, 18 avril 1833 ; S. 33, II, 468.

(4) Toullier, V, 528 ; Duranton, IX, 261 ; Coin-Delisle, 1022-3 ; Troplong, 1963 ; Demolombe, XXI, 735.

(5) Pau, 12 nov. 1872 ; R. G. Defrénois, III, 2804.

domestique en compensation de ses gages (*C. civ.*, *1023*) ; mais cette présomption cesse devant la volonté contraire du testateur manifestée d'une manière expresse dans son testament.

509. — Ouvriers. — Si un testateur fait un legs aux ouvriers qui sont à son service, ou aux ouvriers qui sont chez lui, il peut être décidé, par interprétation de sa volonté, qu'il a voulu gratifier les ouvriers travaillant au jour du testament, alors même qu'ils n'y auraient plus travaillé au jour du décès (1). Il en serait autrement s'il avait ajouté : « pour le cas où, au jour de mon décès, ils seraient encore à mon service ou chez moi. »

510. — Débiteurs. — Si le testateur lègue à son débiteur la créance qu'il a contre lui, le legs a pour effet d'éteindre la dette du jour du décès, par conséquent est *libératoire*, et le légataire cesse d'en devoir les intérêts

sans qu'il ait besoin de demander la délivrance (2) ; il importe peu qu'il ait reconnu la dette depuis le décès du testateur, ou ait été condamné à la payer, si le testament a été découvert depuis (3). — Il en est autrement lorsque la succession est acceptée sous bénéfice d'inventaire, et qu'il est constaté que l'actif ne suffira pas pour acquitter les dettes et les legs ; dans ce cas, la créance résultant du legs n'est ni certaine, ni liquide, ni exigible, et le débiteur ne peut exciper de son legs pour se soustraire aux poursuites de l'héritier bénéficiaire (4).

511. — Remise de dette. — Le legs d'une somme fixe, sans retenue, n'implique pas la remise d'une dette antérieure du légataire envers le testateur, alors même qu'il n'en a pas réclamé le paiement pendant sa vie (5).

512. — Dette reconnue. — La ré-

francs payable dans les six mois de mon décès, à la charge par lui de faire son option dans les trois mois du jour où ce legs aura été porté à sa connaissance, faute de quoi il sera considéré comme ayant fait choix de la rente. En cas de décès du légataire avant d'avoir fait l'option, ses héritiers ne pourront réclamer rien autre chose que les arrérages de la rente courus jusqu'à son décès.

FORMULE 57. — Legs à un créancier (N° 308).

Afin de donner à M. Hector INARD un témoignage de ma reconnaissance pour ses complaisances à mon égard au sujet de sa créance contre moi, je lui lègue une somme de quatre mille francs payable dans les six mois de mon décès. Si sa créance n'est pas remboursée à l'époque de mon décès, ce legs sera indépendant de son droit de créancier.

FORMULE 58. — Legs à un domestique ; à des ouvriers (N°s 308, 309).

Je lègue à Joseph CHARLET, mon valet de chambre, s'il est encore à mon service lors de mon décès, une somme de mille francs, en sus de ce que je pourrai lui devoir à cette époque.

Je lègue une somme de cent francs à chacun des ouvriers qui, au jour de mon décès, seront employés dans ma fabrique de drap, située à.....

FORMULE 59. — Legs libératoire (N°s 310 et 311).

Je lègue à Clovis MACHARD, demeurant à..., la somme de cinq mille francs, montant de l'obligation qu'il a souscrite à mon profit, suivant acte passé devant M°....., notaire à..... le....., avec tous les intérêts qui en seront dus à l'époque de mon décès. En conséquence, il sera libéré du tout par le fait seul de mon décès.

FORMULE 60. — Reconnaissance de dette (N° 312).

Je dois à M. Ernest MARTIAL, demeurant à....., sans qu'il ait de titre entre les mains,

(1) Cass., 14 juin 1876 ; S. 76, I, 346.
(2) Taulier, IV, p. 162 ; Demolombe, XXI, 620.
(3) Bourges, 12 juill. 1840.

(4) Cass., 19 déc. 1872 ; R. G. Defrénois, II, 1418.
(5) Paris, 16 mars 1874 ; *Ibid.*, III, 2808.

connaissance de dette faite par un testament ne vaut que comme disposition testamentaire; à ce titre, elle est révocable et s'impute sur la quotité disponible (1), à moins que celui au profit de qui elle a été faite ne prouve l'existence réelle de la dette (2). En conséquence, elle ne saurait, du vivant du testateur, servir de preuve de la dette, ni même de commencement de preuve par écrit (3). — A plus forte raison, il en est ainsi quand le testament a été fait pendant la minorité du testateur (4).

315. — Médecin. — Prêtre. — Les médecins et pharmaciens qui ont traité une personne pendant la maladie dont elle est morte et le ministre du culte qui l'a assistée religieusement, sauf le cas de parenté jusqu'au quatrième degré, sont incapables de recevoir les libéralités entre vifs ou testamentaires qu'elle aurait faites à leur profit, directement ou par personnes interposées, pendant le cours de cette maladie. On en excepte seulement les dispositions à titre rémunératoire faites à titre particulier, eu égard aux facultés du disposant et aux services rendus, *supra* n°s 89 à 96.

314. — Communauté religieuse. — Les communautés religieuses de femmes non autorisées ne peuvent recevoir aucune libéralité. Quant aux communautés autorisées, elles peuvent recevoir des legs, mais seulement à titre particulier et non pas universel ou à titre universel, à peine de nullité, *supra* n° 100. Le legs à une communauté religieuse peut avoir lieu avec des charges, et si elle est autorisée par le gouvernement à l'accepter, elle demeure obligée à leur exécution.

315. — Enfants conçus. — Pour recevoir par testament, il suffit d'être conçu au jour du décès du testateur, pourvu que l'enfant conçu naisse viable, *supra* n° 77. Un legs peut donc être fait aux enfants de un *tel*,

une somme de trois mille francs dont il m'a fait l'avance depuis de longues années. Afin de me libérer de cette dette en principal et intérêts, je charge mon légataire universel de payer à M. MARTIAL, dans les six mois de mon décès, une somme de cinq mille francs.

FORMULE 61. — Legs rémunératoire à un médecin; — à un ministre du culte (N° 313).

Pour témoigner à M. Ulysse THOURET, docteur en médecine, demeurant à....., et à M. Antoine UTLER, pasteur de l'Eglise réformée de...... demeurant à....., toute ma reconnaissance pour les soins médicaux et l'assistance spirituelle qu'ils me donnent avec tant de dévouement, je leur lègue à titre rémunératoire, en ce qui concerne M. THOURET, indépendamment de ses honoraires, savoir : — A M. le docteur THOURET, la garniture de cheminée de mon salon, comprenant : pendule et candélabres style Louis XV, sujets en bronze style Louis XVI, garde-feu, écran, chenets, pelle, pincette et portant. — Et à M. le pasteur UTLER, mon service en argent marqué A. D., composé de : cuiller à potage, cuiller à ragoût, douze couverts ordinaires, douze couverts à dessert, douze cuillers à café, un couvert à salade, un manche à gigot, deux bouts de table et douze couteaux à dessert à lames d'argent. Le tout leur sera délivré dans les trois mois de mon décès.

FORMULE 62. — Legs à une communauté religieuse (N° 314).

Je lègue à la communauté des Sœurs de la Providence, ayant sa maison mère à...,. :
1° Une maison située à....., rue....., n°...... élevée sur caves d'un rez-de-chaussée et de deux étages, avec grenier au-dessus et bâtiments accessoires; le tout édifié sur un terrain en cour et jardin de la contenance de soixante ares. A la charge par cette communauté d'établir dans la maison léguée une école gratuite pour les jeunes filles de la commune de.... et de faire diriger cette école par deux sœurs munies de leurs brevets d'institutrices.
2° Une rente trois pour cent sur l'Etat, de deux mille cinq cents francs, inscrite en mon

(1) Paris, 7 fév. 1832; Cass., 27 juin 1833; S. 32, 11, 339; 33, I, 691.
(2) Poitiers, 17 mai 1832; Dijon, 20 juill. 1832; S. 32, II, 106; 33, I, 691.
(3) Aix, 8 juin 1813; Bastia, 10 mai 1823; Bordeaux, 27 août 1872; Nancy, 14 juill. 1875; S. 76, II, 232; R. G. Defrénois, III, 2757.
(4) Troplong, 2060; Demolombe, XXII, 130; Bordeaux, 14 déc. 1849; J. N., 13986.

qui seront nés ou conçus au jour du décès du testateur. — Si le legs est en faveur des enfants *nés ou à naître* de un *tel*, on doit l'interpréter dans un sens où il peut produire son effet, et, par conséquent, le considérer comme profitant aux enfants nés ou conçus au décès du testateur ; mais il vaut mieux dire : *nés ou à naître au jour de mon décès.*

516. — Exception. — Il peut arriver qu'une personne non conçue au décès du testateur, profite des dispositions qu'il a faites. C'est ce qui a lieu en cas de legs à une ville ou à une corporation autorisée, d'une somme ou d'une rente destinée à doter tous les ans des jeunes filles pauvres, à récompenser de bonnes actions ou des travaux distingués (1).

517. — Personne certaine. — Le legs doit être fait à une personne certaine, *supra* n° 112. Néanmoins dans les divers cas prévus au numéro précédent, comme dans le cas d'un legs fait aux pauvres, les légataires ne sont point connus, ce qui n'empêche pas le legs d'être valable ; c'est là une dérogation à la règle (2). On a aussi considéré comme valable la disposition testamentaire portant que tout ce que le testateur possédera au jour de sa mort, sera vendu et employé à faire prier Dieu pour lui, s'il meurt sans enfants (3).

518. — Lits dans un hospice. — On ne considère pas comme une disposition faite à personnes incertaines ou avec charge d'élire, *infra* n° 392, le legs à un hospice, à la charge d'entretenir un certain nombre de lits pour être occupés par des individus désignés par une *telle* personne, ou un fonctionnaire, par exemple l'évêque diocésain (4), *supra* n° 264 et formule 26.

519. — Messes. — Le legs fait au supérieur d'une communauté non autorisée, et, en cas de décès, à son successeur, d'une somme

---

nom, sous le n° 1475 de la 6e série, dont les arrérages seront affectés à l'entretien de l'école et aux besoins des sœurs qui la dirigeront.

FORMULE 63. — Legs à des enfants non conçus. — Emploi (N° 315).

Je lègue aux enfants de Elisa GUILLARD, femme Gustave MOREL, ma nièce, qui seront nés ou conçus lors de mon décès, et par parts égales, une somme de dix mille francs payable dans l'année de mon décès. Il sera fait emploi en rente trois pour cent, au nom de chacun des enfants, de la somme formant sa part, pour les arrérages s'accumuler jusqu'au jour de sa majorité ou de son mariage.

FORMULE 64. — Legs à une ville pour doter des jeunes gens pauvres (N°s 316 à 318).

Je lègue à la ville de....., deux mille cinq cents francs de rente trois pour cent, à prendre sur les titres de rente de cette nature qui dépendront de ma succession, avec droit aux arrérages à compter du jour de mon décès, et nonobstant toute demande en délivrance.

Comme condition de ce legs, chaque année, au jour anniversaire de mon décès, la ville de..... emploiera deux sommes de chacune douze cents francs pour doter l'une un jeune homme, l'autre une jeune fille, qui seront désignés par le conseil municipal parmi les familles non fortunées habitantes de la ville de..... Le conseil municipal déterminera chaque année le mode de décerner les dots.

FORMULE 65. — Legs à un prêtre pour dire des messes (N° 319).

Je prie M. l'abbé MURET, supérieur des Frères....., ou, en cas de décès, celui qui lui succédera dans ses fonctions de directeur, de dire à mon intention une messe basse le lundi de chaque semaine à l'autel de la chapelle de..... Pour le rémunérer, je lui lègue une somme

---

(1) Troplong, 547, 614, 615; Coin-Delisle, 906-6; Demolombe, XVIII, 582.

(2) Troplong, 557; Demolombe, XVIII, 612; Cass., 4 avril 1865; S. 65, I, 162; J. N., 18269.

(3) Cass., 13 juill. 1859; Rennes, 22 août 1861; Caen, 28 nov. 1865; S. 62, II, 28; 66, I, 264.

(4) Demolombe, XVIII, 620; Aubry et Rau, § 655-3; voir Cass., 19 mars 1855; S. 55, I, 648.

d'argent pour faire dire des messes à l'autel de cette communauté à l'intention du testateur et des membres de sa famille décédés, peut être considérée comme s'adressant au prêtre personnellement, et non pas à la communauté par interposition de personne (1).

§ 2. — Délivrance de legs.

320. — Délivrance. — Le légataire particulier ne peut se mettre en possession de la chose léguée que quand il en a obtenu la délivrance (*C. civ.*, *1014*). Cette délivrance, étant une des règles fondamentales du système des successions testamentaires, est d'ordre public, et, par conséquent, le légataire particulier ne peut en être affranchi par le testateur, *supra* n° 268.

321. — Accessoires. — Néanmoins le donataire ayant un droit à la chose léguée à partir du décès du testateur, *supra* n° 267, cette chose est délivrée : 1° avec les accessoires nécessaires (*C. civ.*, *1018*), qu'ils résultent de *la loi*, comme les objets immeubles par destination, les clefs d'un bâtiment, les titres de propriété, etc., ou de *l'intention du testateur*, comme le droit de passage sur les fonds du testateur, si l'objet légué est un immeuble enclavé dans ses terres (2) ; — 2° dans l'état où elle se trouve au jour du décès du testateur (*même art.*), en ce sens que le légataire supporte les détériorations ou profite des augmentations survenues à la chose avant le décès (3). Ainsi, quand le legs est de valeurs à lots ou à primes, le légataire a droit aux lots ou primes afférentes à ces valeurs par suite d'un tirage postérieur au décès, la prime devant être considérée comme un accroissement exceptionnel qui s'est adjoint, par une espèce de droit d'accession, à une chose qui était la propriété du légataire à partir du décès du testateur (4).

322. — Majorité. — Mariage. — Comme conséquence aussi de ce que le légataire a droit à la chose léguée du jour du décès du testateur, quand une somme a été léguée pour être comptée au légataire à sa majorité ou au moment de son mariage, avec intérêt à partir du jour du décès du testateur, il peut être décidé, par interprétation de la volonté du testateur, qu'elle constitue un legs à terme et non

de cinq cents francs qui lui sera versée par mon légataire universel, franche de tous frais et de tous droits de succession, dans les trois mois de mon décès.

FORMULE 66. — Terre enclavée. — Passage (Nᵒˢ 320, 321).

Je lègue à Iréné JOBLET, la moitié à prendre du côté attenant à M. LEGRAIN, d'une pièce de terre en labour, située commune de....., lieu dit, de la contenance de un hectare vingt ares. Et comme cette parcelle se trouve enclavée, mon légataire aura comme accessoire le droit de passer sur l'autre moitié restant dans ma succession, pour l'exploitation en terre de labour de la parcelle léguée, et ce, sans indemnité.

FORMULE 67. — Valeurs à primes et à lots (Nᵒ 321).

Je lègue à Irma DONNET :

1° Vingt obligations trois pour cent de la Compagnie des chemins de fer de l'Ouest, en un certificat en mon nom ;

2° Et dix obligations de la Ville de Paris (1871), nᵒˢ 6422 à 6431, au porteur.

Ces valeurs appartiendront à ma légataire à compter de mon décès ; en conséquence, si, postérieurement à mon décès, elles sortent au tirage, les primes ou lots qui pourront y être attachés lui seront dévolus à titre d'accroissement.

FORMULE 68. — Legs payable à la majorité ou au mariage (Nᵒ 322).

Je lègue à Rose FREMIN une somme de dix mille francs payable à sa majorité ou à son mariage s'il a lieu avant qu'elle atteigne sa majorité. Si elle décède auparavant, ce legs sera caduc. — *Ou bien :* sera acquis à ses héritiers.

---

(1) Paris, 23 nov. 1877 ; S. 77, II, 330.
(2) Marcadé, *art.* 1018 ; Demolombe, XXI, 703.
(3) Marc., 1018-1 ; Coin-Del., 1018-5 ; Demol., XXI, 708.

(4) Buchères, *Val. mob.*, 456 ; Aix, 16 juill. 1870 ; R. G. Defrénois, II, 1419.

un legs conditionnel ; d'où il suit que s'il vient à décéder célibataire et avant sa majorité, le legs est transmis à ses héritiers (1). Le legs, au contraire, serait conditionnel s'il était dit que l'objet légué ne lui sera acquis que par sa majorité ou son mariage, *infra* n° 387.

523. — Fruits. — Le légataire particulier ne peut prétendre aux fruits ou intérêts de la chose léguée qu'à compter du jour de sa demande en délivrance (2) formée suivant l'ordre établi par l'article 1011, *supra* n° 285, ou du jour auquel cette délivrance lui aurait été volontairement consenti (*C. civ.*, 1014); encore qu'il s'agisse du legs d'une rente viagère autrement qu'à titre d'aliments, *infra* n° 327, si le testament n'indique pas le point de départ des arrérages (3) ; ou du legs d'un usufruit, que ce soit d'un bien particulier ou de l'universalité ou une quotité (4), puisque, dans tous les cas, la disposition ne constitue qu'un legs particulier, *supra* n° 298.

524. — Exception. — Cette règle, indépendamment de ce qui est dit *infra* n° 327, reçoit exception dans les cas suivants : 1° quand le légataire, lors du décès du testateur, était à un titre quelconque en possession de la chose léguée (5), à plus forte raison s'il a été laissé sciemment et volontairement par les héritiers du testateur dans la jouissance paisible de l'objet légué (6) ; — 2° quand le légataire était, à un autre titre, copropriétaire par indivis du bien légué ; — 3° quand le legs est fait par préciput à l'un des successibles (7) ; — 4° quand la demande en délivrance a été retardée par quelque manœuvre de l'héritier qui aurait caché l'existence du testament (8).

525. — Perception des fruits. — Si la chose léguée produit des fruits civils, comme ils s'acquièrent jour par jour, le légataire y a droit à partir du jour de la demande en délivrance; si elle produit des fruits naturels et industriels, ceux qui sont pendants par branches ou par racines au jour de la demande appartiennent au légataire sans indemnité; mais il n'a droit à aucune indemnité si la récolte a été faite par l'héritier avant la demande en délivrance (9).

526. — Intérêt. — Quand le legs est d'une somme d'argent, le légataire a droit à l'intérêt du jour de la demande en délivrance;

FORMULE 69. — Terres. — Récoltes. — Fermages (N⁰ˢ 323 à 327).

Je lègue à Joseph Annet, deux pièces de terre en labour, situées commune de....., lieu dit....., l'une de la contenance de un hectare vingt ares, section B, n° 48 du plan cadastral ; et l'autre, de la contenance de quatre-vingts ares, section B, n° 64.

Mon légataire en aura la pleine propriété et la jouissance par le seul fait de mon décès, sans qu'il ait besoin pour cela de former de demande en délivrance. En conséquence, si, à l'époque de mon décès, elles sont chargées de récoltes pendantes par branches ou par racines, elles lui appartiendront, sans indemnité envers ma succession; si, au contraire, elles sont affermées, il aura droit aux fermages à courir à compter du jour de mon décès.

FORMULE 70. — Somme. — Intérêt (N° 326).

Je lègue à Nancy Bell, une somme de dix mille francs payable dans l'année de mon

---

(1) Troplong, I, 306; Aubry et Rau, § 717-5; Cass., 17 mai 1859; S. 60, I, 462; T. Lyon, 5 juill. 1876; Droit, 14 oct.

(2) Une mise en demeure serait insuffisante : Dijon, 14 mai 1847; S. 48, II, 95; Paris, 13 nov. 1875; R. G. Defrénois, III, 2818.

(3) Seine, 22 avril 1874; R. G. Defrénois, III, 2807.

(4) Marcadé, *art.* 604; Proudhon, *Usuf.*, 394; Duranton, IV, 420; Duvergier sur Toullier, III, 423, note *a* ; Demolombe, X, 517, 518; XXI, 586, 637; Massé et Vergé, § 308-5; Aubry et Rau, § 721-4-5; T. Chambon, 5 déc. 1838; Bordeaux, 23 avril 1844; Alger, 19 fév. 1875; S. 41, II, 161; 44, II, 492; R. G. Defrénois, III, 2807. Contra Toullier, III, 423; Grenier, I, 303; Bastia, 3 fév. 1836; S. 36, II, 447.

(5) Grenier et Bayle-Mouillard, II, 301; Toullier, V, 541; Proudhon, *Usuf.*, 386; Coin-Delisle, 1015-27; Marcadé, 1015-2; Saintespès, 1423; Limoges, 21 fév. 1839 et 5 juin 1846; Bourges, 27 janv. 1838; Nîmes, 5 janv. 1838; Riom, 11 avril 1856; Montpellier, 23 juin 1858; Cass., 25 janv. 1865; S. 38, II, 116, 289; 39, II, 234; 46, I, 578; 56, II, 602; 59, II, 536; 65, I, 88. Contra Duranton, IX, 272; Demolombe, XXI, 618; Duvergier sur Toullier, V, 541; Cass., 9 nov. 1831; S. 32, I, 50.

(6) Limoges, 11 déc. 1837; Cass., 19 déc. 1840; Riom, 11 avril 1855; S. 56, II, 602.

(7) Grenier, et Bayle-Mouillard, II, 305; Toullier, V, 542; Coin-Delisle, 1006-15; Marcadé, 1015-2; Taulier IV, p. 162; contra Demolombe, XXI, 619.

(8) Duranton, IX, 192; Coin-Delisle, 1015-12; Saintespès, IV, 1419; Troplong, 1882; Demolombe, XXI, 636.

(9) Coin-Delisle, 1015-13; Bayle-Mouillard, II, 298; Saintespès, IV, 1427; Demolombe, XXI, 639.

6

à moins que le testateur n'ait accordé un terme à ses héritiers ou autres débiteurs du legs pour se libérer vis-à-vis du légataire particulier, auquel cas les intérêts, à défaut de stipulation, ne sont dus qu'à partir de l'échéance du terme (1). En tous cas, il n'est dû aucun intérêt quand le legs est d'un meuble meublant, un bijou ou autre objet mobilier corporel (2).

327. — Volonté. — Aliments. — Les intérêts ou fruits de la chose léguée, en outre des cas indiqués *supra* n° 148, courent au profit du légataire dès le jour du décès, et sans qu'il ait formé sa demande en justice : 1° lorsque le testateur a expressément déclaré sa volonté à cet égard dans le testament (*C. civ.*, *1015*), en stipulant que le légataire aurait la pleine propriété et la jouissance du jour du décès, ou en le dispensant de demander la délivrance (3); — 2° lorsqu'une rente viagère ou une pension a été léguée à titre d'aliments (*même art.*); mais le legs d'un capital à titre d'aliments ne produirait pas d'intérêts du jour du décès (4).

328. — Dettes. — Il est de principe que le légataire particulier n'est point tenu des dettes de la succession (*C. civ.*, *1024*), pas même de celles qui auraient pour cause l'amélioration, la conservation ou l'acquisition de la chose léguée (5). Mais il en serait tenu si les dettes avaient été mises à sa charge par une disposition formelle du testament (6), ou si elles étaient inhérentes à la chose léguée, par exemple, s'il s'agit d'un cautionnement simplement hypothécaire à la garantie de la dette d'un tiers (7), ou du legs de droits dans une succession ou une communauté (8).

329. — Ibid. — Usufruitier. — Le légataire de l'universalité ou d'une quotité en usufruit n'est pas non plus tenu personnellement à l'acquit des dettes, puisque son legs ne constitue qu'une disposition à titre particulier, *supra* n° 298. Les dettes sont seulement prélevées sur la masse grevée d'usufruit ou sur les revenus si elles ont été acquittées par le nu-propriétaire, en vertu de l'art. 612 du Code civil; dans ce cas, l'acquit des dettes a simplement pour résultat un retran-

---

décès, sans intérêt. — *Ou :* avec intérêt au taux de cinq pour cent par an, à compter du jour de mon décès.

FORMULE 71. — Pension alimentaire (N° 327).

Je lègue à Charles NIORT, à titre de pension alimentaire, une rente viagère de six cents francs par an pendant sa vie, dont les arrrérages, comme de droit, courront à son profit à partir du jour de mon décès.

FORMULE 72. — Immeuble grevé de dettes. — Charges (N°s 328, 329).

Je lègue à Léon NORET, une maison située à....., rue...... n°....., en le chargeant d'acquitter les dettes ci-après qui la grèvent par privilége et hypothèque, ou ce qui en resterait dû lors de mon décès :

1° Cinq mille francs encore dus à M....., sur le prix de la vente qu'il m'a faite de cette maison par contrat devant Mᵉ....., notaire à....., du......;

2° Et quatre mille francs, montant d'une obligation pour prêt que j'ai souscrite au profit de M....., suivant acte passé devant le même notaire, le.....

Les intérêts seront à la charge de mon légataire, à compter du jour de mon décès.

---

(1) Seine, 19 août 1876. Droit, 3 sept.
(2) Demolombe, XXI, 642.
(3) Marcadé, 1015-2 ; Toullier, V, 540 ; Aubry et Rau, § 723-3 ; Troplong, 1856 ; Demolombe, XXI, 645 à 648 ; Bourges, 2 fév. 1837 ; Douai, 8 mai 1847 ; S. 38, II, 74 ; 48, II, 44.
(4) Demolombe, XXI, 652.
(5) Demolombe, XXI, 655 ; Aubry et Rau, § 723-17 ; Cass., 27 janv. 1852 ; S. 52, I, 131.

(6) Demolombe, XXI, 656 ; Aubry et Rau, § 723-18 ; Cass., 17 mai 1809.
(7) Demolombe, XVIII, 296 ; Duranton, VII ; 434 ; Aubry et Rau, § 723-21 ; Cass., 25 nov. 1812, 10 août 1841 ; Bordeaux, 31 janv. 1850 ; S. 51, II, 17. CONTRA Troplong, *cautionn.*, 416 ; Ponsot, *ibid.*, 22 ; Bruxelles, 2 avril 1819.
(8) Marcadé, *art.* 1024 ; Proudhon, *Usuf.*, 1483 ; Duranton, IX, 230 ; Troplong, 1984 ; Demolombe, XXI, 657 ; Aubry et Rau, § 723-19.

chement proportionnel des droits de l'usufruitier (1). Voir formule 48.

330. — Action hypothécaire. — Le légataire particulier d'un immeuble, encore bien qu'il ne soit point tenu des dettes hypothécaires qui grèvent cet immeuble (2), est un tiers détenteur; et à ce titre il doit souffrir l'action hypothécaire des créanciers (*C. civ.*, *1024*). Mais s'il acquitte la dette ou s'il est exproprié, il a un recours contre les héritiers ou autres successeurs et tous les autres débiteurs (3).

331. — Hypothèque. — Si, avant le testament ou depuis, la chose léguée a été hypothéquée pour une dette de la succession, ou même pour la dette d'un tiers, ou si elle est grevée d'un usufruit, celui qui doit acquitter le legs n'est point tenu de la dégager, à moins qu'il n'ait été chargé de le faire par une disposition expresse du testateur (*C. civ.*, *1020*), non équivoque, qui cependant n'est pas soumise à une forme sacramentelle. — En ce qui concerne la dette d'un tiers, l'héritier ou le légataire universel n'est pas tenu d'affranchir l'immeuble de l'hypothèque, ni même d'indemniser le légataire s'il vient à être contraint de payer la dette à son échéance ou à être évincé, *supra* n° 328, note 7. Nous avons vu au numéro précédent qu'il en est autrement quand l'hypothèque a été conférée pour une dette de la succession.

332. — Insuffisance. — Le légataire peut être atteint, d'une manière indirecte, par les dettes héréditaires, quand après l'acquit du passif, les biens qui restent dans la succession sont insuffisants pour l'acquit de tous les legs (4).

333. — Réduction. — Dans ce cas, comme dans celui où les legs dépassent la valeur de la quotité disponible, il y a lieu à réduction entre eux, au marc le franc, sans aucune distinction entre les legs universels ou à titre universel et les legs particuliers, *supra* n° 276 (*C. civ.*, *926*, *1024*).

334. — Legs préféré. — Néanmoins, dans tous les cas où le testateur a expressément déclaré qu'il entend que tel legs soit acquitté de préférence aux autres, cette préfé-

---

FORMULE 73. — Immeuble hypothéqué. (N°s 330, 331).

Je lègue à M. Luc DURET, un enclos planté en vignes, situé commune de....., lieu dit....., de la contenance de deux hectares.

Cet immeuble est grevé : 1° de l'hypothèque garantissant une somme de six mille francs que j'ai empruntée de M....., par acte devant Me...., notaire à....., du.....; si cette somme est encore due à l'époque de mon décès, mon légataire universel devra la rembourser dans le délai de six mois, afin que l'immeuble légué en soit dégagé ;

2° De l'hypothèque que j'ai consentie à titre de caution seulement hypothécaire, pour garantir le paiement de quatre mille francs dus par M. RAGNON, suivant acte passé devant Me..., notaire à....., le.....; si cette somme est encore due à l'époque de mon décès, M. DURET devra souffrir l'hypothèque, sans recours contre ma succession, mais sauf l'exercice de ses droits et recours contre M. RAGNON, débiteur principal.

FORMULE 74. — Legs préféré (N°s 332 à 334).

Je lègue à Jean BOULARD, mon domestique, en raison de ses bons services dans ma maison depuis plus de vingt ans : 1° Une somme de dix mille francs, payable dans les trois mois de mon décès; 2° et une rente viagère de cinq cents francs, qui courra à son profit pendant sa vie, à partir du jour de mon décès, sans qu'il soit besoin pour cela de demande en délivrance; laquelle rente lui sera assurée au moyen de l'immatricule en son nom, pour l'usufruit, de cinq cents francs de rente trois pour cent, la nue-propriété à mes héritiers.

Si, pour une cause quelconque, les legs que j'aurai faits viennent à être soumis à une

---

(1) Demolombe, XXI, 658; Aubry et Rau, § 723-20.
(2) Chabot, 874-3; Duranton, IX, 237; Coin-Delisle, 1020-3; Demolombe, XXI, 727; Bordeaux, 31 janv. 1850; S. 51, II, 17; CONTRA Marcadé, *art.* 1020.
(3) Chabot, 874-3; Duranton, IX, 237; Coin-Delisle.

1020-3; Marcadé, *art.* 1020; Troplong, 1986; Demolombe, XXI, 659; Bordeaux, 31 janv. 1850; S. 51, II, 17.
(4) Demolombe, XXI, 660; Pau, 24 juin 1862; Cass., 25 nov. 1861, 18 juin 1862; S. 62, I, 49, 913; 63, II, 134.

rence a lieu, et le legs qui en est l'objet n'est réduit qu'autant que la valeur des autres est insuffisante, soit pour acquitter le passif, soit pour remplir la réserve légale des héritiers (*C. civ.*, *927*). Cette préférence doit résulter d'une volonté exprimée par le testateur dans son testament; voir, sur ce point, mon *Traité des liquidations*, t. I, nᵒˢ 1456 à 1459.

555. — Acquit du legs.—Action.
— Les héritiers du testateur, ou autres débiteurs d'un legs, sont personnellement tenus de l'acquitter, chacun au prorata de la part et portion dont ils profitent. Ils en sont tenus hypothécairement pour le tout, jusqu'à concurrence de la valeur des immeubles de la succession dont ils sont détenteurs (*C. civ.*, *1017*). L'action est donc à la fois personnelle, réelle et hypothécaire : *personnelle*, en ce que les héritiers ou autres débiteurs du legs, en acceptant la succession ou la disposition testamentaire qui en est grevée, sont tenus personnellement de l'acquitter, chacun au prorata de sa part et portion dans la succession, mais déduction faite des dettes et non *ultra vires* (1); toutefois, il a été jugé que le legs particulier d'une rente viagère imposé à plusieurs légataires conjointement et à la charge de fournir des sûretés pour le paiement, constitue une

obligation solidaire et indivisible (2); — *réelle*, quand le legs consiste en un corps certain, le légataire en étant propriétaire dès l'instant du décès; — *hypothécaire*, en ce que le légataire a une hypothèque existant de plein droit, en vertu de l'article 1017, sur chacun des immeubles de la succession (3), et non pas sur les immeubles personnels des héritiers (4); par suite, chacun des héritiers ou autres successeurs est tenu pour le tout à ;l'acquit du legs, sur les immeubles entrés dans son lot, cette hypothèque est indépendante du privilége de la séparation des patrimoines (5), mais elle ne prend rang que du jour de l'inscription.

556. —Non hypothèque. —Le testateur peut affranchir son héritier de l'hypothèque et n'attribuer à son légataire, fut-il même son héritier naturel, qu'une action purement personnelle ou seulement une hypothèque spéciale sur un seul immeuble (6).

557. — Caution-Garantie. — S'il n'y a point d'immeubles dans la succession, les légataires particuliers n'ont pas le droit d'exiger une caution des héritiers ou du légataire universel (7), ni une hypothèque sur les immeubles personnels de ce dernier (8).

558. —Nue propriété. —Si la succes-

---

réduction, j'entends que le legs qui précède soit délivré dans son intégralité, par préférence à tous autres.

FORMULE 75. — Charge de l'acquit des legs particuliers (Nᵒˢ 335 à 338).

Les legs particuliers qui précèdent seront acquittés par mes légataires universels, à proportion de leurs parts et portions dans ma succession.

Toutefois, il y aura solidarité entre eux pour le service de la rente viagère de mille francs léguée à Mˡˡᵉ Zoé LEBEL.

Les légataires de sommes d'argent n'auront que la garantie personnelle de mes légataires universels, sans pouvoir prendre aucune inscription sur les immeubles de ma succession.

Néanmoins, la rente viagère de mille francs léguée à Mˡˡᵉ Zoé LEBEL sera garantie par hypothèque sur ma ferme de..., située à..., hypothèque qui sera inscrite dans les trois mois

---

(1) Marcadé, 1017-2 ; Bugnet sur Pothier, VIII, p. 210; Tambour, *bénéf. d'inv.* p. 240; CONTRA Duranton, VI, 462 ; Taulier, IV, p. 149 ; Troplong, 1843; Demolombe, XIV, 522.

(2) Paris, 7 août 1841 ; J. N., 11121.

(3) Voir Toulouse, 23 déc. 1870; R. G. Defrén., II, 1407.

(4) Cass., 10 août 1826 ; Bordeaux, 19 déc. 1826 ; T. Grenoble, 23 août 1876 ; Journ. N., 2972.

(5) Troplong, *Priv.* 432 *bis ;* et *don.*, 1928, 1929 ; Duranton, XIX, 288; Mourlon, *Exam. crit. priv.*, 306;

Demolombe, XVII, 217, XXI, 673 ; CONTRA Grenier, II, 311 ; Toullier, V, 567; Duranton, IX, 386 ; Aubry et Rau, § 723-24, 25.

(6) Demolombe, XXI, 674 ; Bordeaux, 27 fév. 1840 ; Angers, 22 nov. 1850 ; Bruxelles, 16 juill. 1851 ; S. 51, II, 318.

(7) Duranton, IX, 307 ; Aubry et Rau, § 717-8 ; Nîmes, 22 avril 1812; R. G. Defrénois, I, 388 ; CONTRA Troplong, 287; Demolombe, XXII, 316.

(8) Cass., 20 janv. 1868; R. G., *ibid*.

sion dévolue à un légataire universel ne se compose que de la nue propriété de biens il est néanmoins tenu d'acquitter immédiatement les sommes léguées à titre particulier, purement et simplement (1).

339. — Droits de mutation. — Les droits de d'enregistrement (c'est-à-dire les droits de mutation après décès), sont dus par le légataire s'il n'en a été autrement ordonné par le testament; chaque légataire peut acquitter séparément les droits à sa charge (*C. civ., 1016*).

340. — Legs indemne. — Si le testateur déclare le légataire indemne des droits de mutation, ces droits sont à la charge de la succession, sans cependant qu'il puisse en résulter de réduction de la réserve légale. Le légataire d'une rente viagère est indemne de ces droits lorsque le testament porte que la rente sera franche de toute espèce de retenue, sous quelque dénomination que ce puisse être (2); il en est autrement du legs d'une rente déclarée simplement exempte de toute dette (3).

341. — Honoraires. — Quant à l'honoraire proportionnel dû au notaire rédacteur ou dépositaire du testament, il est, suivant une jurisprudence qui tend à s'établir, à la charge du légataire (4); à moins que le testateur ne l'ait déclaré indemne de tous frais.

SECTION IV. — DU LEGS PAR PRÉCIPUT ET HORS PART

342. — Non successibles. — Les legs à des non successibles s'imputent sur la quotité disponible et ne sont sujets à réduction qu'autant qu'ils excèdent la quotité disponible (*C. civ., 920*).

343. — Successibles. — Quant aux legs à des successibles, ceux-ci ne peuvent les réclamer, à moins qu'ils ne leur aient été faits expressément par préciput et hors part, ou avec dispense de rapport (*C. civ., 843*), ou qu'ils ne renoncent à la succession (*C. civ., 845*); et même, dans ces deux cas, ils ne peuvent les retenir que jusqu'à concurrence de la quotité disponible (*C. civ., 844*).

344. — Hors-part. — C'est aussi la disposition de l'art. 919, portant «la quotité disponible, peut être donnée entre vifs, ou par

---

de mon décès. Mais mes légataires universels pourront éviter cette inscription, ou si elle est prise en exiger la radiation, en faisant immatriculer mille francs de rente trois pour cent sur l'Etat français, au nom de Mlle LEBEL pour l'usufruit.

FORMULE 76. — Legs indemne de frais et droits (N°s 339 à 341).

Les droits de mutations et tous frais afférents à la rente viagère de mille francs léguée à Mlle Zoé LEBEL, seront acquittés par ma succession, sans recours contre cette demoiselle, de manière que la rente à elle léguée lui soit servie franche et indemne de tous droits et de tous frais quelconques.

§ 8. — LEGS PAR PRÉCIPUT ET HORS PART.

FORMULE 77. — Legs universel à un neveu (N°s 342 à 346).

J'institue pour mon légataire universel, Louis MONNIER, mon neveu, auquel je lègue l'universalité des biens et droits mobiliers et immobiliers qui formeront ma succession; étant expliqué qu'en cette qualité, il est dispensé de tout rapport à ma succession.

---

(1) Comp. Paris, 25 juill. 1868; Orléans, 13 janv. 1869; R. G. Defrénois, I, 393.
(2) Paris, 17 janv. 1853, 16 mars 1874; J. N., 14858; R. G. Defrénois, III, 2808.
(3) Trib. Grenoble, 20 août 1868; R. G. Defrénois, I, 391.

(4) Dict. not., *Test.*, n° 771, et *Legs*, n° 290; Trib. la Réole, 20 mars 1835; Brignole, 13 août 1856; Trib. Grenoble, 19 juin et 14 nov. 1868; Trib. Epernay, 2 juin 1870; R. G. Defrénois, I, 392; II, 1420; CONTRA Décis. ministre intérieur, avril 1859 et juill. 1867; Nîmes, 17 janv. 1856; J. N., 15901, 16634; S. 57, II, 225.

testament, en tout ou en partie, aux enfants ou autres successibles du donateur, sans être sujette à rapport par le donataire ou légataire venant à la succession, pourvu que la disposition ait été faite expressément à titre de préciput ou hors part. »

545. — Dispositions. — La déclaration de préciput et hors part peut s'appliquer soit au legs renfermé dans le testament lui-même, soit à une disposition entre vifs antérieure faite par avancement d'hoirie (*C. civ., 919*).

546. — Mention. — La déclaration de préciput et hors part doit être formellement énoncée. Toutefois, elle n'est pas soumise aux termes sacramentels mentionnés aux articles 843 et 919, et peut-être remplacée par des expressions équipollentes (1) ; il en est ainsi : du legs fait par un père à l'un de ses enfants, de tout ce dont la loi lui permet de disposer (2), ou en le grevant de substitution au profit de ses enfants nés et à naître (3), ou encore sous la condition de payer à ses cohéritiers, en argent, ce qui dans la valeur de l'objet légué excéderait sa part héréditaire (4) ; de même le legs universel ou à titre universel fait à l'un ou plusieurs des héritiers, emporte par lui-même dispense de rapport jusqu'à concurrence de la quotité disponible (5). Mais il est toujours préférable, lorsqu'un legs est fait à un successible, de le dispenser du rapport par une clause formelle.

SECTION V. — DU LEGS CONDITIONNEL

SOMMAIRE ALPHABÉTIQUE

FORMULE 78. — **Quotité disponible à une fille** (Ibid.).

Je lègue, par préciput et hors part, à Lucie Claville, ma fille, toute la portion de mes biens et droits mobiliers et immobiliers, dont la loi me permettra la disposition au jour de mon décès ; en conséquence, je l'institue pour ma légataire universelle.

FORMULE 79. — **Legs à titre universel** (Ibid.).

Je lègue, par préciput et hors part, à Vincent Delille, mon fils, un quart des biens meubles et immeubles qui se trouveront dans ma succession au jour de mon décès.

FORMULE 80. — **Legs particulier** (Ibid.).

Je lègue, par préciput est hors part, à Christophe Belin, mon fils, une maison située

(1) Toullier, IV, 455 ; Duranton, VII, 219 ; Chabot et Belost-Jolimont, 843-17 ; Troplong, 882 ; Marcadé, 843-I ; Demolombe, XVI, 232 ; Cass., 9 fév. 1830, 7 juill. 1835, 20 mars et 20 déc. 1843, 10 juin 1846, 27 mars 1850 ; Caen, 2 déc. 1847, 16 déc. 1850 ; S. 31, I, 339 ; 35, I, 914 ; 43, I, 451 ; 44, I, 13 ; 45, I, 42 ; 46, I, 541 ; 49, II, 194 ; 50, I, 392 ; 51, II, 415.
(2) Grenier, I, 488 ; Troplong, 883 ; Bordeaux, 17 juin 1843 ; Caen, 16 déc. 1850 ; Paris, 31 déc. 1851 ; Cass., 14 mars 1853 ; S. 53, I, 267 ; Montpellier, 15 mars 1869 ;

voir Demolombe, XVI, 243 ; Seine, 22 fév. 1868 ; R. G. Defrénois, I, 319.
(3) Demolombe, XVI, 244 ; Aubry et Rau, § 632-11 ; Cass., 16 juin 1830, 23 fév. 1831 ; S. 31, I, 424.
(4) Cass., 9 fév. 1830.
(5) Grenier, II, 485 ; Belost-Jolimont 843, obs. 1 ; Aubry et Rau, § 632-9 ; Toullier, IV, 461 ; Troplong, 888 ; Demolombe, XVI, 242 ; Caen, 12 déc. 1850 ; Cass., 14 mars 1853 ; Montpellier, 15 mars 1869 ; S. 51, II, 415 ; 53, I, 267 ; R. G. Defrénois, I, 319.

SOMMAIRE DES FORMULES.

FORM. 82. — Bonne conduite.

FORM. 83. — Usufruit durant le célibat.

FORM. 84. — Condition de se marier.

FORM. 85. — Legs à un mineur, avec condition que le père n'aura ni l'administration ni la jouissance légale.

FORM. 86. — Profession.

FORM. 87. — Rente à servir en cas de sortie du couvent.

FORM. 88. — Adjonction de nom.

FORM. 89. — Résidence.

FORM. 90. — Renonciation à succession.

FORM. 91. — Interdiction d'aliéner.

FORM. 92. — Incessibilité et insaisissabilité.

547. — Conditions réputées non écrites. — Les dispositions entre-vifs ou testamentaires peuvent être faites sous telles conditions que le donateur ou testateur juge convenables ; mais les conditions impossibles, celles qui sont contraires aux lois ou aux mœurs sont réputées non écrites (*C. civ., 900*), pourvu cependant qu'elles ne soient pas considérées comme une cause déterminante du legs, auquel cas elles en entraîneraient la nullité (1).

547 bis. — Conditions impossibles. — Les conditions impossibles sont celles qu'il n'est pas possible à l'homme d'exécuter, comme aller de Paris à Alger en une heure, ne pas toucher le ciel du doigt (2).

548. — Exhumation. — On considère comme une condition impossible, et par suite réputée non écrite, la condition imposée par l'aïeule à son petit-fils, d'exhumer sa fille et ses petites-filles, lorsque le mari survivant et père de celle-ci refuse d'autoriser cette exhumation (3).

549. — Bonne conduite. — N'a rien de contraire aux bonnes mœurs, la condition imposée à une fille légataire, de ne pas

à...., rue....., n°.. .., édifiée sur un terrain en cour et jardin, de la contenance de soixante ans. Il en aura la propriété et la jouissance à compter du jour de mon décès.

FORMULE 81. — Objet précédemment donné (N° 345).

Je dispense expressément Fanny LEROY, femme HÉBRARD, ma fille, de tout rapport à ma succession, pour raison de la dot de dix mille francs que je lui ai constituée aux termes de son contrat de mariage reçu par M°....., notaire à....., le..... Voulant qu'elle soit considérée comme si je lui en avais fait donation par préciput et hors part.

§ 9. — LEGS CONDITIONNELS.

FORMULE 82. — Bonne conduite (N°s 347 à 349).

Je lègue à Léonie BUQUET, fille du concierge de mon hôtel, mille francs de rente trois pour cent sur l'Etat français. Je charge mon légataire universel de lui en faire la remise et l'immatricule en son nom, à l'époque où elle atteindra l'âge de vingt un ans accomplis ; jusque-là les arrérages lui en seront servis et courront du jour de mon décès.

Ce legs est expressément fait à la condition que Léonie BUQUET ne s'écartera pas d'une vie décente et honnête ; faute de quoi le présent legs serait nul.

---

(1) Cass., 20 nov. 1878 ; Journ. N., 3153.

(2) Troplong, 225 ; Demolombe, XVIII, 222.

(3) Rouen, 16 nov. 1875 ; R. G. Defrénois, III, 2721.

s'écarter d'une conduite honnête et décente ; en conséquence elle est déchue de son legs, si elle est convaincue d'inconduite (1).

350. — Mariage. — Conditions illicites. — Les conditions relatives à la liberté de se marier peuvent être illicites dans certains cas et licites dans certains autres. Seraient illicites les conditions : 1° De ne pas se marier (2) à moins que le légataire n'ayant atteint un âge fort avancé, la condition ait pour but de le soustraire à des spéculations honteuses ou à des avidités que la morale réprouve (3), ou que le legs ne soit viager pour durer tant que le légataire vivra en célibat (4) ; — 2° De ne pas consentir au mariage de l'un de ses enfants (5) ; — 3° De ne pas se marier sans le consentement d'un tiers non appelé par la loi à y consentir (6).

351. — Ibid. — Conditions licites. — On considère au contraire comme licites les conditions : — 1° De ne point se marier avec une personne dénommée ou même une personne d'une ville ou d'un lieu désignés (7), à moins de nécessité morale, par exemple, en cas de grossesse (8) ; — 2° De ne pas se remarier ou de garder viduité (9), — à plus forte raison de ne pas se remarier avec une personne désignée, alors surtout que cette condition est imposée par un conjoint (10) ; — 3° De se marier avec une personne désignée (11), lorsque cette personne n'en est pas indigne (12) et que le mariage avec elle n'est pas prohibé, quand même des dispenses devraient être obtenues (13) ; la condition serait réputée accomplie si le mariage était impossible par le décès de cette personne ou par son refus d'épouser le gratifié (14) ; — 4° De n'épouser qu'une personne noble ou d'une condition égale à celle du gratifié (15), ou d'une religion autre que celle du gratifié (16).

FORMULE 83. — Usufruit durant le célibat (Nos 350 et 351).

Je lègue à Flore JARDIN, l'usufruit d'une rente de mille francs trois pour cent sur l'Etat, inscrite en mon nom, n° 7812, serie 7e ; elle en jouira à partir de mon décès et pendant tout le temps qu'elle vivra en célibat. En conséquence si elle vient à se marier, cet usufruit s'éteindra par le fait seul de son mariage.

FORMULE 84. — Condition de se marier (Nos 350 et 351).

Je lègue à Luc MARTIN, une somme de vingt mille francs, à la condition qu'il épousera Jeanne DUBOIS ma filleule, dans l'année de mon décès, faute de quoi le présent legs sera caduc. Si le mariage devenait impossible par le décès de Jeanne DUBOIS avant l'expiration

---

(1) Pau, 1er fév. 1823.
(2) Toullier, V, 226 ; Duranton, VIII, 128 ; Troplong, 238 ; Coin-Delisle, 900-30 ; Demolombe, XVIII, 248 ; Pau, 29 avril 1874 ; R. G. Defrénois, III, 2722.
(3) Taulier, IV, p. 323 ; Aubry et Rau, § 672-11 ; Demolombe, XVIII, 240 ; Paris, 1er avril 1862 ; S. 62, II, 145 ; Caen, 16 mars et 31 juill. 1875 ; R. G. Defrénois, III, 2722.
(4) Troplong, 237 ; Demolombe, XVIII, 241 ; Larombière, 1172-34.
(5) Toullier, V, 256 ; Demolombe, XVIII, 287 ; Aubry et Rau, § 672-10.
(6) Toullier, V, 258 ; Duranton, VIII, 121 ; Coin-Delisle 900-34 Troplong, 240 ; Demolombe, XVIII, 244 ; Larombière, 1172-33 ; Aubry et Rau, § 672-12 ; Paris, 7 juin 1840 ; S. 49, II, 406. Voir Bordeaux, 15 fév. 1849 ; S. 49, II, 667.
(7) Toullier, V, 258 ; Duranton, VIII, 121 ; Coin-Delisle, 900-34 ; Troplong, 240 ; Demolombe, XVIII, 248 ; Larombière, 1172-32 ; Aubry et Rau, § 672-14 ; Poitiers, 14 juin 1838 ; S. 38, II, 373.
(8) Troplong, 239 ; Demolombe, XVIII, 240 ; Larombière, 1172-32 ; Bruxelles, 6 mai 1809.
(9) Toullier, V, 250 ; Coin-Delisle, 900-39 ; Troplong,

248 ; Demolombe, XVIII, 249 ; Larombière, 1172-29 ; Toulouse, 23 avril 1826 ; Lyon, 22 déc. 1829 ; Rouen, 16 juill. 1834 ; Poitiers, 14 juill. 1835 ; Montpellier, 14 janv. 1839, 14 juill. 1858 ; Pau, 21 déc. 1844 ; Donai, 11 janv. 1848 ; Cass., 18 juill. 1822, 24 janv. 1828, 18 mars 1867 ; Dijon, 19 fév. 1869 ; R. G. Defrénois, I, 323 ; S. 34, II, 413 ; 45, II, 454 ; 48, II, 437 ; 59, II, 305 ; 67, I, 204 ; CONTRA Taulier, IV, p. 323 ; voir Duranton, VIII, 628 ; Limoges, 31 juill. 1839.
(10) Poitiers, 14 juin 1838 ; S. 38, II, 373.
(11) Coin-Delisle, 900-35 ; Troplong, 243 ; Demolombe, XVIII, 252 ; Aubry et Rau, § 472-15 ; CONTRA Taulier, IV, p. 335 ; Bastia, 2 juin 1828.
(12) Toullier, V, 251 ; Duranton, VIII, 125 ; Coin-Delisle, 900-35 ; Troplong, 245 ; voir Demolombe, XVIII, 255 ; Larombière, 1172-31.
(13) Coin-Delisle, 900-38 ; Troplong, 247 ; Demolombe, XVIII, 254 ; Larombière, 1172-12.
(14) Troplong, 230 ; Larombière, 1175-23 ; 1178-16 ; Lyon, 27 mars 1868 ; R. G. Defrénois, I, 324.
(15) Coin-Delisle, 900-36 ; Troplong, 238 ; Demolombe, XVIII, 257 ; CONTRA Toullier, V, 254 ; Duranton, VIII, 126 ; Marcadé, 900-3 ; Cass., 13 mai 1813.
(16) Duranton, VIII, 125 ; Demolombe, XVIII, 258.

352. — Droits et devoirs. — Emancipation. — Au point de vue de la liberté des personnes, on répute illicites les conditions restrictives des droits civiques et politiques (1) ou des droits et devoirs de familles, tels que : la puissance maritale, la puissance paternelle, la tutuelle, etc. ; toutefois la condition d'émanciper pourrait être considérée comme licite s'il était de l'intérêt évident de l'enfant que l'émancipation lui fût accordée pour qu'il se mît à la tête d'un établissement légué par le défunt (2).

353. — Administration légale. — Un testateur peut, en léguant ses biens à un mineur, imposer la condition que le père administrateur légal ou tuteur, n'en aura ni l'administration ni la jouissance légale ou qu'il en aura l'administration, mais non la jouissance légale ; et, pour donner une sanction à la privation de l'administration, le testateur peut désigner une personne pour en avoir l'administration jusqu'à la majorité du légataire, ou si la privation est de la jouissance légale ordonner qu'il sera fait emploi des revenus ; alors d'ailleurs que ces mesures laissent intactes les droits du père sur la personne de son enfant, afin de ne pas porter atteinte aux attributs essentiels de la puissance paternelle (3). Si la clause portait à la fois sur la gestion de la fortune et l'administration de la personne du mineur, elle ne serait pas indivisible et ne devrait être annulée qu'en ce qui concerne l'administration de la personne (4).

354. — Ibid. — Réserve légale. — Si la condition porte à la fois sur la quotité disponible et sur la réserve légale du mineur dans la succession du testateur, elle n'est valable que jusqu'à concurrence de la quotité disponible, et se trouve dénuée d'effet à l'égard des biens formant la réserve légale (5).

---

de l'année ou par son refus de se marier, la somme léguée serait néanmoins acquise à Luc MARTIN.

FORMULE 85. — Legs à un mineur, avec condition que le père n'aura ni l'administration ni la jouissance légale (Nos 352 à 354).

Je laisse pour seule présomptive héritière, Anna NOITEL, ma petite-fille, issue du mariage de Jenny TARJET avec Auguste NOITEL son mari survivant.

Si je viens à mourir avant la majorité de ma petite-fille, j'impose la condition qu'il sera fait, des biens formant ma succession, deux parts de chacune moitié : L'une affectée à la réserve légale de ma petite-fille, dont l'administration appartiendra à son père, ainsi que la jouissance légale s'il y a droit.

Quant à l'autre moitié formant la quotité disponible dans ma succession, je la lègue par préciput et hors part à Anna NOITEL, ma petite-fille, avec condition que son père n'en aura ni l'administration ni la jouissance légale. Les biens formant cette moitié seront, jusqu'à la majorité ou le mariage de ma petite-fille, administrés par Jean TARJET, mon neveu, auquel j'en confère l'administration d'une manière expresse, en le chargeant de capitaliser les revenus.

Jean TARJET aura le droit de demander que, par un partage ou de tout autre manière, il soit affecté des biens, jusqu'à concurrence de moitié de ma succession, pour être soumis à son administration.

En cas de décès de Jean TARJET, avant que son administration ait pris fin, il sera pourvu à son remplacement par le tribunal civil de...., sur une simple requête de ses héritiers, et un compte de gestion sera rendu à son successeur.

---

(1) Toullier, V, 266 ; Duranton, VIII, 139 ; Demolombe, XVIII, 237 ; Larombière, 1172-26.

(2) Demolombe, XVIII, 238 ; voir Duranton, VIII, 142.

(3) Proudhon, *usuf.*, 240 ; Duvergier sur Toullier, II, 1068 ; Chardon, *puiss. patern.*, 135 ; Duranton, III, 375 ; Demolombe, VI, 458 ; Bertin, *Droit*, 4 juin 1868 ; Paris, 24 mars 1812, 5 déc. 1854, 11 déc. 1869, Nîmes, 20 déc. 1837 ; Caen, 20 nov. 1840 ; Orléans, 31 janv. 1854, 5 fév. 1870 ; Dijon, 23 août 1855 ; Besançon, 4 juill. 1864 ; Paris, 21 déc. 1869 ; Seine, 16 mars 1869, 13 mars 1874 ; Cass.,

11 nov. 1828, 26 mai 1856, 9 janv. et 3 juin 1872 ; S. 38, II, 270 ; 41, II, 78 ; 54, II, 447, 714 ; 55, II, 673 ; 56, I, 682 ; 65, II, 69 ; R. G. Defrénois, I, 158 ; II, 1206 ; III, 2458. CONTRA Toullier, II, 1068 ; Marcadé, II, 132 ; Taulier, I, p. 499 ; Caen, 11 août 1825 ; Rouen, 29 mai 1845 ; S. 46, II, 379.

(4) Cass., 9 janv. 1872 ; T. Lyon, 12 juin 1872 ; R. G. Defrénois, II, 1209.

(5) Toullier, II, 1067 ; Duranton, III, 376 ; Demolombe, VI, 513 ; Marcadé, 387-2 ; Cass., 12 nov. 1828 ; CONTRA Duvergier sur Toullier, II, 1067 ; Troplong, 828.

355. — Etat-Profession. — La condition qui porterait atteinte à la liberté de choisir un état ou d'exercer une profession serait illicite ; comme celle : De se faire prêtre si l'inclination du gratifié est contraire (1) ; de ne prendre aucun état (2). Mais serait licite la condition de ne pas se faire prêtre (3), de ne pas prendre un certain état (4).

356. — Religion. — Les conditions touchant la liberté de conscience seraient illicites, comme par exemple, la condition de changer ou de ne pas changer de religion (5), d'élever les enfants dans telle ou telle religion (6).

357. — Couvent. — Est licite le legs conditionnel d'une pension alimentaire faite à un religieux (ou une religieuse), pour le cas où il cesserait d'appartenir à sa communauté, ou qu'il lui surviendrait des infirmités (7).

358. — Nom. — La condition de changer de nom ou d'ajouter un nom au sien est licite ; elle est réputée accomplie si le gouvernement refuse l'autorisation (8).

359. —Résidence. — La condition imposée à un légataire de fixer sa résidence dans un lieu indiqué par le testateur, peut, si elle est impérative, être considérée comme une restriction de la liberté de choisir le lieu de son domicile, et comme telle non écrite ; à plus forte raison si, étant faite à une femme, elle avait pour but de faire obstacle à la disposition de la loi qui oblige la femme à résider avec son mari (9), ou quand la maison indiquée est inhabitable (10). — Toutefois, les tribunaux pourraient la valider par interprétation de la volonté du testateur, en considé-

---

FORMULE 86. — Profession (N° 355).

Je lègue à Narcisse BLAY, une somme de trois mille francs payable le jour où il atteindra l'âge de vingt cinq ans accomplis, à la condition qu'à cette époque il aura obtenu le diplôme de licencié en droit et embrassé la profession d'avocat ; sinon le présent legs sera caduc.

FORMULE 87.— Rente à servir en cas de sortie du couvent (N°s 356 et 357).

Dans le cas où Julie MILLOT, ma nièce, actuellement sœur Brigilde au couvent des Carmélites de…, viendrait par quelque cause que ce fut, à rentrer dans la vie séculière, je lui lègue, pour ce cas, une rente viagère de quinze cents francs par an, qui courra, sans qu'il soit besoin, de demande en délivrance, à partir de mon décès]si, à cette époque, elle était sortie du couvent ; et à partir du jour de sa sortie du couvent si elle avait lieu après mon décès. Cette rente, si elle vient à être due, courra pendant le temps seulement que ma nièce vivra dans la vie séculière ; de sorte, que si elle venait à rentrer dans un couvent, le service en serait suspendu à compter du jour de sa rentrée, pour revivre en suite si elle sortait de nouveau.

FORMULE 88. — Adjonction de nom (N° 358).

Je lègue à Claude VARNIER, ma propriété de….., à la condition que dans l'année de mon décès, il fera ajouter mon nom au sien. A défaut d'exécuter cette condition le présent legs sera nul ; à moins cependant que ce ne soit par suite du refus du gouvernement, auquel cas la disposition conservera son effet comme legs pur et simple.

---

(1) Voir Coin-Delisle, 900-41 ; Troplong, 242 ; Demolombe, XVIII, 259, Grenoble, 22 déc. 1825, 11 août 1847 ; S. 48, II, 714. Voir T. Rodez, 28 déc. 1875 ; R. G. Defrénois, III, 2723.
(2) Duranton, VIII, 135 ; Taulier, IV, p. 324 ; Coin-Delisle, 900-26 ; Larombière, 1172-24.
(3) Toullier, V, 265 ; Duranton, VIII, 136 ; Coin-Delisle, 900-42 ; Demolombe, XVIII, 260 ; CONTRA Marcadé, 900-15.
(4) Troplong, 251 ; Demolombe, XVIII, 267 ; Aubry et Rau, § 672-17.
(5) Toullier, V, 264 ; Taulier. IV, p. 324 ; Coin-Delisle,

900-40 ; Aubry et Rau, § 602-0 ; Larombière, 1172-21 ; Colmar, 9 mars 1827 ; voir cependant Troplong, 225 ; Demolombe, XVIII, 261.
(6) Demolombe, XVIII. 262.
(7) Chambéry, 8 juill. 1864 ; S. 64, II, 298 ; voir aussi Seine, 9 déc. 1874 ; R. G. Defrénois, III, 2724.
(8) Troplong, 256 ; Demolombe, XVIII, 274 ; Larombière, 1172-12 ; voir Cass., 16 nov. 1824, 4 juill. 1836, 21 août 1848 ; S. 36, I, 642 ; 49, 1, 63.
(9) Toullier, V, 262 ; Duranton, VIII, 131 ; Coin-Delisle, 960-21.
(10) Bordeaux, 25 août 1876 ; S. 77, II, 247.

ration des causes qui l'ont conduit à imposer cette condition (1). On a validé une clause par laquelle le testateur a élevé, dans une mesure considérable, les charges imposées à son légataire universel pour le cas où il ne consentirait pas à fixer son domicile dans un lieu déterminé (2).

560. — Succession. — Est illicite la condition d'accepter purement et simplement une succession à échoir ou d'y renoncer (3) ; mais non celle de renoncer à une succession échue (4).

561. — Exhérédation. — Est également illicite et, par conséquent, réputée non écrite, la condition imposée par testament aux héritiers ou légataires, de s'engager par écrit à ne remettre de leur vivant ou après leur mort, aucune parcelle des biens provenant du testateur, à ses héritiers qu'il a exhérédés ; une telle clause ne saurait constituer une substitution prohibée (5).

562. — Partage. — Dispositions. — La condition imposée par un époux à son conjoint, en lui faisant un legs, que la totalité ou une partie des biens que ce dernier laissera à son décès seront partagés également entre ses héritiers et ceux du testateur est contraire à la loi (art. 1021, 1130, 1389) et, comme telle, réputée non écrite ; dès lors elle n'entraîne pas la nullité du legs (6). Toutefois on a déclaré valable la condition imposée à un légataire de ne pas disposer en faveur de son conjoint, soit de la propriété, soit de l'usufruit des choses léguées (7).

563. — Inaliénabilité. — La condition absolue de ne pas aliéner est contraire à

FORMULE 89. — Résidence (N° 359).

Je lègue à Elias NANTUS, ma maison de campagne de....., où j'ai eu le plaisir de le recevoir à diverses reprises avec sa femme et ses enfants. Sachant combien ce séjour lui est agréable pendant la bonne saison, je lui fais ce legs à la condition de conserver à cette maison sa destination d'habitation de campagne, pour y séjourner soit seul soit avec sa famille à telles époques et pendant le temps qu'ils jugeront convenable ; sans que pendant la vie de M. NANTUS, elle puisse être occupée par une famille étrangère autrement que comme invitée. En conséquence, je lui interdis formellement d'en céder la jouissance pendant sa vie, par bail ou autrement.

Je n'entends pas cependant interdire à M. NANTUS de vendre la maison léguée ou de l'aliéner de toute autre manière. Mais il se conformera mieux à mon désir s'il ne l'aliène pas de son vivant.

FORMULE 90. — Renonciation à succession (N°s 360 à 362).

J'institue Elie MARET, mon neveu, pour mon légataire universel, et lui lègue en conséquence, l'universalité des biens et droits mobiliers et immobiliers qui formeront ma succession ; mais à la condition expresse que dans les trois mois de mon décès, il renoncera à la succession de Vincent MARET son père, décédé à....., le....., faute de quoi le présent legs sera caduc.

FORMULE 91. — Interdiction d'aliéner (N°s 363 à 365).

Je lègue à Charles BLOT ma maison située à....., à la charge de servir à Denise FLEURY, pendant sa vie, une rente annuelle et viagère de mille francs payable de trois en trois mois, à compter de mon décès ; laquelle sera garantie par une hypothèque spéciale sur cette maison, qui sera inscrite dans les trois mois de mon décès.

---

(1) Toullier, V, 262 ; Duranton, VIII, 132 ; Coin-Delisle, 900-22 ; Troplong, 253 ; Demolombe, XVIII, 271 ; voir Cass., 21 janv. 1835 ; S. 35, I, 455 ; Cass., 29 juin 1874 ; R. G. Defrénois, III, 2833.

(2) Cass., 23 janv. 1877 ; S. 77, I, 350.

(3) Duranton, VIII, 146 ; Demolombe, XVIII, 277 ; Cass., 16 janv. 1838 ; S. 38, I, 225 ; voir cependant Troplong, 269 ; Coin-Delisle, 900-20 ; Aubry et Rau,

§ 672-19 ; Grenoble, 7 janv. 1873 ; R. G. Defrénois, III, 2723.

(4) Cass., 16 août 1843 ; S. 43, I, 874.

(5) Paris, 27 nov. 1877 ; J. N., 21830.

(6) Cass., 11 déc. 1867, 10 mars 1869 ; R. G. Defrénois, I, 325 ; voir Paris, 12 nov. 1858 ; S. 59, II, 307.

(7) Demolombe, XVIII, 303 *ter* ; Bruxelles, 20 oct. 1817 ; Cass., 19 juin 1867 ; S. 67, I, 209.

la transmissibilité des biens qni est d'ordre public, en conséquence est illicite, qu'elle soit indéfinie ou limitée à une époque déterminée (1). Mais si elle a été imposée temporairement dans le but de garantir l'existence d'un droit conféré à un tiers, elle est valable ; il en est ainsi de la défense imposée au légataire de la nue propriété de ses biens, de les aliéner pendant l'existence de l'usufruitier (2) ; ou au légataire en usufruit, quand la nue propriété a été léguée aux enfants de l'usufruitier auxquels il importe que la jouissance des biens ne passe pas en d'autres mains (3) ; ou encore au légataire chargé de l'acquit d'une rente viagère pendant la vie du crédit rentier (4).

564. — Modes d'aliénation. — L'interdiction d'aliéner temporairement les biens légués embrasse, dans sa généralité, tous les modes d'aliénation, même par testament ou par institution contractuelle ; quoique ces modes de disposition ne confèrent actuellement aucun droit de propriété, ils ont néanmoins pour conséquence directe de changer ou de modifier à la mort de l'instituant la dévolution naturelle de son hérédité (5).

565. — Construction. — Est illicite comme contraire à la loi et, par conséquent,

réputée non écrite, la condition imposée au légataire d'une maison, de ne pas la détruire pour la rebâtir autrement, et de la laisser intacte sans y faire aucun changement (6).

566. — Inhumation. — Est illicite la clause par laquelle un testateur en instituant un hospice pour son légataire universel, déclare qu'il exige être inhumé dans la chapelle de cet hospice, une pareille charge ne pouvant recevoir son exécution comme étant contraire au décret du 23 prairial an XII (7).

567. — Insaisissabilité. — Est licite la condition que les sommes ou objets et même les immeubles (8) compris dans un legs, sont déclarés insaisissables ; en pareil cas les choses léguées ne peuvent être saisies par les créanciers antérieurs au décès du testateur, et les créanciers postérieurs ne peuvent les saisir qu'en vertu de la permission du juge et pour la portion qu'il détermine (C. Proc. 581, 582). Cette condition n'est pas nécessairement astreinte à une déclaration expresse ; elle peut s'induire de la combinaison des clauses d'un ou de plusieurs testaments (9).

568. — Incessibilité. — La déclaration d'insaisissabilité n'a pas pour effet de rendre inaliénable les choses léguées (10) ; néanmoins si une rente viagère a été léguée à

Comme condition expresse de ce legs, la maison léguée ne pourra être aliénée ni hypothéquée à quelque titre que ce soit, pendant la vie de Denise FLEURY, à peine de nullité des aliénations et hypothèques.

FORMULE 92. — Incessibilité et insaisissabilité. — **Emploi** (Nos 367 à 369).

Je lègue à titre alimentaire, avec condition expresse d'incessibilité et d'insaisissabilité, à Clarisse DENAIN, ma domestique :

---

(1) Toullier et Duvergier, V, 488 ; Troplong, 135 ; Aubry et Rau, § 672-35, 36 ; Demolombe, XVIII, 290 à 300 ; Montpellier, 6 mai 1840 ; Paris, 11 mars 1836 ; Douai, 20 déc. 1847 ; T. Versailles, 17 fév. 1876 ; Lyon, 22 mars 1866 ; Liége, 5 mars 1873 ; Cass., 6 janv. 1853, 7 juill. 1868, 19 mars 1877 ; R. G. Defrénois, I, 327, III, 2727 ; S. 36, II, 360 ; 48, II, 162 ; 66, II, 260 ; 77, I, 203 ; J. N., 21709 ; R. N., 5350 ; voir cependant T. Lyon, 28 juill. 1853 ; S. 55, II, 424.

(2) Toullier, V, 488 ; Demolombe, XVIII, 302 ; Cass., 27 juill. 1863 ; S. 63, I, 465 ; Dijon, 5 avril 1872 ; Seine, 28 fév. 1873 ; R. G. Defrénois, III, 2727.

(3) Cass., 9 mars 1868 ; R. G. Defrénois, I, 327.

(4) Douai, 27 avril 1864 ; Cass., 12 juill. 1865 ; S. 64, II, 254 ; 65, I, 342 ; Rennes, 4 avril 1873 ; R. G. Defrénois, III, 2727.

(5) Demolombe, XVIII, 298, 299 ; Bourges, 14 déc.

1852 ; Paris, 15 avril 1858 ; Cass., 11 juill. 1877 ; J. N., 16308, 21817 ; S. 53, II, 468 ; 58 ; II, 362 ; 77, I, 443 ; voir Cass., 11 avril 1864 ; S. 64, I, 436.

(6) Rennes, 22 nov. 1864 ; S. 65, II, 97.

(7) T. Castel-Sarrazin, 7 mai 1860 ; R. G. Defrénois, I. 329.

(8) Pigeau, Proc , art. 581, p. 272 ; Troplong, 272 ; Aubry et Rau, § 672-39 ; Pont, Priv., 617 ; Cass., 10 mars 1852, 20 déc. 1864 ; Toulouse, 4 mars 1867 ; S. 52, I, 344 ; 65, I, 9 ; 67, II, 351 ; J. N., 14670, 18106. CONTRA Demolombe, XVIII, 311 ; Riom, 23 janv. 1847 ; Montpellier, 16 janv. 1862.

(9) Cass., 16 avril 1877 ; S. 77, I, 293.

(10) Troplong, vente, 227 ; Demolombe, XVIII, 309 ; Cass., 31 mai 1826, 22 fév. 1831, 1er avril 1844, 13 juill. 1875 ; Caen, 17 fév. 1851 ; S. 31, I, 107 ; 44, I, 468 ; 52, I, 346 ; R. G. Defrénois, III, 2729.

titre alimentaire avec déclaration d'incessibilité, cette clause fait obstacle à l'aliénation
de la rente (1).

369. — Emploi. — On considère également comme licite la condition imposée
à un légataire de faire emploi de la somme
à lui léguée soit en rentes sur l'Etat, comme
pension incessible et insaisissable (2), soit
même en acquisition d'immeubles (3). — La
condition d'emploi en achat d'immeubles ne
fait pas obstacle à ce que l'emploi ait lieu en
rentes sur l'Etat, conformément aux lois des
2 juillet 1862 art. 46, et 16 septembre 1871
art. 29 (4).

SECTION VI. — DU LEGS AVEC ACCROISSEMENT

SOMMAIRE ALPHABÉTIQUE

SOMMAIRE DES FORMULES

570. — Principe. — Quand un legs,
qu'il soit de chose corporelle ou incorporelle.
de corps certain ou de quantité (5), ou même
de chose divisible (6), est fait à plusieurs conjointement, et que l'un ou plusieurs d'entre
eux ne le recueillent pas, parce qu'ils ont prédécédé le testateur, ou qu'ils sont indignes (7),
ou renonçants, il y a lieu à accroissement

1° Une pension viagère de mille francs qui lui sera servie par mes héritiers, chaque
année de trois en trois mois, du jour de mon décès, avec dispense de certificat de vie tant
qu'elle touchera elle-même ;

2° et une somme de dix mille francs en pleine propriété, qui, de condition expresse,
sera employée dans les trois mois de mon décès à acheter une rente sur l'Etat en son nom,
avec mention d'incessibilité et d'insaisissabilité.

§ 10. — ACCROISSEMENT DE LEGS.

FORMULE 93. — Legs conjoint sans assignation de parts (Nᵒˢ 370 et 371).

Je lègue, par préciput et hors part, à Charles DOUAI et Vincent DOUAI mes neveux,
conjointement, ma ferme de *Bel air*, située commune de....., consistant en corps de ferme,
terres de labour, prés et bois, le tout de la contenance d'environ quatre-vingts hectares. Ils
en auront la pleine propriété et la jouissance du jour de mon décès.

(1) Rouen, 8 avril 1868; R. G. Defrénois, I, 331; Seine, 6 avril 1878; Droit, 12 mai.
(2) Seine, 27 mai 1868; R. G. Defrénois, I, 327.
(3) Cass., 16 mars 1870; T. Beauvais, 14 juin 1876; R. G. Defrénois, II, 1365; III, 3856.
(4) Montpellier, 19 juin 1872; R. G. Defrénois, II, 1365.
(5) Troplong, 2190; Demolombe, XXII, 369; Douvi, 6 août 1846 ; S. 48, II, 252.
(6) Demolombe, XXII, 375.
(7) Proudhon, *usuf.* 688; Bayle-Mouillard, III, 351, note *a*; Demolombe, XIII, 301; XXII, 353; Pau, 17 août 1854; Cass., 22 juin 1847, 13 nov. 1855; S. 47, I, 672; 55, II, 77; 56, I, 185. CONTRA Toullier, V, 698; Troplong, 573; Marcadé, art. 729; Taulier, IV, p. 187.

au profit de ceux qui le recueillent (*C. civ.*, 1044).

371. — Legs conjoint. — Le legs est réputé fait conjointement lorsqu'il l'est par une seule et même disposition et que le testateur n'a pas assigné la part de chacun des colégataires dans la chose léguée (*C. civ.*, 1044). La loi n'exige pas la mention dans le testament que le legs est conjoint, ni qu'il n'y aura lieu à accroissement; cependant il est d'usage de le faire.

372. — Assignation de parts. — Il faut donc, pour qu'il y ait lieu à accroissement, que le legs soit conjoint, c'est-à-dire ne contienne pas d'assignation de parts (1). Ainsi, en présence du legs ci-après fait à deux héritiers naturels placés, l'un dans la ligne paternelle, l'autre dans la ligne maternelle « je laisse ce que je possède à mes deux héritiers: X... mon cousin, et Z.., mon cousin, qui partageront également mon héritage, » le testateur ne fait que reconnaître les héritiers du sang et remplit le vœu de la loi; et l'on ne saurait y voir une institution conjointe de légataires universels avec accroissement au profit du survivant (2).

573. — Parts et portions. — Il y a aussi assignation de parts et non legs conjoints, et, par conséquent, il n'y a pas lieu à l'accroissement quand le testateur détermine par l'institution les parts des légataires; par exemple, chacun pour moitié ou par moitié entre eux (3).

574. — Exécution. — Mais décidé que si l'assignation de parts est non pas dans l'institution, mais dans l'exécution, par exemple : Je lègue ma maison à Paul et Léon, pour par en eux en *jouir et disposer par parts égale* ou *la partager entre eux également;* cette dernière clause a pour objet l'exécution de la disposition, en est l'accessoire, le règlement, et ne fait pas obstacle à l'accroissement(4) ; mais il vaut toujours mieux exprimer l'accroissement afin d'éviter toute incertitude (5)

575. — Stipulation. — D'ailleurs l'accroissement peut être stipulé même en cas de legs pur et simple de parts (6); comme

Ce legs étant conjoint, si l'un de mes légataires ne le recueille pas, pas suite de prédécès, refus ou pour toute autre cause, sa part accroîtera à son colégataire.

FORMULE 94. — Autre avec assignation de parts (Nos 372 à 375).

Je lègue à Charles et à Vincent Douai, conjointement, une rente sur l'Etat français, de mille francs, trois pour cent, faisant l'objet d'un certificat en mon nom, n° 52625 de la série 8e, avec droit aux arrérages à partir de mon décès; et dans la proportion : pour Charles Douai de sept cents francs, et pour Vincent Douai de trois cents francs.

Ce legs étant conjoint, si l'un de mes légataires ne le recueille pas, par suite de prédécès, de refus ou pour toute autre cause, sa part accroîtra à son colégataire.

FORMULE 95. — Legs indivisible (N° 376).

Je lègue à Charles et à Vincent Douai, mon tableau à l'huile représentant: Moïse sortant des eaux.

Ce legs étant d'une chose indivisible, si l'un de mes légataires ne le recueille pas, par suite de prédécès, refus ou autre cause, sa part accroîtra à son colégataire.

(1) Cass., 19 janv. 1830, 3 juin 1861; S. 61, I, 961.
(2) Rouen, 26 janv. 1876; R. G. Defrénois, III, 2811.
(3) Demolombe, XXII, 371, Aubry et Rau, § 726-34; Duranton, IX, 506; Douai, 6 août 1846; Cass., 18 mai 1825, 19 fév. 1861; S. 48, II, 252; 61, I, 421; J. N., 17072.
(4) Marcadé, 1045-3; Coin-Delisle, 1044-6 à 8; Toullier, V, 691; Duranton, IX, 507; Troplong, 2174; Massé et Vergé, § 503-18; Demolombe, XXII, 373; Bordeaux, 28 juin 1831; Aix, 14 déc. 1832, 17 mars 1858; Paris, 22 juin 1833; Douai, 22 janv. 1856; Cass., 19 oct. 1808, 14 mars 1815, 18 déc. 1832, 22 fév. 1841, 9 mars 1857, 12 fév. 1862, 27 janv. 1868; Nîmes, 12 juin 1868; R. G. Defrénois, I, 304; S. 31, II, 304; 33, I, 36; II, 337; 41, I, 536; 57, I, 254, II, 37; 59, II, 223; 62, 1, 385; J. N., 16025, 17053, 17380; voir cependant Cass., 19 janv. 1861; Douai, 6 août 1846; S. 48, II, 252.
(5) Coin-Delisle, 1044-8; Trib. Versailles, 23 mars 1866; J. N., 18579.
(6) Troplong, 2191; Demolombe, XXII, 372, 385; Aubry et Rau, § 726-46; Trib. Nevers, 22 juill. 1846; Cass., 18 mai 1825; S. 47, II, 105.

aussi le testateur peut prohiber l'accroissement quand le legs est conjoint (1).

576. — Indivision. — Le legs est encore réputé fait conjointement quand une chose, qui n'est pas susceptible d'être divisée sans détérioration, a été donnée par le même acte à plusieurs personnes, même séparément (*C. civ., 1045*); c'est-à-dire par des dispositions séparées de son testament, et que la part de chacun des légataires n'a pas été indiquée (2).

577. — Legs. — Les art. 1044 et 1045 s'appliquent uniquement aux legs à titre particulier, et non aux legs universels ou à titre universel, pour lesquels l'accroissement s'opère en vertu des art. 1003 et 1010 (3).

578. — Usufruit. — L'accroissement s'applique au legs d'usufruit; par exemple, si le testateur lègue à Paul et à Léon l'usufruit de *telle* ferme, en déclarant que si l'un d'eux est défaillant l'autre recueillera la totalité (4). Mais l'accroissement ne s'opère plus au profit du légataire survivant si son colégataire a recueilli; dans ce cas l'usufruit, en ce qui concerne ce dernier, s'éteint par son décès (5), à

moins que le testament ne contienne une clause de reversibilité au profit du survivant, *infra* n° 406.

579. — Substitution vulgaire. — La substitution vulgaire, *infra* n° 398, et le droit d'accroissement peuvent se combiner ensemble quand un legs est fait à deux personnes, avec déclaration que si l'une d'elle vient à décéder avant le testateur il lui substitue ses enfants; dans ce cas, si l'un d'eux décède laissant des enfants, ils font obstacle à l'accroissement, mais s'il ne laisse pas d'enfants, l'accroissement a lieu en faveur de l'autre légataire ou de ses enfants (6).

580. — Branches. — Si le legs est ainsi conçu : Je lègue ma ferme aux enfants de mon frère et à ceux de ma sœur, la défaillance dans chacune des branches donne lieu à l'accroissement dans la branche où elle se produit et ne profite à l'autre branche qu'autant que tous les enfants d'une branche sont défaillants (7) (voir formule).

581. — Charges. — Le légataire qui, par l'effet de l'accroissement, profite de la part

---

FORMULE 96. - Legs d'usufruit (N°s 377, 378).

Je lègue à Léonard POTTIER et à Caroline TIRARD, sa femme, l'usufruit pendant leur vie et celle du survivant d'eux, à partir du jour de mon décès, de ma ferme de....., située commune de....., consistant en....., etc.

Si le mari ou la femme ne recueille pas, pas suite de prédécès, refus au autre cause, sa part accroîtra à son conjoint.

FORMULE 97. — Accroissement avec substitution vulgaire (N°s 379 à 381).

Je lègue à Denis MALET et à Jean DUVAL, conjointement, une pièce de terre, en nature de pré située commune de....., lieu dit....., de la centenance de deux hectares quarante ares, section B, n° 68 du plan cadastral.

S'ils me prédécèdent ou l'un d'eux, je leur substitue leurs enfants et autres descendants qui recueilleront leurs parts suivant les règles de la représentation.

Mais si l'un d'eux ne recueille pas sa part, par suite de prédécès sans enfant, de refus ou pour autre cause, sa part accroîtra à son colégataire ou, s'il est aussi prédécédé, à ses descendants.

Comme charge de son legs, Jean DUVAL servira à sa mère, si elle me survit, une rente

---

(1) Agen, 27 nov. 1850. S. 50, II, 664.
(2) Toullier, V, 688; Duranton, IX, 509; Coin-Delisle, 1045-11; Aubry et Rau, § 726-39, 40; Troplong, 2171; Demolombe, XXII, 377; CONTRA Proudhon, *usuf.*, 734.
(3) Mourlon, II, p. 893; Troplong, 1773, 2182; Demolombe, XXII, 383; Cass., 12 fév. 1862; S. 62, I, 385; CONTRA Grenier et Bayle-Mouillard, III, 352; Agen, 27 nov. 1850; S. 50, II, 064.
(4) Demolombe, XXII, 386; Aubry et Rau, § 726-53. Voir cependant Troplong, 2189.

(5) Grenier, III, 353; Toullier, V, 699; Proudhon, *usuf.*, 675; Aubry et Rau, § 726-52; Bugnet sur Pothier, VIII, p. 325; Demolombe, XXII, 389; Dijon, 21 janv. 1845; J. N., 12420; CONTRA Coin-Delisle, 1044-10; Marcadé, 1044-5; Troplong, 2184; Bayle-Mouillard, III, 353; Aix, 11 juill. 1838; Cass., 1er juill. 1841; S. 41, I, 851; J. N., 11206.
(6) Duranton, IX, 511; Demolombe, XXII, 393; Aubry et Rau, § 726-38.
(7) Demolombe, XXII, 394.

de son colégataire, est tenu d'accomplir les charges qui avaient été imposées à son colégataire défaillant et dont il n'est pas tenu lui-même (1); mais il peut s'en décharger en renonçant à l'accroissement pour s'en tenir à sa part.

SECTION VII. — DU LEGS AVEC SUBSTITUTION

SOMMAIRE ALPHABÉTIQUE

SOMMAIRE DES FORMULES

viagère de mille francs; et si, à son défaut, sa part est recueillie par ses descendants, ou accroît à son colégataire ou ses descendants, la rente sera supportée par ceux qui recueilleront le legs à sa place.

§ 11. — SUBSTITUTIONS PROHIBÉES. — LEGS CONDITIONNELS.

FORMULE 98. — **Charge de rendre aux enfants du légataire à leur majorité ou à leur mariage** (Nos 382 à 386).

Je lègue à Luc Mouret, mon neveu, l'universalité des biens et droits mobiliers et immobiliers qui formeront ma succession; en conséquence, je l'institue pour mon légataire universel.

Toutefois, si Luc Mouret a des enfants légitimes existants ou conçus au jour de mon décès, il sera tenu de rendre à ces enfants au fur et à mesure de leur majorité, ou de leur mariage s'il a lieu avant cette époque, les biens qu'il recueillera dans ma succession, et ceux-ci en seront saisis par le fait de leur majorité ou leur mariage, dans la proportion pour chacun du nombre des enfants appelés à recueillir le legs, et, par conséquent, avec droit d'accroissement à l'égard des enfants qui décéderaient avant leur majorité ou leur mariage.

---

(1) Toullier, V, 695; Troplong, 2181; Mourlon, II, p. 395; Demolombe, XXII, 396; Aix, 11 juill. 1838; CONTRA Duranton, IX, 516; Taulier, IV, p. 186; Aubry et Rau, § 726-48.

§ 1. — Substitutions prohibées. — Legs conditionnels.

582. — Définition. — Les substitutions sont prohibées. — Toute disposition par laquelle le donataire, l'héritier institué ou le légataire est chargé de conserver et de rendre à un tiers est nulle, même à l'égard du donataire, de l'héritier institué ou du légataire (*C. civ., 896*), sauf toutefois les exceptions rapportées, *infra* nᵒˢ 407 et suivants (*C. civ., 897*).

583. — Caractère. — Le caractère de la substitution est de produire une hérédité conventionnelle au décès du gratifié (1). Elle résulte de la réunion des charges suivantes imposées au légataire : 1º de conserver ; 2º de conserver jusqu'à son décès (2) ; 3º de rendre à un tiers, fût-il l'héritier légitime du testateur (3). Toutes les fois que la disposition

réunit ces conditions, quels que soient les termes dont on s'est servi, elle est nulle et rend nulle la disposition principale (4). Il importe peu que le testateur ait dit : *au décès du légataire les biens* APPARTIENDRONT *ou* PASSERONT à... (5), ou FERONT RETOUR *à...* (6) ; même quand le testateur ajoute : *s'il meurt avant sa majorité ou son mariage* (7), ou son *établissement* (8) ou *sans enfants légitimes* (9) ; ou que le testateur ait imposé la condition de ne pas transmettre les biens légués à une famille étrangère, de manière qu'ils reviennent à ses frères et sœurs (10), ou ait stipulé la condition qu'en cas de décès sans enfants de l'un des légataires conjoints, sa portion accroîtra au survivant (11), voir cependant *infra* nº 387. Il en est de même si le testateur a institué des exécuteurs testamentaires pour l'administration d'une fondation en prorogeant indéfiniment leur saisine et les investissant du pouvoir de se donner

Par suite, si l'un ou plusieurs de ces enfants deviennent majeurs ou se marient avant cet âge, ils auront seuls droits, chacun à proportion de sa part et portion, à l'intégralité des

---

(1) Cass., 13 déc. 1864 ; S. 65, I, 43.

(2) Toullier, V, 22 ; Proudhon, *usuf.*, nº 443 ; Duranton, VIII, 77 à 84 ; Coin-Delisle, 896²-21 ; Troplong, 102 ; Demolombe, XVIII, 97, 98.

(3) Grenier et Bayle-Mouillard, 1, p. 222 ; Coin-Delisle, 896-12 ; Marcadé, 896-4 ; Troplong, 107, 161 ; Demolombe, XVIII, 91 ; Angers, 7 mai 1822 ; Cass., 13 août 1856 ; S. 56, I, 803 ; CONTRA Toullier, V, 47.

(4) Toullier, V, 13 ; Duranton, VIII, 90 ; Troplong, 104 ; Coin-Delisle, 896-42 ; Demolombe, XVIII, 173 ; Aubry et Rau, § 694-61 ; Cass., 18 janv. 1809, 7 nov. 1810 ; Bordeaux, 13 août 1873 ; Cass., 7 mars 1876 ; R. G. Defrénois, III, 2838.

(5) Demolombe, XVIII, 143 ; Angers, 7 mars 1822 ; Poitiers, 6 mai 1847 ; Cass., 9 juill. 1851 ; Chambéry, 2 janv. 1874 ; R. G. Defrénois, III, 2838 ; S. 47, II, 353 ; 51, I, 605 ; J. N., 14475.

(6) Aubry et Rau, § 694-41 ; Limoges, 18 déc. 1821 ; Amiens, 23 fév. 1837 ; Cass., 18 avril 1842, 27 fév. 1843 ; S. 37, II, 478 ; 42, I, 525 ; 43, I, 440.

(7) Demolombe, XVIII, 153, 156 ; Aubry et Rau, § 694-

39 ; Paris, 30 déc. 1820 ; Limoges, 6 juin 1848 ; Cass., 22 nov. 1842, 11 déc. 1860 ; 4 déc. 1863, 8 fév. 1869, 15 mai 1877 ; Lyon, 3 mars 1871 ; Nîmes, 19 juill. 1871 ; T. La Flèche, 11 juin 1872 ; Douai, 28 déc. 1875 ; J. N., 11521, 21734 ; S. 42, I, 914 ; 49, II, 299 ; 61, I, 185 ; 66, I, 70 ; 69, I, 355 ; 77, I, 264 ; R. G. Defrénois, II, 1445, III, 2838.

(8) Riom, 13 juill. 1857 ; J. N., 16202.

(9) Troplong, 161 ; Demolombe, XVIII, 146 ; Aubry et Rau, § 694-44 ; Amiens, 20 avril 1826 ; Colmar, 9 mars 1827 ; Nîmes, 4 avril 1827 ; Rennes, 1ᵉʳ mai 1860 ; Cass., 23 nov. 1840, 21 juin 1841, 9 fév. 1854, 13 août 1856, 24 avril 1860, 7 mai 1862, 1ᵉʳ août 1864, 31 mai 1865 ; Amiens, 7 déc. 1868 ; Douai, 28 déc. 1876 ; J. N., 17310, 17584, 18113, 18343 ; S. 41, I, 245, 603 ; 54, I, 694 ; 56, I, 893 ; 61, II, 404 ; 62, I, 463 ; 64, I, 408 ; 65, I, 353 ; 69, II, 197 ; R. N. 5399 ; voir cep. Cass., 29 fév. 1864 ; S. 64, I, 167.

(10) Cass., 30 juill. 1827, 7 mai 1862 ; S. 62, I, 462.

(11) Demolombe, XVIII, 113 ; Troplong, 125, 126 ; Coin-Delisle, 1044-2 ; Bordeaux, 18 mars 1823 ; Cass., 26 déc. 1836, 9 juill. 1856 ; S. 37, I, 251 ; J. N., 15830 ; voir cependant Cass., 17 fév. 1836, 26 mars 1851 ; S. 36, I, 82 ; 51, I, 724.

des successeurs au décès les uns des autres (1) ; ou si le disposant, par une faculté d'élire, *infra* n° 392, a chargé le gratifié en premier ordre de choisir dans une catégorie déterminée la personne à laquelle il devra, après son décès, restituer les biens, car dans cette hypothèse, la liberté du légataire ne se meut que dans la catégorie pour laquelle il y a charge de conserver et de rendre (2).

584. — Substitution particlle. — Quand un testament renferme plusieurs dispositions, et que l'une d'elle est nulle en raison de la substitution qui y est attachée, les autres dispositions ne sont pas atteintes par cette nullité et conservent tout leur effet (3). Il en est de même dans le cas ou un legs universel est fait sous la charge de conserver et de rendre un bien particulier, la nullité n'est encourue qu'en ce qui concerne ce bien particulier (4). — Mais pourvu, dans le cas où les dispositions sont faites à diverses personnes, qu'elles ne soient pas conjointes avec celle grevée de substitution, par exemple un legs universel à deux personnes dont l'une grevée de substitution, car alors la nullité s'étendrait à toutes les dispositions à cause de la possibilité de l'accroissement (5).

585. — Accroissement. — Quand

la substitution a pour objet un legs particulier mis à la charge d'un légataire universel, à titre universel ou particulier, c'est à lui que la nullité profite, en raison de la caducité dont ce legs est frappé (6), *infra* n° 490. Il en est autrement si elle atteint un bien particulier compris dans le legs universel; dans ce cas, la nullité profite, non pas au légataire universel, mais aux héritiers du sang ; autrement la nullité de la disposition grevée de substitution se trouverait manquer de sanction, ce qui n'est pas admissible (7).

586. — Substitution limitée. — Si la disposition ne réunit pas les éléments qui sont constitutifs de la substitution, elle ne tombe pas sous le coup de la prohibition de l'art. 896. Ainsi il n'y a pas de substitution prohibée dans la charge de rendre tout ou partie de la chose léguée soit de suite, soit à l'expiration d'un terme certain et déterminé, soit à un terme incertain ou sous une condition quelconque (8) ; par exemple : Legs à Léon, à la charge de rendre à ses enfants existants au décès du testateur, au fur et à mesure de leur majorité (9) ; ou encore, legs à Paul d'une ferme, à la charge d'en rendre la moitié à Léon, soit après la mort du testateur, soit dans cinq ou dix ans. Dans ce der-

---

biens formant ma succession, et, dans ce cas, Luc MOURET sera considéré, par ce seul fait, comme ayant eu seulement l'usufruit des biens composant ma succession, à partir de mon décès, jusqu'à l'époque de la majorité ou du mariage de chacun de ses enfants.

Si Luc MOURET n'a pas d'enfant lors de mon décès, ou s'il en a, mais qu'ils n'atteignent pas leur majorité ou ne se marient pas auparavant, le legs universel fait en sa faveur demeurera pur et simple, sans aucune charge ni condition.

FORMULE 99. — Charge de rendre à un voyageur lors de son retour
(N°s 382 à 386).

Je lègue à Charles HADIN, une rente de deux mille francs, trois pour cent, sur l'État

---

(1) Pau, 7 déc. 1861 ; S. 62, II, 257.
(2) Toullier, V, 550 ; Coin-Delisle, 895-7 ; Grenier et Bayle-Mouillard, *observ. prél.* n° 8 ; Massé et Vergé, § 418-8 ; Aubry et Rau, § 655-2 ; Demolombe, XVIII, 106 ; Aix, 9 fév. 1841 ; Riom, 4 juin 1847 ; Rennes, 19 mai 1849 ; Agen, 25 nov. 1861 ; Cass., 5 mars 1851, 30 nov. 1853, 13 août 1863, 21 août 1866, 27 avril 1874 ; S. 42, II, 19 ; 47, II, 407 ; 50, II, 609 ; 51, I, 261 ; 54, I, 27 ; 62, II, 17 ; 63, I, 446 ; 66, I, 438 ; 74, I, 315 ; R. G. Defrénois, III, 2838.
(3) Chambéry, 2 janv. 1874 ; R. G. Defrénois, III, 2836.
(4) Toullier, V, 14 ; Duranton, VIII, 91 ; Troplong, 165 ; Demolombe, XVIII, 170 ; Caen, 2 déc. 1847 ; Cass., 27 juin 1811, 3 août 1814, 6 janv. 1863 ; Rouen, 25 juin

1863 ; S. 49, II, 193 ; 63, I, 233 ; 64, II, 16. CONTRA Marcadé, 896-8 ; Coin-Delisle, 836-44.
(5) Bordeaux, 13 août 1873 ; Cass., 4 déc. 1865, 7 mars 1876 ; S. 66, I, 70 ; R. G. Defrénois, III, 2838.
(6) Cass., 22 janv. 1835, 21 mai 1837 ; S. 35, 1, 641 ; 37, I, 817.
(7) Aubry et Rau, § 694-72 ; Rouen, 25 janv. 1863 ; Cass., 6 janv. 1863, 16 mars 1874 ; R. G. Defrén., III, 2835 ; S. 63, I, 233 ; 64, II, 16 ; 74, 1, 299. CONTRA Demol., XVIII, 191.
(8) Troplong, 103 ; Demolombe, XVIII, 86 ; Aubry et Rau, § 694-34 ; Metz, 9 fév. 1865 ; Cass., 23 janv. 1865, 31 juill. 1866, 15 avril 1867 ; J. N., 18221, 18236, 18022, 18872 ; S. 66, I, 404 ; 67, I, 207.
(9) Marcadé, 896-3 ; Colmar, 25 août 1825.

DU LEGS AVEC SUBSTITUTION. [Form. 99 et 100.] 107

nier cas l'appelé est propriétaire dès le décès du testateur; la délivrance seule est suspendue. Autre exemple : Legs à Paul, en le chargeant de rendre moitié à Léon s'il revient d'un voyage lointain; dans ce cas, le legs en faveur de Léon est soumis à la condition suspensive de son retour; jusque-là la propriété réside sur la tête de Paul (1).

587. — Legs conditionnel. — Si la disposition qui affecte la libéralité d'une clause résolutoire est faite sous une condition autre que celle du décès du gratifié investi des biens, elle constitue non pas une substitution prohibée, mais un legs conditionnel valable. Il en ainsi des dispositions testamentaires suivantes : 1° institution de deux légataires, l'un au cas seulement ou l'autre décéderait avant d'avoir contracté mariage (2) ; — 2° Institution pour légataires universels de plusieurs mineurs avec condition qu'ils ne jouiront en toute propriété des biens du testateur qu'à leur majorité seulement; que jusque là les revenus, à l'exception d'une somme annuelle nécessaire pour leurs besoins, seront placés en rente; en un tel cas, la disposition peut être interprétée dans ce sens que si l'un ou plusieurs d'entre eux décèdent avant leur majorité, ils n'auront été qu'usufruitiers, et que leurs parts accroîtront à ceux qui atteindront l'âge de vingt un ans (3) ; — 3° Legs à un mineur avec condition qu'il ne sera valable que s'il survit et atteint l'âge de 25 ans, et que s'il meurt avant d'être parvenu à cet âge, ce legs, jusque-là conditionnel, reviendra aux héritiers naturels du testateur, ou à d'autres légataires désignés (4) ; 4° legs à un tiers, avec condition qu'il sera restreint à l'usufruit dans le cas où l'héritier légitime parviendrait à son âge de majorité (5) ; 5° legs à une personne, pour le cas où elle se marierait et aurait des enfants, d'une somme dont elle aura l'usufruit et ses enfants la nue propriété (6) ; — 6° legs à une personne si elle se marie, devant, dans le cas contraire, être recueilli par une autre (7); — 7° Legs soumis à la condition que si le légataire vient à se remarier et avoir des enfants, ces derniers n'auront pas droit aux legs fait à leur auteur, qui reviendra à l'enfant seul de son premier mariage, ou, en cas de décès de celui-ci aux héritiers du testateur; une telle condition ne pourrait être annulée que comme entrave à la liberté du mariage (8); — 8° déclaration par le testateur que si son héritier légitime, ou son légataire universel, vient à mourir sans postérité ou avant son mariage, ou du vivant d'un tiers désigné,

---

français, faisant l'objet d'un certificat en mon nom, portant le n° 8467 de la première série.

Ce legs lui est fait à la charge expresse de rendre moitié, soit mille francs de rente, à Louis HADIN, son frère, si pendant mon existence ou dans le délai de quatre ans du jour de mon décès, ce dernier est de retour en France d'un voyage d'exploration qu'il fait en ce moment dans l'Afrique centrale. Passé ce délai, le présent legs demeurera pur et simple, sans charge ni condition.

FORMULE 100. — Condition que le légataire aura de la postérité
(N°s 387 à 389).

Je lègue à Léon MARCEL une ferme appelée la ferme de *l'ormeau*, située commune de....., consistant en corps de ferme et terres de labour, d'une contenance de....., ou, s'il me prédécède, à ses enfants et autres descendants existants au jour de mon décès, suivant les règles de la représentation.

Comme condition expresse, si Léon MARCEL, après avoir recueilli le présent legs, vient

(1) Toullier, V, 34 ; Troplong, 103 à 106 ; Demolombe, XVIII, 143 à 172.
(2) Paris, 16 fév. 1859, 20 janv. 1872 ; S. 60, II, 186 ; R. G. Defrénois, II, 1447.
(3) Cass., 10 mars 1873 ; R. G. Defrénois, III, 2839 ; voir aussi Cass., 20 nov. 1837, 20 janv. 1840, 4 déc. 1843 ; S. 37, I, 968 ; 41, I, 363 ; 44, I, 268.
(4) Amiens, 6 avril 1854 ; Paris, 13 mai 1870 ; Grenoble,
5 mars 1874 ; Angers, 19 déc. 1877 ; Cass., 8 avril 1872, 18 juin 1873, 2 et 8 juin 1875 ; S. 54, II, 315 ; 78, II, 82 ; R. G. Defrénois, II, 1447 ; III, 2839.
(5) Bruxelles, 13 déc. 1809.
(6) Paris, 25 juin 1825.
(7) Poitiers, 29 juill. 1830 ; Amiens, 6 avril 1854 ; S. 54, II, 315.
(8) Paris, 7 avril 1874 ; R. G. Defrénois, III, 2839.

il sera réputé n'avoir recueilli qu'en usufruit seulement ses droits dans sa succession, et qu'en vue de ce cas, il lègue la propriété de ces mêmes droits à ses autres parents les plus proches, ou à un tiers désigné ; une telle disposition constituant un double lien : l'un, pur et simple ; l'autre conditionnel de la nue propriété (1) ; — 9° Legs d'une nue propriété avec condition que si le légataire ne se marie pas avant un âge déterminé ou décède sans enfants avant l'usufruitier, le legs sera recueilli par les héritiers du testateur ou un tiers désigné (2) ; — 10° Legs soumis à la condition que le légataire survivra à un tiers auquel l'usufruit des mêmes biens est légué (3) ; — 11° Legs de tout ou partie des biens à une personne qui ne pourra les recueillir qu'au décès de l'héritier naturel du testateur, et dans le cas où cet héritier mourrait sans postérité,

pour en jouir à partir du décès de ce dernier (4) ; — 12° Legs de l'usufruit avec condition que si le légataire se marie et laisse des enfants à son décès, la chose léguée deviendra sa propriété et fera partie de sa succession (5).

588. — Chose fongible. — Le caractère de la substitution étant de conserver et de rendre la chose même qui fait l'objet du legs, l'argent et toutes les choses fongibles qui se consomment par l'usage ne peuvent devenir la matière d'une substitution prohibée, à moins que l'emploi n'en ait été prescrit par le testateur (6).

589. — Interdiction d'aliéner. — Ce caractère ne se rencontre pas non plus dans l'interdiction faite au légataire institué de disposer des biens en faveur d'une personne déterminée (7) ; — ou même de disposer à

à mourir sans postérité, il sera par ce seul fait, considéré comme ne l'ayant recueilli qu'en usufruit seulement.

Et pour ce cas, la ferme léguée sera recueillie par Charles DÈCLE mon frère ou, à son défaut, par ses descendants existants au jour de ma mort, suivant les règles de la représentation ; lesquels seront censés en avoir eu la nue propriété à compter de mon décès.

FORMULE 101. — Même espèce. — Quotité disponible (Nos 387 à 389).

J'ai pour seule présomptive héritière Denise LEBLOND, ma petite-fille mineure, née à....., le......

Si ma petite-fille me survit et que lors de mon décès elle n'ait pas atteint l'âge de trente années révolues, je lui lègue par préciput et hors part, toute la quotité dont la loi me permet la disposition, étant de moitié, à la condition expresse qu'elle atteindra l'âge de trente ans accomplis, ou qu'elle laissera de la postérité légitime si elle meurt avant cet âge.

En conséquence, si Denise LEBLOND vient à mourir sans postérité avant l'âge de trente années révolues, elle n'aura eu qu'un droit d'usufruit pendant sa vie, à partir du jour de mon décès, à l'égard des biens qui formeront la quotité disponible ; et, par suite, elle n'aura pas été saisie en pleine propriété de ces biens.

Je la dispense expressément de fournir caution pour jouir de cet usufruit ; mais jusqu'à ce qu'elle atteigne l'âge de trente ans, il devra être fait emploi de toute somme capitale recouvrée, en acquisitions d'immeubles, rentes sur l'État, obligations de chemins de fer, ou en placements hypothécaires.

Et pour ce cas seulement, je lègue les biens formant la quotité disponible dans ma succession, à mes parents qui, au jour de mon décès, auraient été appelés à ma successsion

(1) Angers, 19 juill. 1854, 14 août 1872 ; Cass., 30 avril 1855, 29 juill. 1873, 26 avril 1875 ; Caen, 23 fév. 1875 ; Paris, 20 janv. 1872, 19 nov. 1878 ; S. 54, II, 355 ; 56, 1, 607 ; R. G. Defrénois, II, 1447, 1448 ; III, 2839. CONTRA Demolombe, XVIII, 120 ; Colmar, 12 avril 1860.

(2) Demolombe, XVIII, 115 ; Orléans, 10 fév. 1830 ; Cass., 8 fév. 1869 ; Paris, 4 mai 1875 ; R. G. Defrénois, III, 2839 ; voir cependant Chambéry, 2 janv. 1874 ; Ibid., III, 2838.

(3) Marcadé, 899-2 ; Coin-Delisle, 899-10 ; Duranton, VIII, 49 ; Colmar, 25 août 1825 ; Montpellier, 6 mai 1846 ;

Paris, 19 mars 1873 ; Nancy, 1er mai 1875 ; Cass., 4 janv. 1876 ; R. G. Defrénois, III, 2839.

(4) Lyon, 30 juin 1870 ; S. 76, II, 324 ; J. N., 21734.

(5) Demolombe, XVIII, 121 ; Cass., 17 juin 1835 ; Rennes, 12 mars 1866 ; S. 36, I, 44 ; 67, II, 118.

(6) Marcadé, 896-3 ; Troplong, 127 ; Demolombe, XVIII, 127 ; Paris, 21 déc. 1824, 7 déc. 1835 ; Nîmes, 18 janv. 1858 ; Cass. 30 avril 1867 ; Nancy, 9 déc. 1871 ; S. 36, II, 86 ; 58, II, 168 ; 67, I, 329 ; R. G. Defrénois, II, 1446. CONTRA Limoges, 27 juin 1809 ; Cass., 8 juin 1812.

(7) Demolombe, XVIII, 151 ; Aubry et Rau, § 684-24 ; Cass., 19 juin 1867 ; S. 67, 1, 299.

titre gratuit des biens recueillis, s'il est d'ailleurs investi du droit d'en disposer de toute autre manière (1). Mais il y aurait substitution prohibée, si l'interdiction d'aliéner était imposée dans l'intérêt de certaines personnes, auxquels les biens qui en font l'objet doivent revenir d'après les termes mêmes de la disposition (2). Voir aussi *infra* n° 396.

590. — Créance. — Constitue le legs d'une créance à recevoir, la charge imposée au légataire universel, soit purement et simplement, soit pour le cas où il décéderait sans postérité, de rendre aux héritiers du testateur ou à un légataire particulier une somme déterminée, payable au jour du décès du légataire universel (3), ou payable soit au décès du légataire universel, soit lors de la vente d'un immeuble désigné (4).

591. — Vœu. — Désir. — Le simple vœu ou le désir exprimé par le testateur que son légataire universel conserve les biens légués pour le transmettre à un tiers, ne contient point en termes impératifs la charge de conserver ni celle de rendre, et ne suffit pas pour constituer une substitution prohibée (5). Il en est de même de la simple recommandation adressée à son légataire de faire retourner les choses léguées aux héritiers du testateur (6); comme aussi de la déclaration du testateur de s'en rapporter à son légataire universel pour l'exécution de ses volontés dont il a pleine connaissance (7).

592. — Faculté d'élire. — Mais on décide qu'il y a une substitution prohibée dans la charge imposée au légataire universel de transmettre tout ou partie des biens légués aux membres de la famille du testateur qu'il lui plaira de choisir (8), ou à un tiers (9);

à défaut de ma petite-fille, et dans les quotités auxquelles ils auraient eu droit à cette époque suivant l'ordre légal des dévolutions de successions.

Ce cas arrivant, ils seront considérés comme ayant recueilli la nue propriété de la quotité disponible à partir de mon décès, pour y réunir l'usufruit au décès de ma petite fille.

Si Denise LEBLOND ma petite-fille, me prédécède en laissant de la postérité, les dispositions ci-dessus seront caduques.

FORMULE 102. — Somme acquise au décès du légataire s'il ne laisse pas de postérité (N° 390).

Pour le cas où Niclas VINCENT, mon légataire universel, ne laisserait pas à son décès d'enfants légitimes ou descendants d'eux, ses héritiers ou autres successeurs devront, dans les trois mois de son décès, verser une somme dix mille francs, sans intérêt jusque là, à mes parents qui auraient été appelés par la loi à recueillir ma succession si je n'en avais pas disposé, ou à leurs héritiers et représentants en cas de décès.

FORMULE 103. — Vœu que les biens soient transmis à un tiers (Nos 391, 392).

J'exprime ici le désir que mon légataire universel, s'il ne laisse pas de postérité, transmette les biens formant le présent legs à Jeanne COLET, femme de Louis MAILLARD, ou

---

(1) Demolombe, XVIII, 138; Cass., 11 fév. 1863; S. 63, I, 204.

(2) Aubry et Rau, § 694-21; Cass., 24 avril 1860, 7 mai 1862, 8 fév. 1869; S. 60, I, 514; 62, I, 462; 69, I, 355.

(3) Troplong, 127,151; Demolombe, XVIII, 127; Aubry et Rau, § 694-32; Paris, 7 déc. 1835; Nîmes, 18 janv. 1858; Lyon, 24 janv. 1865; Cass. 30 déc. 1835, 31 juillet 1866, 1er juill. 1874, 4 janv. 1876; S. 36,1,108; II,86; 58, II, 168; 66, I, 404; II, 45; R. G. Defrénois, III, 2839.

(4) Cass., 30 avril 1867; S. 67, I, 329; Paris, 23 nov. 1876; Droit, 29 déc.

(5) Toullier, V, 27; Troplong, 111; Demolombe, XVIII, 112; Aubry et Rau, § 694-17; Caen, 16 nov. 1858; Or-

léans, 8 juill. 1870; Cass., 8 juill. 1834, 20 avril 1840, 11 juin 1860, 13 déc. 1864, 4 avril, 14 juin et 5 déc. 1865, 19 juin 1867, 16 mars 1875; R. G. Defrénois, III, 2840; J. N. 11066, 16906, 18195, 18446, 18975; S. 40, O, 363; 60, 1, 731; 65, I. 43; 66, I, 59, 72; 67, I, 299.

(6) Marcadé, 896-3; Troplong, 111; Massé et Vergé, § 465-21; Aubry et Rau, § 694-17; Demolombe, XVIII, 142; Cass., 19 mars 1856; S. 56, I, 685; voir aussi Cass., 25 mai 1869; S. 69, I, 464.

(7) Paris, 28 juin 1869; J. N., 19736.

(8) Rennes, 15 mai 1849; Cass., 5 mars 1851, 30 nov. 1853; S. 50, II, 500; 51, I, 201; 54, I, 27; voir cep. Grenoble, 2 avril 1818.

(9) Cass., 28 fév. 1853; S 53, I, 332; J. N., 14940.

quand même ce serait sa volonté (1). Il en serait autrement si le legs était fait avec faculté pour le légataire de disposer au profit de qui il jugera convenable (2).

593. — Interprétation. — Le principe en matière de substitution est que lorsqu'une disposition testamentaire présente du doute sur le point de savoir si elle constitue ou non une substitution prohibée, elle doit être interprétée dans le sens de la négative (3). Cependant il faut être sobre de pareilles stipulations qui, presque toujours, donnent lieu à des contestations en justice. En tous cas, il est utile de stipuler le maintien de la disposition principale, pour le cas ou la condition dont elle est affectée serait annulé comme constituant une substitution prohibée (4), et même de la reproduire en expliquant que, pour ce cas, elle est faite purement et simplement et sans condition.

§ 2. — Charge de rendre ce qui restera.

394. — Restant. — La charge imposée au légataire de rendre, à un tiers ou aux héritiers du testateur, ce qui restera à son décès des biens légués ou ce dont il n'aura pas disposé, ne constitue pas une substitution prohibée, puisque, pouvant aliéner, léguer, il n'est pas tenu de conserver, mais seulement de rendre les biens dont il n'aura pas disposé. Cette disposition renferme deux legs distincts et successifs : l'un pur et simple et l'autre soumis à la condition suspensive que le premier légataire n'aura pas disposé ; dès lors ils sont tous les deux valables (5).

595. — Aliénation. — Il importe peu que le testateur n'ait autorisé le légataire à aliéner qu'*en cas de besoin* (6) ; il en serait autrement si le légataire n'était autorisé à les aliéner qu'*en cas de nécessité dûment justifiée* (7).

596. — Interdiction d'aliéner. — Si le testateur en imposant cette charge a interdit au légataire de disposer des biens à titre gratuit, et spécialement de les léguer, mais a laissé entier pour lui le droit de disposer de toute autre manière, on décide que

ses enfants et autres descendants d'après les règles de la représentation, si elle le prédécède.

Etant bien entendu que ce désir ne constitue ni une charge ni une condition, mais seulement un vœu soumis à la volonté entièrement libre de mon légataire universel.

FORMULE 104. — Maintien de la disposition principale (N° 393).

Dans le cas où, contre mon attente, le legs qui précède serait considéré comme renfermant une substitution de nature à rendre nulle la disposition principale, j'entends que cette disposition principale soit maintenue sans aucune charge ni condition ; à cet effet, et pour ce cas seulement, je lui lègue sans condition, etc. (*répéter le legs.*)

FORMULE 105. — Charge de rendre ce qui restera (Nos 394 à 397).

J'institue pour ma légataire universelle Blanche LÉPINE, ma femme, à laquelle je lègue

---

(1) Cass., 21 août 1866 ; S. 66, I, 438 ; voir aussi Cass., 8 nov. 1847, 25 mai 1869 ; S. 53, I, 332 note ; 69, I, 464.
(2) Cass., 2 juill. 1867 ; S. 67, I, 437.
(3) Duranton, VIII, 43 ; Coin-Delisle, 970-3 ; Troplong, 117 ; Demolombe, XVIII, 157 ; Aubry et Rau, § 694-45 ; Cass., 24 mars 1829, 5 juill. 1832, 23 juill. 1834, 11 juin 1860, 13 juin et 4 déc. 1865 ; Rennes, 12 mars 1866 ; S. 32, I, 430 ; 34, I, 577 ; 60, I, 731 ; 66, I, 59, 70 ; 67, II, 118.
(4) Coin-Delisle, 896-51 ; Marcadé, 896-6 ; Demolombe, XVIII, 188, 189 ; Paris, 3 mars 1820 ; Grenoble, 20 mai 1833 ; Cass., 8 juill. 1834, 5 déc. 1865 ; S. 34, I, 754 ; 66, I, 72 ; J. N., 17678, 18430. CONTRA Taulier, IV, p. 10 ; Aubry et Rau, § 694-69 ; voir Cass., 11 fév. 1863 ; S. 63, I, 233.
(5) Toullier, V, 38 ; Duranton, VIII, 74 ; Coin-Delisle,

896-27 ; Marcadé, 896-3 ; Troplong, 129 à 132 ; Saintespès, I, 89 ; Aubry et Rau, § 694-96 ; Demolombe, XVIII, 133 ; Caen, 16 nov. 1830 ; Rouen, 28 janv. 1831 ; Orléans, 7 juin 1834 ; Rennes, 31 juill. 1858, 20 mai 1861 ; Cass., 14 mars 1832, 17 fév. 1836, 27 fév. 1843, 28 nov. 1849, 4 juill. 1853, 24 avril 1860, 11 fév. 1863, 3 mars et 11 août 1864, 28 nov. 1871 ; Douai, 18 fév. 1874 ; Seine, 24 avril 1877 ; J. N., 17678, 18110, 18153, 18463 ; S. 32, I, 604 ; 36, I, 82 ; 43, I, 440 ; 50, I, 81 ; 63, I, 233 ; 64, I, 67,436 ; R. G. Defrénois, II, 1448, III, 2830 ; R. N., 5494.
(6) Demolombe, XVIII, 139 ; Roll. de Vill., *subst.* 267 ; Aubry et Rau, § 694-29 ; voir cep. Marcadé, art. 896.
(7) Demolombe, XVIII, 130 ; Aubry et Rau, § 694-30 ; Cass., 24 avril 1860 ; S. 60, I, 514.

cette interdiction n'est pas caractéristique de la substitution prohibée (1), Mais il est utile, dans ce cas, de faire une stipulation relative au maintien de la disposition principale, *supra* n° 393.

597. — Sous ordre — Constitue un legs *de residuo* la disposition par laquelle le testateur attribue à un légataire institué en sous-ordre les biens dont le légataire institué en premier ordre n'aura pas disposé (2) ; — comme aussi le legs fait à une mineure avec la condition que si elle et sa mère viennent à mourir sans enfants ou descendants d'eux, les biens légués retourneront aux héritiers du testateur, s'ils existent encore et si les biens peuvent être rendus en nature ou en espèces (3).

§ 3. — Substitution vulgaire.

598. — Définition. — La disposition par laquelle un tiers est appelé à recueillir le legs dans le cas où le légataire ne le recueillerait pas, n'est pas considérée comme une substitution, et elle est valable (C. civ., *898*).

Cette disposition prend le nom de *substitution vulgaire*.

599. — Ouverture. — Elle s'ouvre quand le légataire institué en premier ordre ne recueille pas, soit parce qu'il répudie le legs, soit parce qu'il a prédécédé le testateur (4) ou s'est trouvé incapable de recueillir, par exemple s'il a été déclaré indigne (5), alors même qu'un seul de ces cas aurait été prévu par le testateur (6) ; toutefois, il est préférable de les prévoir tous afin de ne pas laisser place au doute.

400. — Nue propriété. — Constitue une substitution vulgaire, la disposition par laquelle un testateur, après avoir légué l'usufruit de ses biens à son frère, lègue la nue propriété des mêmes biens à un tiers pour le cas où, au jour du décès du testateur, son frère n'aurait pas d'enfants légitimes (7).

401. — Sous-ordre. — Il n'est pas nécessaire que les légataires appelés en sous-ordre soient dénommés dans le testament ; il suffit qu'ils soient indiqués de manière à être reconnus ; dès lors est valable la disposition

l'universalité des biens et droits mobiliers et immobiliers qui formeront ma succession.

Comme condition du présent legs, tous les biens meubles et immeubles qui resteront au décès de ma légataire de ceux qu'elle aura recueillis dans ma succession, seront rendus à mes parents qui auraient été appelés, suivant l'ordre légal des successions, à recueillir mon hérédité si je n'en avais pas disposé, ou, en cas de prédécès, à leurs enfants ou autres descendants suivant les règles de la représentation. — *Ou bien* : seront rendus à Jean Té-TARD, demeurant à......, que j'institue à cet effet légataire des biens restant, ou en cas de prédécès à ses enfants et autres descendants suivant les règles de la représentation.

Dans le cas où, contre mon attente, on considérerait la charge de rendre qui précède comme renfermant une substitution prohibée de nature à rendre nulle la disposition principale, j'entends que cette disposition soit maintenue, sans charge ni condition. A cet effet, et pour ce cas seulement, j'institue ma femme pour ma légataire universelle pure et simple.

FORMULE 106. — Substitution vulgaire. — Legs universel (N°s 398 à 402).

J'institue pour mes légataires universels conjointement, Jean et Léon TASSIN ; en conséquence, je leur lègue l'universalité des biens et droits mobiliers et immobiliers qui formeront ma succession.

Pour le cas où l'un de mes légataires ou tous les deux ne recueilleraient pas le présent legs, par suite de prédécès, refus ou toute autre cause, je leur substitue leurs enfants et autres descendants légitimes existants au jour de mon décès, qui recueilleront leurs parts suivant les règles de la représentation.

(1) Demolombe, XVIII, 138 ; Cass., 11 fév. 1863, 11 août 1864 ; S. 63, 1, 204 ; 64, 1, 436 ; Paris, 11 déc. 1873 ; R. G. Defrénois, III, 2842.
(2) Paris, 31 janv. 1874 ; T. Nice, 1er mai 1876, R. G. Defrénois, III, 2842.
(3) Paris, 3 fév. 1874 ; R. G. Defrénois, III, 2842.

(4) Cass., 2 mars 1874 ; *ibid.*, III, 2843.
(5) Troplong, 180 ; Demolombe, XVIII, 84 ; Cass., 22 juin 1847 ; S. 47, I, 673.
(6) Troplong, 177 ; Demolombe, XVIII, 81 ; Nîmes, 5 déc. 1865 ; J. N., 18463.
(7) Dijon, 24 juill. 1872 ; R. G. Defrénois, III, 2843.

portant que les légataires qui ne recueilleront pas seront substitués par leurs descendants selon les règles prescrites pour la représentation (1).

402. — Révocation. — Quand le testateur, ayant institué un légataire universel et, au cas où il le prédécéderait, d'autres personnes désignées, vient ensuite à révoquer purement et simplement le legs universel, cette révocation ne saurait faire produire effet à la substitution vulgaire, puisqu'elle est stipulée simplement pour le cas de prédécès (2).

403. — Usufruit et nue propriété. — Ne constitue pas non plus une substitution prohibée, la disposition par laquelle l'usufruit est légué à l'un et la nue propriété à l'autre (*C. civ., 899*), alors même que le legs ne serait pas clairement caractérisé (3), ou que l'usufruitier aurait le droit de vendre ou hypothéquer à son besoin, les biens soumis à son usufruit, et sans que les héritiers légitimes puissent le troubler dans ces actes ou y intervenir (4). Jugé à ce sujet qu'en cas de legs à une personne après la mort du légataire universel, ce dernier est considéré comme simple usufruitier de la chose léguée (5).

404. — Usufruit successif. — Il en est de même de la disposition par laquelle le testateur a légué un usufruit à plusieurs successivement, c'est-à-dire l'un après l'autre, alors même qu'il y aurait accroissement de la nue propriété en faveur des survivants purement et simplement (6) ou sous condition (7); il suffit que la disposition limite et désigne les légataires. Dans ce cas, chacun des légataires tient sa libéralité directement du testateur : au décès du premier usufruitier son usufruit s'éteint et un deuxième usufruit s'ouvre au profit du second usufruitier, et ainsi de suite; ce n'est donc pas le même usufruit qui se continue (8).

405. — Rente viagère. — A plus

Si l'un d'eux ne laisse pas de postérité, ou, s'il en laisse, mais qu'elle ne recueille pas non plus le legs par suite de prédécès, refus ou autrement, sa part accroîtra, comme de droit, à l'autre légataire ou à ses descendants s'il est lui même prédécédé.

FORMULE 107. — Autre. — Usufruit et nue-propriété (N° 403).

Je lègue à Louis BEAU l'usufruit pendant sa vie à partir de mon décès, de ma maison située à....., et à Noel BEAU son fils, la nue propriété de cette même maison, pour y réunir l'usufruit au décès de son père.

FORMULE 108. — Usufruit à plusieurs successivement (N° 404).

Je lègue l'usufruit d'une rente de mille francs trois pour cent sur l'Etat français, faisant l'objet d'un certificat, en mon nom, n° 4728 de la série 4° à Jean HUMEL mon domestique, Charles HUMEL son fils et Eva HUMEL sa petite-fille. Ils jouiront successivement de cet usufruit pendant leur vie : Jean à partir du jour de mon décès; Charles à compter du décès de Jean et Eva du jour du décès de Charles.

FORMULE 109. — Rente viagère reversible (N° 405).

Je lègue à Charles DURAND, une rente viagère de quinze cents francs par an, payable de trois en trois mois à partir de mon décès et pendant sa vie; laquelle rente, au décès de Charles DURAND, sera reversible sur la tête et au profit de Noel DURAND, son fils, auquel je lègue cette rente en sous ordre, pour le cas où il survivrait à son père.

(1) Cass., 13 août 1851 ; Douai, 11 mai 1863 ; Paris, 8 avril 1865 ; S. 63, II, 157 ; J. N., 14444, 18277.
(2) Paris, 13 nov. 1874 ; R. G. Defrénois, III, 2844.
(3) Demolombe, XVIII, 117 ; Aubry et Rau, § 694-5 ; Paris, 24 mai 1821 ; Metz, 21 mars 1822 ; Cass., 25 juill. 1832, 16 juill. 1838, 20 janv. 1840 ; S. 32, I, 576 ; 38, I, 705 ; 40, II, 303.
(4) Rennes, 16 janv. 1874 ; R. G. Defrénois, III, 2846 ; Seine, 15 déc. 1877 ; Droit, 23 déc.

(5) Demolombe, XVIII, 167 ; Cass., 23 juill. 1832, 5 mai 1856 ; S. 32, I, 576 ; 58, I, 544 ; Rouen, 24 déc. 1873 ; Cass., 14 juin 1876 ; R. G. Defrénois, III, 2845 ; Paris, 3 juin 1878 ; R. N., 5628.
(6) Paris, 17 juill. 1870.
(7) Rennes, 12 mars 1866 ; S. 67, II, 118.
(8) Marcadé, 899-3 ; Demolombe, XVIII, 123 ; Paris, 26 mars 1813, 24 fév. 1852 ; voir Cass., 22 juill. 1835 ; Aix, 18 mars 1836 ; S. 35, I, 641 ; 37, I, 817.

forte raison ce qui vient .d'être dit s'applique au legs d'une rente viagère (1).

406. — Usufruit conjoint. — Accroissement. — On ne doit pas non plus voir une substitution prohibée dans le legs d'un usufruit à deux personnes chacune pour moitié avec accroissement au survivant ; l'effet de cette disposition est de faire profiter le survivant de la moitié du premier mourant et l'usufruit total s'éteint au décès du dernier (2).

§ 4. — Substitution autorisée par la loi.

407. — Enfants. — Les biens dont les père et mère ont la faculté de disposer, peuvent être par eux donnés, en tout ou en partie, à un ou plusieurs de leurs enfants légitimes, adoptifs ou même naturels (3), par acte entre-vifs ou testamentaire, avec la charge de rendre ces biens aux enfants nés et à naître,

au premier degré seulemeut, des donataires ou légataires (*C. civ.*, 1048). Cette disposition constitue une exception à la règle qui prohibe les substitutions ; à ce titre elle doit être rigoureusement renfermée dans ses limites ; en conséquence elle ne s'étend pas aux aïeuls, qui ne sauraient grever de substitution leur petit-fils, quand même il se trouverait personnellement appelé à la succession par le prédécès de son père ou de sa mère (4).

408. — Quotité disponible. — Si la disposition avec charge de restitution dépassait la quotité disponible, elle ne serait pas nulle pour cela, mais elle devrait être réduite de manière que la réserve de l'héritier fût intacte (5) ; et si le disposant imposait la charge de rendre non-seulement la quotité disponible, mais encore la réserve, la disposition serait nulle pour le tout, sans que l'héritier puisse la valider en en consentant l'exécution, car les biens grevés de substitution étant hors du

---

Cette rente leur sera assurée par l'immatricule d'une rente sur l'Etat, trois pour cent, de quinze cents francs, en leur nom pour l'usufruit.

FORMULE 110. — Usufruit conjoint, avec accroissement (N° 406).

Je lègue à Jean CLERET, garde de ma propriété de....., et à Léonie MURRAY, sa femme, conjointement chacun pour moitié, l'usufruit pendant leur vie et celle du survivant d'eux, avec accroissement en faveur de ce dernier, d'une maison avec jardin et verger, située à...., rue...., n°...., contenant.... Par suite, au décès du premier mourant, sa moitié accroîtera à son conjoint survivant qui, à ce moyen aura la jouissance jusqu'à son décès de la totalité de cet usufruit.

§ 12. — SUBSTITUTIONS AUTORISÉES PAR LA LOI.

FORMULE 111. — Enfants légitimes. — Quotité disponible (N°s 407 à 412).

Je lègue par préciput et hors part à Eloy d'ESTÉ, mon fils ainé, toute la portion de mes biens meubles et immeubles dont la loi me permettra la disposition au jour de mon décès ; mais à la charge de conserver et de rendre à son décès tous les biens meubles et immeubles qn'il recueillera en vertu du présent legs, à ses enfants légitimes nés et à naître au premier degré.

De condition expresse, les biens et valeurs ainsi grevés de restitution pourront être vendus, aliénés et recouvrés à l'amiable, sans aucune formalité de justice, avec le simple concours du grevé et du tuteur à la substitution.

---

(1) Demolombe, XVIII, 124 ; Troplong, 134 ; Cass., 8 déc. 1852 ; S. 53, I, 293 ; Rouen, 22 mars 1869 ; J. N., 19984.

(2) Marcadé, 899-3 ; Cass., 22 juill. 1835 ; S. 35, II, 641 ; Caen, 14 déc. 1864 ; Jur. N. 15016.

(3) Guilhon, *Donations*, III, 1059 ; Aubry et Rau, § 696-4 ; Paris, 27 avril 1868 ; R. G. Defrénois, 413 ; CONTRA Demolombe, XXII, 412 ; Caen, 2 déc. 1847 ; S. 49, II, 19.

(4) Toullier, V, 723 ; Coin-Delisle, 1048-2 ; Aubry et Rau, § 696-3 ; Marcadé, 1048-1 ; Troplong, 2213 ; Demolombe, XXII, 411 ; Paris, 23 août 1850 ; Cass., 29 juin 1853 ; Besançon, 2 déc. 1853 ; Seine, 12 mai 1869 ; R. G. Defrénois, I, 414 ; J. N., 14116,15839 ; S. 60, II, 611 ; 53, I, 520 ; 54, II, 240. CONTRA, Duranton, IX, 525.

(5) Duranton, IX, 533 ; Troplong, 2236 ; Demolombe, XXII, 434 ; Aubry et Rau, § 676-18.

commerce, les parties ne peuvent y soumettre une quotité plus grande que la loi ne le permet (1).

409. — Frères ou sœurs. — Est valable, en cas de mort sans enfants, la disposition que le défunt à faite, par un acte entre-vifs ou testamentaire, au profit d'un ou plusieurs de ces frères ou sœurs, de tout ou partie des biens qui ne sont point réservés par la loi dans sa succession, avec la charge de rendre ses biens aux enfants nés et à naître, au premier degré seulement, desdits frères ou sœurs donataires ou légataires (*C. civ., 1049*). Pour que cette disposition soit permise, il faut que le défunt ne laisse pas d'enfants légitimes, légitimés ou adoptifs, quand même ils renonceraient à sa succession (2) ; en ce qui concerne ces derniers, que l'adoption soit antérieure (3) ou même postérieure (4) à sa disposition, puisque les enfants adoptifs excluent les frères et sœurs. Mais l'enfant naturel, n'étant pas héritier, n'y fait pas obstacle ; sa présence, d'ailleurs, n'ôtant pas aux frères et sœurs le droit de venir à la succession (5).

410. — Neveux et nièces. — La disposition avec charge de rendre, permise en ce qui concerne les libéralités faites aux frères et sœurs, doit être aussi renfermée dans ses limites ; en conséquence, un oncle ne pourrait faire une disposition au profit de ses neveux et nièces avec la charge de restitution à ses petits-neveux et petites-nièces (6).

411. — Arrière petits-enfants. — Par enfants au premier degré, la loi entend les enfants qui viennent immédiatement après les grevés et non pas ceux au degré le plus proche ; par conséquent il n'est pas permis au père ou au frère qui dispose au profit de son fils ou de son frère, dont les enfants sont prédécédés, laissant eux-mêmes des en-

---

L'emploi des prix à en provenir et des sommes recouvrées pourra être fait en rentes sur l'Etat ou en obligations du crédit foncier ou des principales lignes des chemins de fer dont un minimum d'intérêt est garanti par l'Etat, au choix du grevé.

FORMULE 112. — L'un des enfants. — Quotité disponible sur sa part. — Usufruit à titre alimentaire (Nos 407 à 412).

Je lègue, par préciput et hors part, à Léon LAVILLE, mon fils :

1° La nue propriété de toute la portion dont la loi me permettra la disposition au jour de mon décès, des biens mobiliers et immobiliers formant sa part héréditaire dans ma succession ; mais à la charge expresse de conserver et de rendre à son décès, tous les biens mobiliers et immobiliers qu'il recueillera en vertu du présent legs, à ses enfants légitimes qui seront nés ou à naître à l'époque de mon décès.

2° L'usufruit, à titre alimentaire et, par conséquent, incessible et insaisissable, des biens mobiliers et immobiliers grevés de la charge de rendre qui vient d'être stipulée, pour en jouir jusqu'au jour de son décès, époque à laquelle l'usufruit se réunira à la nue propriété aux mains des appelés, s'il en existe.

De condition expresse, etc. (*le surplus comme en la formule* 111).

FORMULE 113. — Frère. — Legs à titre universel (Nos 407 à 412).

Je lègue, par préciput et hors part, à Félix d'ALBE, mon frère, la moitié des biens meubles et immeubles qui formeront ma succession ; et je le charge de conserver et de rendre, à son décès, tous les biens meubles et immeubles qu'il recueillera en vertu du présent legs, à ses enfants légitimes au premier degré qui seront nés ou à naître à l'époque de mon décès.

De condition expresse, etc. (*le surplus comme en la formule* 111.)

---

(1) Duranton, VIII, 31 ; Troplong, 2233 ; Saintespès, V, 1730 ; Demolombe, XXII, 435 ; Cass , 14 juin 1836 ; Paris, 23 déc. 1874 ; R. G. Defrénois, III, 2847. CONTRA Toullier, V, 732 ; Grenier, III, 341.

(2) Coin-Delisle, 1049-9 ; Troplong, 2220 ; Demolombe, XXII, 420 ; Aubry et Rau, § 696-8.

(3) Marcadé, 1049-2 ; Demolombe, XXII, 416 ; CONTRA

Coin-Delisle, 1048-9 ; Troplong, 2219 ; Aubry et Rau, § 696-5.

(4) Demolombe, XXII, 416 *bis*.

(5) Coin-Delisle, 1048-9 ; Troplong, 2216 ; Demolombe, XXII, 417 ; Aubry et Rau, § 696-6 ; Cass., 21 juin 1815.

(6) Demolombe, XXII, 414 ; Aubry et Rau, § 696-3.

fants, de le grever de restitution au profit de ces derniers (1).

412. — Appelés. — Les dispositions permises par les art. 1048 et 1049 ne sont valables qu'autant que la charge de la restitution est au profit de tous les enfants nés et à naître du grevé, sans exception ni préférence d'âge ou de sexe (*C. civ., 1050*), qu'ils soient légitimes on légitimés ; mais les enfants naturels (2) ou adoptifs (3) n'y ont pas droit. Si la charge de restitution était faite en même temps au profit des enfants du grevé et au profit des enfants d'un tiers, la disposition tout entière serait nulle. (4).

413. — Restitution. — Le testateur peut fixer la restitution à une époque autre que celle de la mort du grevé : soit à l'époque de la majorité ou du mariage des appelés, soit même seulement à l'époque que le grevé lui-même jugerait convenable ; mais, bien entendu, sous la réserve des droits éventuels des enfants à naître jusqu'au décès du grevé (5).

414. — Caducité. — Le prédécès ou l'incapacité du grevé qui rend caduc le legs en premier ordre n'entraîne pas la caducité de la substitution ; dans ce cas, le legs profite aux appelés comme venant prendre la place du grevé (6), ce qu'il est utile de stipuler par une disposition particulière.

415. — Répudiation. — La répudiation par le grevé du legs qui lui a été fait n'entraîne pas non plus la caducité de la substitution et ne saurait nuire aux appelés (7).

416. — Ouverture provisoire. — En cas d'incapacité ou de répudiation, s'il y a des enfants, leurs droits sont ouverts provisoirement sous la condition du règlement définitif entre tous les appelés après la mort du grevé; s'il n'y en a pas encore, les biens faisant

---

FORMULE 114. — Sœur. — Legs universel. — Restitution anticipée
(Nos 407 à 413).

Je lègue, par préciput et hors part, à Jeanne d'ESTREZ, épouse de M. le comte d'ULON, ma sœur, toute la portion de mes biens meubles et immeubles dont la loi me permettra la disposition au jour de mon décès, et même l'universalité, si je ne laisse pas d'ascendants ; en conséquence je l'institue pour ma légataire universelle. Mais à la charge de conserver et de rendre à son décès, tous les biens meubles et immeubles qu'elle recueillera en vertu du présent legs à ses enfants légitimes au premier degré, qui seront nés ou à naître à l'époque de mon décès.

Ou : A la charge de rendre à ses enfants légitimes au premier degré qui seront nés ou à naître lors de mon décès, à l'époque de leur majorité, ou de leur mariage s'il a lieu auparavant, tous les biens meubles et immeubles qu'elle recueillera en vertu des présentes ; sauf règlement entre eux à l'époque de son décès.

De condition expresse, etc. (*le surplus comme en la formule* 111.)

FORMULE 115. — Prédécès; répudiation; ou incapacité du légataire
(Nos 414 à 416).

Si mon légataire me prédécède, ses enfants et autres descendants légitimes recueilleront le présent legs à sa place et par représentation, mais sans charge de restitution. S'il me survit, mais qu'il ne recueille pas ce legs, par suite de refus, incapacité ou autre cause, les droits de ses enfants, s'il en a, seront ouverts le jour de ma mort, sauf règlement définitif au décès du père ; s'il n'y en a pas, les biens resteront à mes héritiers à la charge de restitution quand il en naîtra.

---

(1) Toullier, V, 726 ; Coin-Delisle, 1048-4 ; Troplong, 2222 ; Marcadé, 1050-3 ; Demolombe, XXII, 430 ; contra Duranton, IX, 526 ; Duvergier sur Toullier, V, 728.

(2) Demolombe, XXII, 412, 423 ; Aubry et Rau, § 696-14; Cass., 21 juin 1825 ; Caen, 2 déc. 1847 ; S. 49, II, 193 ; Paris, 27 avril 1868 ; R. G. Defrénois, I, 413.

(3) Demolombe, XXII, 424.

(4) Troplong, 2224 ; Demolombe, XXII, 422 ; Aubry et Rau, § 696-10 ; Cass., 27 juin 1811.

(5) Demolombe, XXII, 456.

(6) Toullier, V, 594 ; Troplong, 2246 ; Saintespès, V, 1750 ; Demolombe, XXII, 664 ; Aubry et Rau, § 696-86; contra Marcadé, 1052-5 ; voir Agen, 7 juill. 1837 ; S. 57, II, 408.

(7) Coin-Delisle, 1053-11 ; Toullier, V, 793, 794 ; Troplong, 2247 ; Demolombe, XXII, 659 à 662 ; Aubry et Rau, § 696-87 ; contra Marcadé, 1053-8.

l'objet du legs restent aux héritiers, à la charge de les restituer aux enfants du légataire incapable ou renonçant, s'il vient à en naître (1).

417. — Tuteur. — Le disposant à charge de rendre peut, par l'acte même contenant la charge de rendre, ou par un acte postérieur, en forme authentique, devant notaire ou devant le juge de paix (*arg. C. civ.*, *392, 398*), ou

même par testament, qui peut être olographe (2), nommer un tuteur chargé de l'exécution de ses dispositions à charge de rendre; ce tuteur ne peut être dispensé que pour l'une des causes exprimées art. 437 et suiv. du Code civil (*C. civ., 1055*). Comme le tuteur à la substitution n'a qu'une mission de surveillance, il n'est pas grevé d'hypothèque légale et il ne lui est pas donné de subrogé-tuteur.

SECTION VIII. — DU LEGS AVEC CLAUSE PÉNALE

418. — Définition. — La condition imposée par le testateur à son légataire, de ne pas attaquer ses dispositions testamentaires, sous peine d'être privé du bénéfice du legs, constitue une *clause pénale* qui doit être encourue toutes les fois que la demande en nullité est fondée sur un motif d'intérêt purement privé (3); il en est ainsi de la condition d'opter entre son legs et la réserve (4).

419. — Sans effet. — Il en est autrement si l'action en nullité est fondée sur un motif d'ordre public, ce qui a lieu quand la clause pénale a pour but de priver l'héritier de sa réserve (5) et de valider soit une substitution (6), soit une disposition au profit d'un incapable (7), soit un vice de forme dans le testament (8); ou encore d'assurer l'exécution soit d'une libéralité qui serait l'œuvre de

FORMULE 116. — Tuteur à la substitution (Nº 417).

Je nomme pour tuteur à la charge de rendre ci-dessus mentionnée, M. Charles BARREAU, avocat, demeurant à.....; je le prie de vouloir bien accepter cette mission et de veiller à l'exécution de mes dispositions à charge de rendre.

§ 13. — LEGS AVEC CLAUSE PÉNALE.

FORMULE 117. — Clause pénale imposée à l'héritier (Nᵒˢ 418 à 420).

Celui ou ceux de mes enfants qui se refuseront à l'exécution des dispositions qui précèdent seront privés de toute part dans la portion de mes biens dont la loi me laisse la libre disposition; et, pour ce cas, je lègue les parts des contestants dans ladite portion disponible de ma succession, à... .

(1) Demolombe, XXII, 660.
(2) Coin-Delisle, 1055-2; Troplong, 2256; Saintespès, V, 1782; Aubry et Rau, § 696-31; Demolombe, XXII, 467; CONTRA Toullier, V, 747; Marcadé, *art.* 1055.
(3) Toullier, VI, 815; Troplong, 264; Larombière, 1226-3, Demolombe, XVIII, 269; Bordeaux, 30 juill. 1832; Amiens, 17 déc. 1846; Limoges, 13 août 1856; Nancy, 13 fév. 1867; Cass., 30 juill. 1827, 16 août 1843, 22 déc. 1845, 5 juill. 1847, 10 juill. 1849, 18 janv. 1858, 29 juill. 1861, 9 déc. 1862, 2 août 1869, 15 fév. 1870; S. 33, II, 154; 43, I, 874; 46, I, 5; 47, I, 839; II, 233; 49, I, 547; 56, II, 545; 58, I, 177; 64, I, 265; 67, II, 253; 70, I, 132, 261.
(4) Cass., 30 mai 1866; S. 67, 1, 431; Orléans, 5 fév. 1870; Cass., 9 janv. 1872; R. G. Defrénois, II, 1421.

(5) Demolombe, XVIII, 282; Aubry et Rau, § 672-28; Paris, 28 janv. 1853; Colmar, 17 avril 1867; Nîmes, 10 janv. 1870; Cass., 9 déc. 1862, 14 mars et 30 mai 1866, 7 juill. 1868, 22 juill. 1874, 6 mai 1878; R. G. Defrénois, I, 427; II, 1464; III, 2867; S. 55, II, 425; 78, I, 519; J. N., 14912, 17623, 18987, 21909.
(6) Coin-Delisle, 896-50; Troplong, 265; Demolombe, XVIII, 187; Bordeaux, 30 juill. 1832; Cass., 14 déc. 1825, 30 juill. 1827, 24 mai 1837; Paris, 12 nov. 1858, 30 déc. 1874; S. 32, II, 154; 37, I, 817; 59, II, 307; R. G. Defrénois, III, 2810.
(7) Troplong, 246; Demolombe, XVIII, 284; Aubry et Rau, § 672-25; Cass., 14 déc. 1825.
(8) Troplong, 266; Demolombe, XVIII, 285; Aubry et Rau, § 672-29; Cass., 24 déc. 1857; S. 58, I, 173.

la captation ou de la suggestion (1), soit d'une condition contraire aux lois et à l'ordre public (2). Dans ces différents cas, la clause pénale est réputée non écrite, conformément à l'art. 900 du *Code civil*.

420. — Exécution. — La clause pénale n'est pas encourue quand la contestation ne met pas en question l'existence même des dispositions testamentaires, mais concerne seulement leur exécution (3).

SECTION IX. — DES DISPOSITIONS RELATIVES AUX PERSONNES

SOMMAIRE DES FORMULES

---

421. — Reconnaissance d'enfant naturel. — La reconnaissance d'un enfant naturel peut être faite par testament, pourvu qu'il soit authentique, c'est-à-dire que la déclaration de reconnaissance soit faite devant un officier public, par conséquent elle n'est valable qu'autant qu'elle est faite dans un testament par acte public (4). Elle serait sans effet si elle avait lieu dans un testament mystique (5) ou dans un testament olographe (6). — Mais le testament ne devant produire son effet qu'au décès du testateur, on ne saurait exciper contre lui, de son vivant, d'une reconnaissance d'enfant naturel consignée dans son testament authentique; à plus forte raison s'il a révoqué ce testament (7).

FORMULE 118. — **Clause pénale imposée à un légataire universel** (Ibid.).

Comme condition expresse du legs universel à lui fait, Louis NARDIN ne pourra critiquer aucune des dispositions renfermées dans le présent testament, à peine d'être déchu de son legs.

§ 14. — DISPOSITIONS RELATIVES AUX PERSONNES.

FORMULE 119. — **Reconnaissance d'enfant naturel** (N° 421).

Je reconnais, par le présent testament, pour mon enfant naturel, Charles Emile LEBLAY, inscrits sur les registres des actes de naissance de la commune de..... le....., comme étant né la veille; de Jeanne Nelly LEBLAY et de père inconnu.

Toutefois cette disposition, étant un acte de dernière volonté, ne recevra son exécution qu'après mon décès, et si je n'ai pas usé du droit, que je me réserve, de la révoquer.

---

(1) Demolombe, XVIII, 280; Cass., 27 mars 1855; S. 55, 1, 702.

(2) Troplong, 264; Massé et Vergé, § 434-14; Demolombe, XVIII, 217, 284; Cass., 14 déc. 1825; Bordeaux, 2 janv. 1833; Paris, 11 mai 1852, 12 nov. 1858; Cass., 9 déc. 1862; J. N., 14870, 17623.

(3) Bourges, 15 fév. 1860; Cass., 27 juill. 1870; R. G. Defrénois, II, 1463.

(4) Paris, 2 janv. 1819; Amiens, 9 fév. 1825; Bastia; 5 juill. 1826.

(5) Valette sur Proudhon, II, p. 149; Duvergier sur Toullier, II, 953 note *a*; Massé et Vergé, § 167-16; Aubry et Rau, § 568 *bis* 20; Demolombe, V, 405. CONTRA Duranton, III, 217; Loiseau, p. 466; Richefort, II, 254; Bruxelles, 23 mars 1811.

(6) Proudhon, II, p. 11; Duranton, III, 215; Duvergier sur Toullier, II, 953 note *a*; Valette sur Proudhon, II, p. 149; Loiseau, p. 464; Richefort, II, 255, 256; Massé et Vergé, § 167-16; Aubry et Rau, § 568 *bis*-19; Demolombe, V, 404; Roll. de Vill., *Reconn.*, n° 61; Rouen, 20 juin 1817; Limoges, 6 juill. 1832; Nîmes, 2 mai 1837; Alger, 4 juin 1857; Aix, 7 juin 1860; Bordeaux, 30 avril 1861; Paris, 11 août 1866; Agen, 27 nov. 1866; Cass., 7 mai 1833, 18 mars 1862; Caen, 11 déc. 1876; S. 32, II, 497; 33, I, 355; 37, II, 317, 57, II, 409; 60, II, 402; 61, II, 359; 62, I, 622; 67, II, 137, 138; 77, II, 8. CONTRA Toullier, II, 953; Troplong, 1498; Laurent, IV, 52.

(7) Loiseau, p. 468; Demolombe, V, 455; Duranton, III, 219; Amiens, 9 fév. 1826. CONTRA Richefort, II, 258; Bastia, 5 juill. 1826, 17 août 1829.

422. — Adoption testamentaire. — Celui qui s'est attaché un enfant mineur à titre de tuteur officieux (*C. civ.*, *361 à 365*) peut, après cinq ans révolus depuis la tutelle. dans la prévoyance de son décès avant la majorité du pupille, lui conférer l'adoption par acte testamentaire (*C. civ.*, *366*), dans la forme publique, mystique ou olographe. Il faut pour cela : 1° que le testament ait été précédé des formalités voulues pour la tutelle officieuse, la reconnaissance d'enfant naturel ne saurait y suppléer (1) ; 2° qu'il soit postérieur de plus de cinq ans à ces formalités, il ne suffit pas que cinq ans se soient écoulés depuis le testament (2) ; 3° que pendant ces cinq ans le tuteur ait rempli l'obligation à lui imposée par l'art. 364 § 2, de nourrir le pupille, de l'élever et de le mettre en état de gagner sa vie (3). — Dans ce cas, si le tuteur officieux vient à décéder avant la majorité de son pupille, ou après un délai si court depuis sa majorité qu'il n'ait pu lui conférer l'adoption entre-vifs (4), le pupille acquiert la qualité d'enfant adoptif, pourvu toutefois que le tuteur officieux ne laisse pas de descendants légitimes nés ou conçus (*C. civ.*, *366*). — Si le tuteur survit à la majorité du pupille, il doit, s'il veut maintenir l'adoption, la réitérer dans la forme ordinaire (5).

423. Conseil à la mère tutrice. — Le père peut, par testament public, mystique ou olographe, ou par déclaration devant le juge de paix ou devant notaire, nommer à sa veuve survivante et tutrice de leurs enfants mineurs, un conseil sans l'assistance duquel elle ne peut faire aucun acte relatif à la tutelle. Si le père spécifie les actes pour lesquels le conseil est nommé, la tutrice est habile à faire les autres sans son assistance (*C. civ.*, *391*, *392*). Ce droit ne saurait être étendu à des actes étrangers à la tutelle ; ainsi l'assistance d'un conseil ne peut être imposée à la mère usufruitière légale des biens de ses enfants mineurs, pour la perception des revenus de ces biens (6). — Si le conseil n'accepte pas ou s'il vient à prédécéder le père ou à décéder avant que ses fonctions n'expirent par la majorité des enfants, la femme demeure entièrement libre dans sa gestion, et ni le conseil de famille ni le tribunal ne peuvent lui

---

FORMULE 120. — Adoption testamentaire (N° 422).

J'ai, suivant un procès-verbal dressé par M. le juge de paix du canton de..... le....., pris la tutelle officieuse de Arthur Noël CALLET, né à....., le....., du mariage d'entre M. Ambroise CALLET et Mᵐᵉ Honorine BONTEMPS tous deux décédés.

Dans la crainte que je ne vienne à mourir avant que cet enfant ait atteint sa majorité, ou dans un délai trop court après sa majorité pour que je puisse lui conférer l'adoption entre vifs, et usant des dispositions de l'article 366 du code civil, en raison de ce que la tutelle officieuse dure depuis plus de cinq années, je déclare, par le présent testament, adopter Arthur Noël CALLET ; voulant, qu'à ce moyen, il ait, du jour de mon décès, tous les droits attachés à la qualité d'enfant adoptif.

FORMULE 121. — Nomination d'un conseil à la mère tutrice (N° 423).

Dans la prévision du cas où je viendrais à décéder pendant la minorité des enfants ou de quelques-uns des enfants issus de mon mariage avec Mathilde TANAY, mon épouse, et si elle accepte d'être leur tutrice naturelle et légale, je déclare, par ces présentes, nommer pour conseil spécial à la mère tutrice, M. Jules VALOIS, négociant, demeurant à......, sans l'assistance duquel elle ne pourra faire aucun acte relatif à la tutelle. — *Ou :* sans l'as-

---

(1) Cass., 23 juin 1857 ; S. 57, I, 652 ; J. N., 16116.

(2) Duraton, III, 304 ; Valette sur Proudhon, II, p. 270 ; Marcadé, 366-1 ; Massé et Vergé ; § 180-3 ; Aubry et Rau, § 561-6 ; Demolombe, VI, 73 ; Cass., 26 nov. 1856 ; S. 57, I, 129 ; J. N., 15957. CONTRA Odilon Barrot, *Encyclop., Adoption*, 63.

(3) Bordeaux, 16 juill. 1873 ; R. G. Defrénois, III, 2449.

(4) Marcadé, 366-1 ; Demolombe, VI, 75 ; Chardon, 85 ; Massé et Vergé, § 180-6 ; voir Paris, 8 août 1874 ; R. G. Defrénois, III, 2450.

(5) Marcadé, 366-2 ; Duranton, III, p. 242 ; Demolombe, VI, 74 ; Cass. 26 nov. 1856 ; S. 57, I, 129 ; J. N. 15957.

(6) Paris, 27 août 1867 ; R. G. Defrénois, I, 160.

nommer un autre conseil en remplacement de celui désigné par le mari (1) ; mais le père, dans la prévision de ces cas, peut désigner un autre conseil.

424. — Nomination de tuteur. —

Le survivant des père et mère, même mineur (2), si c'est la mère pourvue d'un conseil à la tutelle sans qu'elle ait besoin de son assistance (3), peut dans la même forme qu'en ce qui concerne le conseil à la mère tutrice, *supra* n° 423, choisir à ses enfants mineurs un tuteur parent ou étranger, pour le temps où il n'existera plus (*C. civ.*, *397*, *398*). Mais à la condition qu'il ait conservé la tutelle jusqu'au jour de son décès et que cette tutelle soit légale ; si donc le survivant a été exclu ou destitué de la tutelle, ou s'en est excusé (4), ou si c'est la mère et qu'elle ait refusé la tutelle, ou ne soit que tutrice dative par suite de sa déchéance de la tutelle comme s'étant remariée sans s'être fait au préalable maintenir dans la tutelle (5), il ne peut user de cette faculté. — En élisant un tuteur, le survivant peut ordonner que la garde et l'éducation de l'enfant sera confiée à une autre personne (6). — Lorsla mère remariée est maintenue dans la tutelle légale a fait choix d'un tuteur aux enfants de son premier mariage, ce choix n'est valable qu'autant qu'il est confirmé par le conseil de famille (*C. civ.*, *400*) ; alors même qu'elle serait redevenue veuve sans enfant de son second mariage (7).

SECTION X. — DE L'EXÉCUTEUR TESTAMENTAIRE

SOMMAIRE ALPHABÉTIQUE

sistance duquel elle ne pourra, comme tutrice, recevoir aucun capital mobilier ni en donner quittance ou décharge ; et il devra exiger qu'il en soit fait immédiatement emploi.

Si M. VALLOIS n'accepte pas cette fonction, ou s'il vient à me prédécéder, ou encore si, après avoir accepté cette fonction, il décède avant la majorité de mes enfants, il sera remplacé par M. Octave SALMON, avocat près le tribunal de....., demeurant à....., que, pour ce cas, je nomme conseil à la mère tutrice, avec les mêmes pouvoirs que M. VALLOIS.

FORMULE 122. — Nomination de tuteur (N° 424).

Pour le cas où je viendrais à décéder avant la majorité ou le mariage de Louis MOLAY, né à....., le....., et Jenny MOLAY née à....., le....., enfants issus de mon mariage avec Charles MOLAY. mon défunt mari, qui sont sous ma tutelle naturelle et légale, je choisis pour être tuteur de mes dits enfants mineurs ou de celui d'eux qui serait encore en tutelle, M. Victor BRÉGÉ, mon frère, négociant, demeurant à..... ; et lui confère tous les droits attachés à cette qualité.

Toutefois, ma volonté est que Jenny MOLAY, ma fille, soit, jusqu'à sa majorité ou son mariage, sous l'entière direction de Mlle Virginie BRÉGÉ, ma tante qui, en conséquence, en aura seule la garde et la surveillance et dirigera son éducation. Une somme de quatre mille francs par an, sur les revenus de ma fille sera, sous le seul contrôle de ma tante, affectée aux dépenses de nourriture, d'entretien, d'éducation et de menus plaisirs de ma fille.

---

(1) Duranton, III, 421 ; Magnin, I, 451 ; Massé et Vergé, § 247-9 ; Demolombe, VII, 105.

(2) Demolombe, VII, 152.

(3) Demolombe, VII, 152 ; Massé et Vergé, § 208-4 ; de Fréminville, I, 71.

(4) Marcadé, 397-I ; Mourlon, I, 1101 ; Valette sur Proudhon, II, p. 280 ; de Fréminville, I, 70 ; Demolombe,

VII, 163 ; Massé et Vergé, § 208-8. CONTRA Toullier, II, 1102.

(5) Marcadé, 397-1 ; CONTRA Demolombe, VII, 164.

(6) Marcadé, 450-1 ; Toullier, II, 1184 ; Duranton, III, 529 ; Magnin, I, 466 ; Chardon, *puiss. pat.*, 34 ; Rouen, 5 mai 1814, 8 mai 1840 ; Cass., 8 août 1815 ; S. 40, II, 313.

(7) Duranton, III, 436 ; Demolombe, VII, 167, 170.

SOMMAIRE DES FORMULES

FORM. 123. — Un seul exécuteur testamentaire.
FORM. 124. — Plusieurs exécuteurs testamentaires.
FORM. 125. — Exécuteurs testamentaires séparés.
FORM. 126. — Remplacement en cas de décès ou de refus.
FORM. 127. — Faculté de se faire remplacer.

FORM. 128. — Saisine.
FORM. 129. — Legs à l'exécuteur testamentaire.
FORM. 130. — Pouvoir de vendre les meubles et les immeubles.
FORM. 131. — Dispense de rendre compte.

425. — Nomination. — Le testateur, dans le but d'assurer l'exécution fidèle de son testament, peut nommer un ou plusieurs exécuteurs testamentaires (*C. civ.*, *1025, 1031*). Cette nomination n'est permise que par testament olographe, public ou mystique, qui peut ne contenir aucune autre disposition (1).

426. —Mandat. — L'exécution testamentaire constitue un mandat conféré par le testateur: c'est de ce dernier lui-même que l'exécuteur testamentaire est le mandataire et non pas des héritiers ni des légataires (2).

427. — Acceptation.—Refus. — Il en résulte que la personne nommée peut accepter ou refuser (3) (*C. civ.*, *1984*); mais après avoir accepté, elle ne peut renoncer au mandat que dans les termes de l'art. 2007 (4).

428. — Etranger. — Femme. — Il en résulte aussi que l'exécution testamentaire peut être conférée à un incapable de remplir une fonction publique ou civile, par exemple:

§ 15. — NOMINATIONS D'EXÉCUTEURS TESTAMENTAIRES.

FORMULE 123. — Un seul exécuteur testamentaire (Nos 425 à 433).

Je nomme pour mon exécuteur testamentaire, M. Louis ROUSSET, ancien notaire demeurant à.....

FORMULE 124. — Plusieurs exécuteurs testamentaires (Ibid.).

Je nomme pour mes exécuteurs testamentaires, M. Charles DESLYS, avocat, demeurant à....., et M. Eloi BOREL, homme de lettres, demeurant à.....

FORMULE 125. — Exécuteurs testamentaires séparés (Ibid.).

Je nomme pour mes exécuteurs testamentaires et charge de la mission de faire exécuter mes dispositions contenues tant au présent testament que dans tous autres qui existeraient à mon décès, savoir: M. Léon DUTERTRE, ancien magistrat, demeurant à....., en ce qui concerne les dispositions relatives à mes biens situés en France; et M. Louis MONNIER, négociant, demeurant à Alger, à l'égard des dispositions relatives à mes biens situés en Algérie.

---

(1) Marcadé, *art.* 1025 ; Coin-Delisle, p. 486, n° 6 ; Demolombe, XXII, 21, 22; Gand, 8 fév. 1858.
(2) Coin-Delisle, p. 486, n° 4; Troplong, *mandat*, 728, et *don.*, 1091; Marcadé, *art.* 1025; Demolombe, XXII, 5.

(3) Toullier, V, 577; Duranton, IX, 391; Coin-Delisle, p. 487; n° 11; Demolombe, XXII, 7.
(4) Toullier, V, 577; Duranton, IX, 392; Saintespès, V, 1543; Demolombe, XXII, 8; Aubry et Rau, § 711-8.

un étranger non naturalisé (1), une femme (2) ; comme aussi à l'héritier du testateur, l'un des légataires, le conseil de tutelle nommé à la mère tutrice (3).

429. — Incapable de recevoir. — L'exécution testamentaire étant gratuite comme le mandat (*C. civ., 1986*), peut être conférée à une personne incapable de recevoir du testateur (4), comme son tuteur ou son ex-tuteur, le médecin qui l'a soigné pendant sa dernière maladie ou le ministre du culte qui l'a assisté (5), son enfant naturel, son conjoint en seconde noces déjà avantagé pour toute la quotité disponible (6). Il peut aussi être l'un des témoins instrumentaires (7), ou même le notaire qui reçoit le testament (8); à la condition, dans les deux cas, qu'aucune rémunération n'y soit attachée (9).

450. — Capacité de s'obliger. — Celui qui est incapable de s'obliger ne peut pas être exécuteur testamentaire (*C. civ., 1028*); en effet ce mandataire étant imposé aux héritiers ou légataires doit présenter la garantie de sa responsabilité personnelle (10).

451. — Femme mariée. — Ainsi, la femme mariée ne peut accepter l'exécution testamentaire qu'avec le consentement de son mari ; si elle est séparée de biens, soit par contrat de mariage, soit par jugement, elle le peut avec le consentement de son mari, ou à son refus, avec l'autorisation de justice (*C. civ., 1029*); ce qui s'applique à la femme mariée sous le régime dotal lorsqu'elle a des biens paraphernaux (11).

452. — Mineur. — Quant au mineur, il ne peut être exécuteur testamentaire, même avec l'autorisation de son tuteur ou curateur (art. 1030) ; ce qui s'applique à l'interdit, à celui qui est assisté d'un conseil judiciaire, à celui qui a été placé dans une maison d'aliénés (12).

455. — Plusieurs. — S'il y a plusieurs exécuteurs testamentaires qui aient accepté, un seul peut agir au défaut des autres ; et ils sont solidairement responsables du compte du mobilier qui leur a été confié, à moins que le testateur n'ait divisé leurs fonctions, et que chacun d'eux ne se soit renfermé dans celle qui lui était attribuée (*C. civ., 1033*).

454. — Mandataire. — L'exécuteur testamentaire peut se faire représenter par un mandataire spécial dans l'exécution de la mission qui lui est confiée (13); à plus forte raison, le testateur peut conférer à son exécuteur testamentaire, la faculté de se substituer une autre personne (14).

FORMULE 126. — Remplacement en cas de décès ou de refus (Ibid.)

Je nomme pour mon exécutrice testamentaire, Mᵐᵉ Charlotte Estelle RICHARD, veuve de M. Honoré DILLET, demeurant à..... En cas de prédécès de ladite dame ou si elle refuse d'accepter cette mission, elle sera remplacée par M. Victor MEUNIER, avocat, demeurant à....

FORMULE 127. — Faculté de se faire remplacer (N° 434).

Je nomme pour mon exécuteur testamentaire, M. Louis MOULIN, receveur municipal de la ville de.....
S'il juge ne pas pouvoir remplir cette mission par lui-même, il aura la faculté de se faire remplacer par telle personne qu'il lui plaira de choisir.

---

(1) Troplong, 2009 ; Demolombe, XXII, 9 ; Colmar, 8 nov. 1821.
(2) Demolombe, XXII, 9.
(3) Troplong, 2012; Saintespès, V, 1556 ; Demolombe, XXII, 10 ; Colmar, 8 nov. 1821.
(4) Toullier, V, 580; Coin-Delisle, p. 487, n° 9 ; Aubry et Rau, § 711-5; Troplong, 653 et 2010 ; Demolombe, XXII, 11 ; Pau, 24 août 1825.
(5) Demolombe, XXII, 11 ; Pau, 24 août 1825.
(6) Durant., IX, 395; Tropl., 2010 ; Demol., XXII, 11.
(7) Duranton, IX, 395 ; Coin-Delisle, p. 487, n° 9 ; Demolombe, XXII, 11.

(8) Toullier, V, 401; Demolombe, XXII, 11 ; Gand, 12 avril 1839.
(9) Paris, 5 fév. 1833 ; Douai, 15 janv. 1834 ; voir cep. Demolombe, XXII, 19.
(10) Demolombe, XXII, 24.
(11) Duranton, IX, 394 ; Troplong, 2015 ; Colmet, IV, 174 *bis*; Aubry et Rau, § 711-4; Demolombe, XXII, 27.
(12) Demolombe, XXII, 30,
(13) Demolombe, XXII, 41; Aubry et Rau, § 711-12; Cass., 26 mai 1829.
(14) Colmar, 8 nov. 1821.

435. — Saisine. — Le testateur peut donner aux exécuteurs testamentaires la saisine du tout, ou seulement d'une partie de son mobilier (*C. civ.*, *1026*), quand même elle s'étendrait à la réserve (1); mais non de ses immeubles (2).

456. — Durée. — La saisine ne peut durer au-delà de l'an et jour, à compter du jour de son décès (*C. civ.*, *1026*); c'est ce délai qui est applicable quand le testateur n'en a pas fixé un moindre. Le testateur ne saurait étendre la saisine à une durée plus longue que l'an et jour (3), de même que le juge ne pourrait la prolonger (4); mais le délai ne commence pas à courir du jour du décès du testateur dans les deux cas suivants : 1° Si le testament, ignoré à l'époque du décès du testateur, n'a été connu que depuis ; à plus forte raison quand il a été caché ou retenu par les héritiers ; 2° si l'exécuteur testamentaire a été empêché d'exercer la saisine par des contestations élevées contre l'exécution du testament (5).

457. — Responsabilité. — L'exécuteur testamentaire, bien qu'il n'ait pas la saisine et qu'il y ait un légataire universel, est tenu de veiller à l'exécution des volontés du testateur, et doit être déclaré responsable lorsque, par sa diligence, il aurait pu assurer l'exécution d'un legs que l'insolvabilité du légataire universel a rendu irréalisable (6).

458. — Diamant. — D'usage, le testateur fait un legs à son exécuteur testamentaire, ou lui attribue, sous la dénomination de diamant, un honoraire pour la rémunération de son temps et de ses soins (7). Cette rémunération peut consister en un *tant* pour cent fixé par le testateur (8). Si le legs à l'exécuteur testamentaire a été fait en considération de la charge qui lui est imposée, il est caduc en cas de refus d'exécuter le mandat, sauf aux magistrats à lui accorder une partie du legs si le refus d'exécution n'est que partiel (9).

459. — Répartition. — Le testateur peut conférer à l'exécuteur testamentaire tous les pouvoirs nécessaires pour l'accomplissement de ses dispositions, alors même qu'ils seraient plus étendus que ceux déterminés par la loi (10); ainsi, on a validé une disposition testamentaire par laquelle le testateur,

---

FORMULE 128. — Saisine (Nos 435 à 437).

1° A un seul exécuteur testamentaire :

Je donne à mon exécuteur testamentaire, la saisine de mon mobilier pendant une année du jour de mon décès.

2° A des exécuteurs testamentaires séparés :

Je donne à mes exécuteurs testamentaires la saisine pendant une année du jour de mon décès, savoir: à M. DUTERTRE de mon mobilier situé en France ; et à M. MONNIER, de mon mobilier situé en Algérie.

FORMULE 129. — Legs à l'exécuteur testamentaire (N° 438).

Je prie M. ROUSSET de vouloir bien accepter comme gage de ma reconnaisance, à rai-

---

(1) Colmet, IV, 171 *bis* ; Demolombe, XXII, 51 ; Paris, 18 déc. 1871 ; R. G. Defrénois, II, 1429 ; CONTRA Duranton, IX, 401 ; Taulier, IV, p. 167 ; Massé et Vergé, § 491-20 ; Aubry et Rau, § 711-28.

(2) Coin-Delisle, 1026-2; Marcadé, 1026-2; Troplong, 1995; Aubry et Rau, § 711-30 ; Saintespès, V, 1540 ; Demolombe, XXII, 47 ; Pau, 7 déc. 1861 ; Lyon, 26 août 1864; Cass., 28 mai 1867; S. 62, II, 257 ; 65, II, 254 ; 67 I, 292.

(3) Bayle-Mouillard, III, 330, note *d*; Massé et Vergé § 491-35 ; Aubry et Rau, § 711-31 ; Roll. de Vill., *Exéc. test.*, 63 ; Marcadé, 1026-2; Demolombe, XXII, 48, 49 ; Colmet, V, 171 *bis* ; Troplong, 2000 ; Pau, 7 déc. 1861 ; Cass., 20 mai 1867; S. 62, 11, 257; 67, I, 292; CONTRA Duranton, IX, 400.

(4) Bayle-Mouillard, III, 330 ; Saintespès, V, 1540 ; Demolombe, XXII, 49 ; CONTRA Grenier, III, 330 ; Troplong, 1999.

(5) Toullier, V, 594 ; Duranton, IX, 399 ; Marcadé, 1026-2; Troplong, 1999; Demolombe XXII, 50 ; Bastia, 1er juin 1822.

(6) T. Versailles, 11 fév. 1876 ; R. G. Defrénois, III, 2822.

(7) Toullier, V, 580 ; Duranton, IX, 395 ; Coin-Delisle, p. 488, n° 12 ; Marcadé, *art.* 1025 ; Demolombe, XXII, 12-18.

(8) Paris, 9 nov. 1868 ; R. G. Defrénois, I, 405.

(9) Demolombe, XXII, 15 ; Lyon, 7 avril 1835.

(10) Demolombe, XXII, 84 ; Cass., 26 août 1847; S. 49, 1, 66.

après avoir légué à plusieurs conjointement une quotité déterminée de ses biens, a confié à un tiers le soin d'en faire la répartition entre les légataires, suivant le partage et dans la proportion qu'il jugera le plus convenable (1).

440. — Vente. — On considère aussi comme valable le pouvoir conféré à l'exécuteur testamentaire de vendre les immeubles pour acquitter directement les legs ou les autres charges imposées par le testateur à ses héritiers (2). Enfin on décide que le testateur peut charger son exécuteur testamentaire de vendre tout ou partie des immeubles de sa succession lorsqu'il n'a pas d'héritiers à réserve, ou s'il y en a, jusqu'à concurrence de la quotité disponible, afin de les convertir en argent et de faire la répartition des prix entre les héritiers ou ses légataires, après l'acquittement des charges (3) ; et même de procéder à la vente des immeubles dans la forme qu'il jugera convenable (4) et d'en toucher le prix afin de ne répartir entre ses légataires que des sommes d'argent (5).

441. — Mode de vente. — L'exécu-

teur testamentaire auquel le pouvoir de vendre a été confié doit appeler à la vente les héritiers ou autres successeurs universels (6) ; mais il n'est pas tenu de vendre judiciairement, alors même que la succession aurait été acceptée sous bénéfice d'inventaire (7), à moins cependant que parmi les héritiers ou autres successeurs il n'y ait des mineurs ou autres incapables (8).

442. — Dettes. — Les pouvoirs de l'exécuteur testamentaire ne pouvant être étendus que comme exécution des dispositions testamentaires, le testateur ne peut pas lui conférer le mandat de payer ses dettes, et de vendre à cet effet les biens meubles ou immeubles de sa succession (9). Il en est autrement quand le mandat de payer les dettes est un moyen d'accomplissement de son mandat d'acquitter les legs ; par exemple si le mandat est de vendre tous les immeubles de la succession pour en verser le prix entre les mains des légataires après l'acquittement des charges et des legs particuliers (10).

443. — Révocation. — La nomination d'un exécuteur testamentaire contenue

son de la mission dont je le charge, un diamant de la valeur de six mille francs, qui lui sera payé dans les six mois de mon décès, par préférence à tous autres legs.

FORMULE 130. — Pouvoir de vendre les meubles et les immeubles
(Nᵒˢ 439 à 443).

Je nomme pour mes exécuteurs testamentaires : M. Louis ALLIX, avocat près la cour d'appel de....., demeurant à....., et M. Charles MANIN, propriétaire, demeurant à....

Je leur donne la saisine de mon mobilier pendant une année du jour de mon décès.

En outre je leur confère le mandat le plus formel et les charge expressément de réaliser tous les biens meubles et immeubles de ma succession, afin de les convertir en argent. En conséquence je leur donne les pouvoirs les plus étendus à l'effet de faire le recouvrement de toutes sommes dues à ma succession ; vendre, céder et transférer sans formalité de justice comme pourrait le faire un plein propriétaire, et quand même il y aurait des incapables parmi mes légataires (*Ou:* parmi mes héritiers), tous les biens meubles et immeubles dépendant de ma succession, aux prix et conditions et dans la forme qu'ils juge-

(1) Demolombe, XXII, 87 *bis;* Metz, 13 mai 1864; S. 64, II, 132.

(2) Demolombe, XXII, 90; Bruxelles, 8 avril 1843.

(3) Toullier, V, 582; Duranton, IX, 411; Troplong, 2026 ; Demolombe, XXII, 90, 91; Seine, 19 avril 1842; Douai, 26 août 1847, 27 déc. 1848, 27 janv. 1864; Cass., 8 août 1848, 17 avril 1855, Orléans, 19 juill. 1854; Paris, 8 juill. 1856; Rennes, 22 août 1860; S. 49, I, 66; II, 163; 56, I, 253; 64, 11, 225; CONTRA Riom, 24 juin, 1839.

(4) Cass., 8 août 1848, 17 avril 1855; Douai, 27 janv. 1864; S. 49, I, 66; II, 164; 56, II, 253; 64, II, 225.

(5) Demolombe, XXII, 92; Metz, 13 mai 1869; R. G. Defrénois, I, 404.

(6) Cass., 8 août 1848; Paris, 8 juill. 1856; J. N. 13158, 13533 ; voir Rennes, 22 août 1860.

(7) Demolombe, XXII, 93; Cass.. 17 avril 1855; S. 56, I, 253.

(8) T. Tours, 8 juill. 1846; Paris, 13 août 1849; J. N. 13811; CONTRA Troplong, 270; Demolombe, XXII, 93.

(9) Demolombe, XXII, 88; Riom, 24 juin, 1839.

(10) Troplong, 2026; Demolombe, XXII, 89; Douai, 26 août 1847 ; Cass., 8 août 1848; J. N. 13158, 13533.

dans un premier testament n'est pas révoquée par le seul fait de l'institution universelle depuis annulée, résultant d'un testament postérieur, alors d'ailleurs que les autres dispositions de ce testament ne renferment ni une révocation expresse, ni une révocation tacite résultant d'incomptabilité (1).

444. — Compte. — L'exécuteur testamentaire qui a la saisine est tenu de rendre compte de son mandat aux héritiers ou aux légataires institués (*C. civ.*, *1031*). Le testateur ne peut le dispenser de cette obligation qu'en disposant en sa faveur, soit explicitement soit implicitement, de la chose sur laquelle porte spécialement son mandat (2). Il est préférable de préciser la volonté du testateur à cet égard.

SECTION XI. — DE LA RÉVOCATION DES TESTAMENTS ET DE LA CADUCITÉ DES LEGS

DIVISION

§ 1. *Révocation expresse* (Nos 445 à 454).
§ 2. *Révocation tacite* (Nos 455 à 475).
§ 3. *Révocation judiciaire* (Nos 476 à 479).
§ 4. *Caducité des legs* (Nos 480 à 489).
§ 5. *Effets de la révocation et de la caducité des legs* (Nos 490 à 492).

SOMMAIRE ALPHABÉTIQUE

---

ront convenable ; toucher les prix des ventes, cessions et transferts ; donner toutes quittances et mains-levées ; acquitter le passif de ma succession et payer les legs particuliers ; puis enfin distribuer ce qui restera entre mes légataires universels (*Ou :* entre mes héritiers) dans la proportion de leurs droits.

FORMULE 131. — Dispense de rendre compte (No 444).

Je prie mon exécuteur testamentaire de distribuer aux indigents de la ville de....., une somme de quatre mille francs. Il fera cette distribution aux personnes et de la manière

---

(1) Limoges, 13 mai 1867 ; S. 67, II, 314.
(2) Toullier, V. 604 ; Durant., IX, 407 ; Marcadé, 1031-3 ; Massé et Verger, § 491-9 ; Aubry et Rau, § 711-46 ; Tropl., 2028 ; Roll. de Vill., *Exécut. test.* 126 ; Dict. not., *Ibid.*, 81 ; Nîmes, 23 mai 1865 ; S. 65, II, 285. Voir cep. Demolombe, XXII, 118 ; Douai, 23 janv. 1846 ; S. 46, II, 364.

SOMMAIRE DES FORMULES

FORM. 132. — Révocation générale.

FORM. 133. — Révocation de legs.

FORM. 134. — Révocation par acte notarié.

FORM. 135. — Rétractation de l'acte révocatoire.

FORM. 136. — Legs à la charge d'une disposition antérieure.

FORM. 137. — Legs antérieurs à la charge d'une disposition nouvelle.

FORM. 138. — Legs à titre universel par testaments successifs.

FORM. 139. — Legs particuliers par testaments successifs.

FORM. 140. — Révocation soumise à l'exécution du testament.

FORM. 141. — Legs d'immeubles reporté sur le prix en cas de vente.

FORM. 142. — Legs d'immeubles converti en une somme d'argent en cas d'aliénation.

FORM. 143. — Révocation par cessation de cause.

FORM. 144. — Révocation pour inexécution des conditions.

FORM. 145. — Caducité de legs pour prédécès.

FORM. 146. — Caducité pour décès avant un terme fixé.

FORM. 147. — Caducité. — Legs conditionnel.

FORM. 148. — Caducité pour perte de la chose léguée.

FORM. 149. — Caducité par suite de recouvrement.

FORM. 150. — Révocation d'un legs universel. — Maintien des autres libéralités.

§ 1. — Révocation expresse.

445. — **Écrite.** — Les testaments ne peuvent être révoqués, en tout ou en partie, que par un testament postérieur ou par un acte devant notaire, portant déclaration du changement de volonté (*C. civ.*, 1035). Cette déclaration doit être expresse, sans cependant que des termes précis soient exigés (1) ; toutefois il ne suffirait pas de la déclaration du testateur qu'il n'a fait aucune disposition antérieure, *infra* n° 456.

446. — **Verbale.** — La révocation ne peut être verbale (2) ; néanmoins on peut, dans le but de se faire allouer des dommages et intérêts, établir que le testateur a été empêché, par des manœuvres frauduleuses, de révoquer son testament (3). Mais la preuve

qu'il jugera convenable, sans que nul ait le droit de s'y immiscer, ni de lui réclamer aucune justification d'emploi ni aucun compte. Au besoin je déclare lui léguer ce qui restera libre entre ses mains, s'il lui convient de ne pas distribuer la somme entière, ce dont il sera seul juge.

§ 16. — RÉVOCATIONS DE TESTAMENTS ET CADUCITÉS DE LEGS.

FORMULE 132. — **Révocation générale** (Nos 445 à 450).

Je révoque tous testaments et toutes autres dispositions à cause de mort, que j'ai pu

---

(1) Cass., 23 mars 1852 ; S. 52, I, 349.

(2) Demolombe, XXII, 139.

(3) Marcadé, 1035-1; Demolombe, XXII, 135; Agen, 30 juin 1851 ; D. 51, II, 99 ; Cass., 15 mai 1860 ; S. 60, I, 625.

qui peut être faite de l'existence et de la teneur d'un testament détruit par cas fortuit,
force majeur ou fraude, *supra* n° 12, ne saurait être étendue à l'héritier demandant à établir un fait révocatoire émané du testateur, la
révocation ne pouvant s'opérer que dans la
forme voulue par la loi (1).

447. — Extension. — La révocation
de tous testaments antérieurs peut, suivant
les circonstances, être réputée comprendre
une donation entre époux faite pendant le mariage (2).

448. — Acte testamentaire. —
Le testament portant révocation d'un précédent peut être notarié, mystique ou olographe,
quelle que soit la forme du précédent; et, même quand il est olographe, il n'est pas nécessaire qu'il renferme en outre une disposition
de biens (3); mais, dans cette dernière forme,
il faut qu'il soit daté et signé, et, par suite,
la révocation serait nulle si elle résultait d'une
déclaration non signée inscrite à la suite du
testament olographe, ou d'une note écrite et

signée par le testateur mais non datée (4); à
plus forte raison il en est ainsi quand la révocation ou modification a été écrite par un
tiers (5). — Si, passé devant notaire, il est
nul comme testament, il peut cependant produire son effet s'il est valable comme acte notarié (6), *infra* n° 451; mais quand la clause
révocatoire se trouve dans un testament renfermant des dispositions nouvelles, sa nullité
entraîne celle de la clause révocatoire (7).

449. — Créancier. — Décidé qu'un
créancier ne saurait être admis à se prévaloir
des art. 1166 et 1167, pour attaquer un testament qui a révoqué les dispositions faites
en faveur de son débiteur, dans un précédent testament, ce testament étant l'acte du
testateur qui n'était à aucun titre son débiteur (8).

450. — Dispositions nulles. — Si
le testament est valable en la forme, mais que
les dispositions nouvelles, pour une cause
quelconque, soient nulles en tout ou en partie,
il appartient aux juges du fonds de décider,

---

faire avant le présent testament, lequel sera seul exécuté comme contenant mes dernières volontés.

FORMULE 133. — Révocation de legs (Ibid.).

Je révoque le legs de vingt mille francs que j'ai fait à Louis BLOMET, par mon testament
olographe du..... — *ou* suivant mon testament reçu par M⁰ notaire à....., le.....

FORMULE 134. — Révocation par acte notarié (Nᵒˢ 451 et 452).

PAR DEVANT Mᵉ. Léon DAREL, notaire à...... soussigné.

A COMPARU :

M. Luc DEVIN, rentier, demeurant à.....
Lequel a, par ces présentes, déclaré qu'il révoque purement et simplement son testament reçu par Mᵉ...., notaire à....., en présence de quatre témoins, le......

---

(1) Liége, 8 avril 1852; Lyon, 14 déc. 1875; R. G. Defrénois, III, 2824.
(2) Douai, 3 nov. 1836 ; S. 30, II, 12.
(3) Toullier, V, 633; Duranton, IX, 431; Coin-Delisle,
1035-7; Aubry et Rau, § 725-5; Troplong, 2051; Demolombe, XXII, 141; Colmar, 22 juin 1831; Bordeaux, 27
mars 1846; Cass., 17 mai 1814, 7 juin 1832, 10 janv.
1865; Caen, 22 juill. 1868; S. 32, I, 542; II, 51; 46, II,
524 ; 65, I. 118; R. G. Defrénois, I, 406, contra Marcadé, 1035-2; Saintespès, V, 1598.
(4) Marcadé, 1035-2; Coin-Delisle, 1035-8; Limoges, 8
juill. 1808; Cass. 10 janv. 1865; S. 65, I, 118; Seine, 8
janv. 1874; Pau, 15 juin 1874; R. G. Defrénois, III,
2825.

(5) Lyon, 27 juin 1876; J. N. 21547.
(6) Coin-Delisle, 1035-9 ; Démolombe, XXII, 148; Poitiers, 5 déc. 1854; Cass., 1ᵉʳ juin 1870; R. G. Defrénois, II, 1443.
(7) Grenier et Bayle-Mouillard, III, 342; Coin-Delisle,
1035-8; Troplong, 2050; Aubry et Rau, § 725-7; Troplong, 2050; Colmet, IV, 184 *bis*; Demolombe, XXII,
155; Cass., 20 fév. 1811, 2 mars 1836, 14 juill. 1839, 18
avril 1855; Nimes, 3 août 1867; S. 36, I, 174; 55, I, 321;
R. G. Defrénois, I, 410; contra Toullier, V, 620;
Duranton, IX, 438; Taulier, V, p. 171; Marcadé, 1053-3;
Saintespès, V, 1599.
(8) Cass., 16 avril 1877; S. 77, I, 293.

par une appréciation des faits, si la volonté du testateur a été de la soumettre à la condition de l'exécution des dispositions nouvelles (1).

451. — Déclaration notariée. — L'acte notarié portant déclaration du changement de volonté est soumis, non pas aux solennités spéciales du testament par acte public, mais aux formes exigées par la loi du 25 ventôse an XI pour les actes notariés; la présence effective des témoins instrumentaires y est requise sous peine de nullité (*L. 21 juillet 1843, art.* 2); enfin cet acte doit être reçu en minute et non en brevet (2).

452. — Donation non acceptée. — Si la déclaration de révocation est renfermée dans une donation entre-vifs non acceptée par le donateur, elle ne produit pas moins son effet comme révocation (3).

453. — Rétractation. — On décide assez généralement que la rétractation d'une révocation pure et simple, a pour effet de faire revivre de plein droit le testament révoqué (4), alors surtout que le testateur a manifesté en même temps son intention à cet égard (5); et qu'il en est de même du fait d'anéantir un testament portant révocation de testaments antérieurs (6); mais que, quand la révocation a été faite dans un second testament renfermant des dispositions nouvelles, il est nécessaire que le testateur manifeste sa volonté de faire revivre le premier testament (7). On décide aussi que la rétractation peut être faite par une déclaration dans la forme d'un simple acte devant notaire, comme la révocation (8).

454. — Disposition reproduite. — Néanmoins, il est préférable d'employer la forme testamentaire, comme aussi de reproduire sommairement les dispositions que le testateur a la volonté de faire revivre. Ne pourrait-on pas, en effet, considérer que la révocation a eu pour résultat d'anéantir les dispositions du testament révoqué; et, s'il en était ainsi, elles ne pourraient revivre que par une nouvelle expression de la volonté du testateur, formellement exprimée (9).

Voulant qu'il soit considéré comme non avenu et ne produire aucun effet.

Dont acte. Fait et passé à....., en l'étude de Mᵉ Darel.

L'an...... le......

En présence de M..... et M.....; témoins instrumentaires requis.

La lecture du présent acte par Mᵉ Darel et la signature par M. Devin ont eu lieu en présence des témoins instrumentaires.

FORMULE 135. — Rétractation de l'acte révocatoire (Nᵒˢ 453 et 454).

Je déclare rétracter expressément un acte passé devant Mᵉ....., notaire à....., le.....; contenant révocation de mon testament reçu par le même notaire, le......

Ma volonté formelle étant de faire revivre toutes les dispositions contenues audit testament et dont l'énonciation suit: (*les rappeler sommairement*).

Voulant que ce testament produise tout son effet, de même que s'il n'avait pas été révoqué.

---

(1) Demolombe, XXII, 158; Paris, 25 mars 1850; Cass., 5 juill. 1858, 10 juill. 1860; Caen, 17 janv. 1865; S. 58, I, 577; 59, II, 499; 60, I, 708.

(2) Saintespès, V, 1602; Troplong, 2052; Demolombe, XXII, 145; contra Coin-Delisle, 1035-4.

(3) Marcadé, 1038-3; Coin-Delisle, 1038-5; Troplong, 2090; Demolombe, XXII, 228; Lyon, 7 fév. 1827; Cass., 25 avril 1825, 16 avril 1845; S. 45, I, 654; contra Paris, 11 déc. 1847; S. 48, II, 337.

(4) Demolombe, XXII, 161; Duranton, IX, 411; Coin-Delisle, 1035-12; Grenoble, 14 juin 1810; Cass., 15 juill. 1846; S. 46, I, 721; contra Toullier, V, 635; Troplong, 2095; Aubry et Rau, § 725-10.

(5) Cass., 22 mars 1837; Dijon, 8 mars, 1838; S. 37, I, 305; 38, II, 134.

(6) Demolombe, XXII, 163; Dijon, 4 mai 1877; S. 77, II, 176; Cass., 15 mai 1878; J. N. 21883.

(7) Marcadé 1038-2; Grenier et Bayle-Mouillard, III, 347; Troplong, 2065; Aubry et Rau, § 725-11; Demolombe, XXII, 162; Caen, 24 avril 1841; Grenoble, 29 avril 1842; Cass., 7 fév. 1843; Lyon, 18 mai 1847; Metz, 12 déc. 1866; S. 41, I, 90; 43, I, 513; 48, II, 23; J. N. 18941; Chambéry, 2 avril 1873; R. G. Defrénois, III, 2831; contra Duranton, IX, 441; Coin-Delisle, 1035-12.

(8) Duranton, IX, 44; Troplong, 2065; Demolombe, XXII, 164; Aubry et Rau, § 725-13; Cass., 22 mars 1837; Dijon, 8 mars 1838; Caen, 24 avril 1841; S. 37, I, 305; 38, II, 134; 41, II, 490; Cass., 26 mars 1879; J. N. 3180.

(9) Voir Cass., 7 nov. 1853; S. 53, I, 684; J. N. 16265; contra Demol., XXII, 163, 164; Aubry et Rau, § 725-12.

§ 2. — Révocation tacite.

455. — Incompatible. — Contraire. — Les testaments postérieurs qui ne révoquent pas d'une manière expresse les précédents, n'annulent dans ceux-ci que celles des dispositions y contenues qui se trouvent incompatibles avec les nouvelles ou qui y sont contraires (*C. civ.*, *1036*) ; cette incompatibilité ou contrariété peut ne pas être matérielle et résulter, par voie d'interprétation, de l'intention présumée du testateur (1).

456. — Déclaration négative. — Si le testateur déclare dans un testament authentique qu'il n'a fait aucune disposition antérieure, cette déclaration n'emporte pas révocation d'un premier testament olographe, alors surtout que les dispositions du second testament ne sont pas inconciliables avec celles du premier (2).

457. — Legs universel. — En principe, et sauf l'appréciation contraire qui appartient au juge (3), on décide : — Iº Que le legs universel est révoqué par un legs universel postérieur au profit d'une autre personne (4), à moins que le testateur n'ait exprimé explicitement ou implicitement la volonté qu'ils fussent exécutés simultanément (5), *supra* nº 237 ; mais non par un legs à titre universel (6) ; ni à plus forte raison, par des legs particuliers (7), à moins de circonstances spéciales manifestant de la part du testateur l'intention de révoquer (8).

458. — Legs à titre universel. — 2º Que le legs à titre universel n'est pas révoqué par un legs universel postérieur (9) ; ni par un autre legs à titre universel, à moins qu'une même quotité ne soit donnée par deux testaments successifs, comme, par exemple, un quart quand le testateur a trois enfants (10) ; ni, à plus forte raison, par un legs particulier (11) ; ni par la donation que le testateur fait de tout ses biens (12).

459. — Legs particulier. — 3º Que le legs particulier n'est pas révoqué par un legs postérieur, qu'il soit universel, à titre

---

FORMULE 136. — Legs à la charge d'une disposition antérieure
(Nºs 455 à 459).

Par mon testament en date du....., j'ai institué pour mon légataire universel, Louis CALET mon neveu, demeurant à......

Sans révoquer ce testament qui continuera de produire son effet, à la charge toutefois de l'exécution des dispositions ci-après.

Je lègue :

1º A Eloi NORET, un quart des biens meubles et immeubles que je laisserai à mon décès.

2º Et à Félix BAULT, une somme de dix mille francs, qui lui sera payée dans les six mois de mon décès, avec intérêt à cinq pour cent par an, à partir du même jour.

---

(1) Bayle-Mouillard, III, 343 ; Demolombe, XXII, 170 ; Massé et Vergé, § 502-10 ; Aubry et Rau, § 725-18 ; Agen, 7 mai 1850 ; Grenoble, 17 mars 1853 ; Toulouse, 13 nov. 1863 ; Cass., 10 mars 1851, 23 juillet 1868 ; Montpellier, 17 mars 1869 ; S, 50, II, 241 ; 51, I, 361 ; 54, II, 129 ; 64. II, 48 ; 69, I, 115 ; 70, II, 5 ; Cass., 18 mars 1879 ; J. N. 3178.

(2) Versailles, 7 janv. 1870 ; R. G. Defrénois, II, 1432.

(3) Marcadé, 1036-2 ; Troplong, 2000 ; Demolombe, XXII, 170 ; Aubry et Rau, § 725-21, 170 ; Riom, 11 mars 1856 ; Grenoble, 26 mars, 1859 ; Paris, 7 nov. 1862, Lyon, 3 mars 1860 ; Cass., 22 juin 1831, 29 mai 1832, 8 juill. 1835, 30 mars 1841, 10 mars 1851, 5 avril 1870, 6 nov. 1871 ; S. 31, I, 253 ; 32, I, 436 ; 35, I, 741 ; 41, 1, 106 ; 51, I, 361 ; J. N., 15928, 17599 ; R. G. Defrénois, I, 407 ; II, 1436.

(4) Duranton, IX, 445 ; Taulier, IV, p. 175 ; Colmet, IV, 183 *bis* ; Demolombe, XXII, 173 ; Paris, 9 janv. 1872 ; R.G.Defrénois, II, 1433 ; CONTRA Toullier, V, 646 ; Coin-Delisle, 1036-5 ; Troplong. 2078.

(5) Cass., 5 juill. 1858, 10 juill. 1860, 31 juil. 1876 ; S. 58, I, 577 ; 60, I, 708 ; 77, I, 158 ; R. G. Defrénois, III, 3861.

(6) Demolombe, XXII, 175 ; Cass., 2 juillet, 1867 ; S. 67, I, 437.

(7) Coin-Delisle, 1036-8 ; Demolombe, XXII, 176 ; Aubry et Rau, § 725-24 ; Cass., 29 mai 1832 ; S. 32, 1, 436.

(8) Chambéry, 17 déc. 1877 ; Cass., 23 janv. 1878 ; J. N. 21803, 21923.

(9) Duranton, IX, 447 ; Golmet, IV, 383 *bis* ; Demolombe, XXII, 177 ; voir aussi Coin-Delisle, 1036-6 ; Troplong, 2078.

(10) Demolombe, XXII, 178.

(11) Demolombe, XXII, 179.

(12) Cass., 27 mars 1855, 2 juill. 1867 S. 55, I, 702 ; 67, 1, 437.

universel ou particulier (1) ; mais qu'il est révoqué par le legs à titre universel comprenant une nature de biens dans laquelle entre le legs particulier (2), comme aussi par le legs particulier postérieur du même objet (3) ; à moins que les legs ne soient tous deux de sommes d'argent (4).

460. — Legs successifs. — Quand les dispositions anciennes et les dispositions nouvelles ont été faites successivement au profit d'un même légataire, il faut distinguer : — Si ce sont deux legs universels, le dernier confirme le précédent, même dans la disposition du premier non reproduite par le second, par exemple si le premier est fait avec substitution vulgaire eu faveur des enfants du légataire et que le second ne répète pas cette substitution (5) ; — si le premier legs est universel et que le deuxième soit à titre universel, il y a révocation du premier (6) ; décidé que le legs de l'universalité en pleine propriété est révoqué en ce qui concerne la nue propriété par le legs ou le don de l'universalité en usu-

fruit (7) ; — si le premier est universel ou à titre universel et que le deuxième soit un legs particulier, il n'est pas révoqué par ce dernier legs, sauf aux juges à rechercher l'intention du testateur (8) ; — Si le premier et le deuxième legs sont tous deux à titre universel, il y a confirmation quand c'est la même quotité, ou réformation si la fraction nouvelle est supérieur ou inférieure (9) ; — si le premier legs est de tous les meubles et le deuxième de tous les immeubles, ou *vice versa*, on ne saurait y voir une présomption de révocation, sauf à apprécier là volonté du testateur par les autres dispositions du testament ou par les circonstances du fait (10) ; — si le premier et le deuxième legs sont tous deux à titre particulier, le dernier révoque le précédent quand ils ont pour objet une même chose ; par exemple, le legs d'un immeuble en pleine propriété est révoqué par le legs en usufruit du même immeuble (11) ; il en est ainsi, encore, du legs d'une même chose fait purement et simplement par un premier testament et sous condi-

---

FORMULE 137. — Legs antérieurs à la charge d'une disposition nouvelle
(Nos 455 à 459).

Je lègue à Firmin Le Bbeuil, mon neveu, par préciput et hors part, ma ferme appelée la *ferme modèle*, située commune de ...., consistant en corps de ferme, terres de labours, prés et patures, d'une contenance ensemble de soixante hectares.

A la charge par lui d'acquitter tous les legs de sommes, avec hypothèque sur cette ferme, que j'ai faits à divers, par mon testament dicté à M....., notaire à....., le....., qui est maintenu dans toutes ses dispositions.

Et de plus de supporter tous les droits de succession et autres frais incombant à ces legs, de manière qu'ils soient indemnes de tous frais.

FORMULE 138. — Legs à titre universel par testaments successifs
(Nos 460 à 462).

Je lègue, par préciput et hors part, à Léon Poilly, mon neveu, la moitié des biens meubles et immeubles qui composeront ma succession ; dans lequel legs se confondra

---

(1) Coin-Delisle, 1036-6 ; Demolombe, XXII, 180 ; Cass. 22 juin 1831, 4 avril et 20 mai 1832 ; 8 juill. 1835, 30 mars 1841, 19 juillet, 1847, 4 juin 1867 ; Limoges, 13 mai 1867 ; Seine, 4 mars 1869 ; Lyon, 16 juillet 1871 ; S. 31. I, 253 ; 32, I, 436 ; 41, I, 106 ; 47, I, 731 ; 67, I, 235, II, 314 ; J. N. 18905 ; R. G. Defrénois, I, 367, II, 1434.

(2) Duranton, IX, 447 ; Demolombe, XXII, 181.

(3) Duranton, IX, 443 ; Colmet, IV, 183 *bis ;* Demolombe, XXII, 184 ; CONTRA Toullier, V, 645 ; Marcadé, *art.* 1036 ; Troplong, 2078.

(4) Demolombe, XXII, 182.

(5) Cass., 17 mai 1870 ; R. G. Defrénois, II, 1434.

(6) Demolombe. XXII, 190.

(7) Angers, 4 déc. 1868 ; Paris, 23 mars 1872 ; R. G. Defrénois, I, 407 ; II, 1438 ; voir cep. Dijon, 8 déc. 1869 ; *ibid.* II, 1438.

(8) Coin-Delisle, 1036-8 ; Demolombe, XXII, 190 ; Cass., 29 mai 1832, 27 déc. 1860 ; Montpellier, 17 mars 1869 ; Bourges, 29 février 1876 ; R. G. Defrénois, II, 1434, 1437, III, 2826.

(9) Demolombe, XXII, 191.

(10) Demolombe, XXII, 193.

(11) Demolombe, XXII, 193. Voir Bordeaux 29 avril 1830.

tion par un deuxième (1), alors même que cette condition est une substitution prohibée qui rend nul le testament (2).

461. — Ibid. — Legs de sommes. — Si les legs successifs à titre particulier sont de sommes d'argent, ou de quantités, ou de corps certains différents, il y a révocation quand le testateur déclare substituer le dernier legs au précédent (3); mais si le testateur ne s'est pas expliqué dans son second testament, par exemple s'il a légué par un premier testament 10,000 fr., et par le second 12,000 fr., ou par un premier une rente de 1,000 fr., et par le second une rente de 1,500 fr., ou par le premier un immeuble, et par le deuxième un capital, ces legs ne sont ni incompatibles ni contraires, et ils peuvent être réclamés cumulativement (4), sauf l'appréciation de la volonté du testateur, par exemple, si les deux sommes sont identiques (5), ou s'il résulte des circonstances que le second legs n'est que la répétition du premier (6), ou si le testateur exprime une même cause pour les deux legs, comme s'il est dit que c'est pour sa dot (7), ou qu'après avoir fait un legs à un successible pour sa dot, il lui constitue cette même dot par contrat de mariage (8), ou exécute autrement la disposition de son vivant (9).

462. — Quotité disponible. — Lorsqu'il existe deux testaments successifs dont l'exécution simultanée dépasserait la quotité disponible, le second testament n'opère pas nécessairement la révocation du premier, sous prétexte d'incompatibilité; les dispositions des deux testaments sont simplement réductibles (10).

463. — Legs non recueilli. — La révocation faite dans un testament postérieur a tout son effet, quoique ce nouvel acte reste sans exécution par l'incapacité de l'héritier institué, ou du légataire, ou par leur refus de recueillir (C. civ., 1037), ou par leur prédécès, leur indignité ou leur ingratitude (11), ou pour cause de nullité, par exemple: si le legs est fait avec substitution (12), ou à une personne

---

le quart que j'avais déjà légué audit Léon POILLY, aux termes de mon précédent testament en date du......

FORMULE 139. — Legs particuliers par testaments successifs (Ibid.).

Je lègue à Clarisse TILLOY, ma nièce, par préciput et hors part, une somme de quinze mille francs, payable dans les trois mois de mon décès, sans intérêt; dans lequel legs se confondra celui d'une somme de dix mille francs que je lui avais précédemment fait par mon testament en date du.....
Si le legs est de choses déterminées qui ne se confondent pas :
Je lègue à Charles MÈGE, une prairie sise à....., contenant.....; et ce, indépendamment de la maison située à......, que je lui ai léguée par mon précédent testament en date du......

---

(1) Demolombe XXII, 194; Duranton, IX, 452; Aubry et Rau, § 725-19.
(2) Demolombe, XVII, 195; Poitiers, 6 mars 1847; Cass., 25 juill. 1849, 5 juill. 1858, 23 juill. 1867; Paris, 25 mars 1850; S. 47, II, 353, 49, I, 673; 59, II, 400; 67, I, 370.
(3) Demolombe, XXII, 196; Bourges, 15 mars 1847; S. 47, II, 140; Cass., 13 déc. 1869; S. 70, I, 160.
(4) Coin-Delisle, 1036-8; Troplong, 2072; Demolombe, XXII, 197; Aubry et Rau, § 725-23; Grenoble, 22 juin 1827; Riom, 8 nov. 1830; Bordeaux, 26 janv. 1842; J. N. 11351.
(5) Cass., 8 juill. 1835; S. 35 I, 74; Lyon, 9 mars 1877; Droit 12 oct.
(6) Grenoble, 8 mai 1831; S. 32, II, 306.
(7) Troplong, 2072; Demolombe, XXII, 199; Cass., 8 juill. 1835; S. 35, I, 741.

(8) Troplong, 2079; Demolombe, XXII, 200; Rouen, 31 mars 1835; Paris, 29 avril 1851; Cass., 25 juin 1828, 27 avril 1852; CONTRA Limoges, 12 juin 1852; S. 51, II, 367; 52, I, 459, II, 581; J. N. 14337.
(9) Seine, 12 mars 1870; Paris, 20 avril 1851; Cass., 27 avril 1852, 19 juin 1870; voir cep. Limoges, 12 juin 1852; R. G. Defrénois, II, 1428; III, 2820.
(10) Pau, 16 déc. 1874; R. G. Defrénois, III, 2827.
(11) Marcadé, 1037-1; Coin-Delisle, 1037-1; Troplong, 2084; Demolombe, XXII, 205; Cass., 13 mai 1834; Besançon, 23 janv. 1867; S. 34, I, 321; 67, II, 348; J. N. 18752.
(12) Aubry et Rau, § 725-30; Demolombe, XXII, 195; Poitiers, 9 mai 1847; Cass., 25 juill. 1849, 22 juill. 1867; S. 49, I, 673; 67, I, 370; J. N. 13051, 13790, 19048. Voir cep. Cass., 5 juill. 1858; S. 58, I, 577.

incertaine (1) ou incapable de recevoir (2) ou encore par l'obligation du rapport si le legs a été fait à un succcessible (3) ; à moins qu'il ne résulte du testament la volonté de subordonner la révocation à l'exécution du legs postérieur (4).

464. — Nullité. — Mais si le testament postérieur est nul pour vice de forme ou pour l'incapacité du testateur, par exemple, s'il a été fait par le pupille au profit de son tuteur (5), il est considéré comme inexistant et n'entraîne pas révocation (6).

465. — Aliénation. — Chose corporelle. — Toute aliénation, même celle par vente avec faculté de rachat ou par échange, que fait le testateur de tout ou partie de la chose léguée, emporte la révocation du legs pour tout ce qui a été aliéné, encore que l'aliénation postérieure soit nulle et que l'objet soit rentré dans la main du testateur (*C. civ.*, *1038*), alors même que la vente annulée aurait été faite au légataire (7) et peu importe que la vente ait été faite sous condition résolutoire (8),

mais non si elle a été faite sous une condition suspensive qui ne s'est pas accomplie (9). — Si l'aliénation n'est que partielle, le legs subsiste pour la partie non aliénée (10).

466. — Ibid. — Chose incorporelle. — Ce qui vient d'être dit est applicable, même lorsque le legs est d'une chose incorporelle ; ainsi emportent révocation : le transfert de rentes sur l'Etat, d'actions ou d'obligations de compagnies; le transport d'une créance et même le remboursement; à moins que la créance n'ait été léguée comme quantité et non comme chose déterminée, *supra* nos 294, 295.

467. — Donation. — La donation entre-vifs de la chose léguée (11) et l'institution contractuelle (12), étant une aliénation, emportent révocation; et cette révocation conserve tout son effet, quoique la nouvelle disposition reste sans exécution par l'incapacité de disposer du donateur, comme s'il s'agit d'une donation ou institution contractuelle portant sur des biens dotaux (13), par l'incapacité du do-

---

FORMULE 140. — **Révocation soumise à l'exécution du testament**
(Nos 463 et 464).

Je révoque mon testament du..... ; néanmoins il revivra et conservera tout son effet si le présent testament, par une cause quelconque, ne recevait pas son exécution.

FORMULE 141. — **Legs d'immeuble reporté sur le prix en cas de vente**
(Nos 465 à 471).

Je lègue à Jean VALAT, une prairie sise à....., contenant..... ; il en aura la pleine propriété et la jouissance du jour de mon décès.

Si je viens à vendre cet immeuble ou s'il est exproprié pour utilité publique, le prix sera substitué à l'immeuble et, en conséquence, sera recueilli ou ce qui en restera dû par M. VALAT mon légataire, avec droit à l'intérêt du jour de mon décès.

---

(1) Liége, 14 mai 1873; R. G. Defrénois, III, 2829.
(2) T. Beauvais, 14 juin 1876; R. G. Defrénois, III, 3862.
(3) Seine, 22 fév. 1868; R. G. Defrénois, I, 409.
(4) Demolombe, XXII, 204.
(5) Cass., 11 mai 1864; S. 64, I, 261. CONTRA Demolombe, XXII, 208.
(6) Demolombe, XXII, 207; Aubry et Rau, § 725-31 ; Cass., 22 août 1836. CONTRA Marcadé, 907-3; Bayle-Mouillard, I, 118, note *b*.
(7) Troplong, 2089; Aubry et Rau, § 725-36; Cass., 16 avril 1845; S. 45, I, 654.
(8) Coin-Delisle, 1838-4; Marcadé, *art.* 1038; Troplong, 2099; Duranton, IX, 459; Demolombe, XXII, 217; Aubry et Rau, § 725-42.
(9) Toullier, V. 653; Marcadé, 1038-1; Troplong, 2099;

Aubry et Rau, § 725-44; Demolombe, XXII, 218; Caen, 25 nov. 1847; Rennes, 28 mars 1860; Cass., 15 mai 1860; Chambéry, 17 déc. 1877; J. N. 13599, 16873, 21923; CONTRA Duranton, IX, 459; Coin-Delisle, 1038-4; Paris, 13 mai 1823.
(10) Troplong, 2101 ; Demolombe, XXII, 233; Aubry et Rau, § 725-41.
(11) Bordeaux, 6 juill. 1863; J. N. 17910.
(12) Coin-Delisle, 1038-2; Demolombe, XXII, 224; Besançon, 23 janv. 1867; S. 67, II, 348; J. N. 18752; Angers, 4 déc. 1868; Pau, 26 fév. 1868. R. G. Defrénois, I, 407, 408; CONTRA Besançon, 18 mai 1809.
(13) Coin-Delisle, 1038-2; Demolombe, XXII, 224; Montpellier, 24 janv. 1825; Pau, 26 fév. 1868; R. G. Defrénois, 408.

nataire ou le défaut d'acceptation (1), *supra* n° 452, ou encore par la nullité de la donation, même pour vice de forme (2). Mais le testament n'est pas révoqué par la donation postérieure des biens donnés, si cette donation était soumise à une condition suspensive qui ne s'est pas réalisée (3); par exemple la condition de survie dans une donation entre époux, si elle est devenue sans effet par le prédécès du donataire (4).

468. — Légataire et donataire. — Quand la donation est faite au légataire et, qu'elle est comme le legs, pure et simple ou soumise aux mêmes conditions, elle en est l'exécution anticipée et n'entraîne pas sa révocation; en conséquence, si la donation est nulle, le legs conserve son effet (5). — Il en est autrement si la donation est faite avec des charges, alors que le legs était pur et simple, ou sous des conditions plus onéreuses (6).

469. — Nature du legs. — L'aliénation à titre onéreux ou gratuit n'emporte révocation que dans le cas où le legs est particulier, et non pas s'il s'agit d'un legs universel ou à titre universel (7).

470. — Aliénation forcée. — L'aliénation, pour entraîner révocation, doit avoir été faite par le testateur, être la preuve d'un changement de volonté, ce qui ne saurait s'appliquer dans le cas d'aliénation forcée résultant d'une saisie-exécution, de la licitation, d'une expropriation pour utilité publique; ni dans le cas de vente faite par le tuteur avec l'accomplissement des formalités judiciaires, pourvu que l'objet légué soit rentré dans le patrimoine du testateur (8). Mais le legs n'est pas reporté sur le prix; et si la chose ne se retrouve pas dans le patrimoine du testateur, lors de son décès, le legs est caduc (9).

471. — Apport en mariage. — On ne saurait voir une aliénation entraînant la révocation d'un legs universel, dans la clause d'un contrat de mariage par laquelle le testateur a déclaré faire l'apport en mariage de ses droits immobiliers qu'il se réserve comme propres (10).

472. — Cessation de cause. — Un

Si le prix a été touché en tout ou en partie, M. VALAT aura le droit de répéter ce prix sur ma succession ou ce qui en aura été versé, avec l'intérêt aussi du jour de mon décès.

FORMULE 142. — Legs d'immeuble converti en une somme d'argent en cas d'aliénation (Ibid.).

Je lègue à Mélanie MACHART, ma nièce, par préciput et hors part, mon domaine de..... situé commune de...., consistant en maison de campagne, parc, verger, terres de labour, prairies et bois, le tout d'une contenance de cinquante deux hectares environ.

Si à l'époque de mon décès, j'ai cessé d'être propriétaire de ce domaine, par suite d'aliénation à titre onéreux ou gratuit, ce legs sera converti en une somme numéraire de cent mille francs dont le paiement aura lieu dans l'année de mon décès, sans intérêt.

(1) Marcadé, 1038-1 ; Toullier, V, 630 ; Duranton, IX, 458 ; Demolombe, XXII, 228 ; Troplong, 2090 ; Aubry et Rau, § 725-40; Massé et Vergé, § 502-16 ; Cass., 16 avril 1845; Bordeaux, 3 août 1858; S. 45, I, 654; 59, II, 142; CONTRA Paris, 11 déc. 1847; S. 48, II, 337.
(2) Bayle-Mouillard, III, 345 *bis* ; Demolombe, XXII, 227; CONTRA Troplong, 2002; Saintespès V, 1643.
(3) *Supra* p. 131, note 9.
(4) Toullier, V, 653; Troplong, 2099; Massé et Verger, § 298-17; Marcadé, 1038-1; Caen, 25 nov. 1847; Rennes, 28 mars 1860; Cass., 15 mai 1860; S. 48, II, 339; 60, I, 625; II, 325. CONTRA Coin-Delisle, 1038-4; Duranton, IX, 459; Bordeaux, 27 avril 1855; S. 56, II, 33; voir aussi Besançon, 23 janv. 1867; S. 67, II, 348; J. N., 18752.
(5) Duranton, IX. 161; Demolombe, XXII, 220; Aubry et Rau, § 725-43; Cass., 9 mai 1808, 6 juin 1814; Angers, 9 avril 1820; Bordeaux, 14 mars 1832; S. 32, II, 244. CONTRA Lyon, 7 fév. 1827.

(6) Mêmes auteurs et Cass., 25 avril 1825.
(7) Marcadé, 1038-2; Coin-Delisle, 1032-6; Toullier, V, 659; Troplong, 2094; Demolombe, XXII, 235; Aubry et Rau, § 725-25; Massé et Vergé, § 502-23 ; Paris, 4 juill. 1825, 15 fév. 1827; Bourges, 19 août 1824; Colmar, 7 août 1834; Montpellier, 20 avril 1842, 7 nov. 1850 ; Caen, 25 juin 1845 ; Cass., 17 juin 1824, 1er déc. 1851, 27 mars 1855, 15 mai 1860; S. 35, II, 225; 42, II. 347; 46, II, 301; 51, II, 165; 52, I, 25; 55, I, 702; 60, I, 625.
(8) Troplong, 2090; Saintespès, V, 1634; Demolombe, XX, 238; Aubry et Rau, § 725-46; Angers, 29 mars 1838; Cass,, 19 août 1862; J. N. 16093, 17511; S. 62, I, 923; CONTRA Toulier, V, 650; Duranton, IX, 458; Coin-Delisle, 1038-3; Cass., 26 fév. 1826; voir Paris 30 juill., 1860; S. 60, II. 593.
(9) Demolombe, XXII, 239; Cass., 19 août 1862; S. 62, I, 923; voir cep. Troplong, 2096.
(10) Toullier, V, 632; Bayle-Mouillard, III, 845 *bis*, note α; Cass., 6 fév. 1865; S. 65, I, 376.

legs peut être considéré comme ne devant pas produire son effet, alors même qu'il n'a pas été révoqué, lorsque la cause exprimée qui était déterminante de la libéralité est venue à cesser (1). Il en est ainsi du legs à un exécuteur testamentaire en cette qualité, lorsque par un testament postérieur il en nomme un autre à sa place (2), et du legs fait à un domestique s'il est encore au service du testateur lors de son décès (3); décidé qu'une domestique n'est plus réputée être au service du testateur lorsqu'elle est devenue sa femme (4).

473. — Destruction. — Chose léguée. — Le fait par le testateur de détruire la chose léguée ou d'en changer la forme caractéristique, emporte la révocation tacite du legs (5).

474. — Ibid. — Testament. — Il y a révocation tacite du testament, quand le testateur le détruit en le brûlant, le déchirant, le raturant (6), ou le jetant au milieu de papiers vieux et inutiles, alors qu'il a soigneusement conservé en dépôt, chez un notaire, deux testaments postérieurs (7); à moins que la destruction n'ait

eu lieu par un accident fortuit ou par le fait d'un tiers (8). Si le testateur, ayant fait plusieurs testaments tout à fait semblables, n'en a détruit qu'un seul, on ne saurait considérer comme étant révoqué tacitement l'original resté intact, et l'on ne serait pas admis à faire la preuve de l'intention du testateur de détruire aussi cet original (9), sauf le cas où cette destruction n'aurait pas été possible par la fraude d'un tiers (10); si le testateur n'a biffé ou raturé que quelques-unes de ses dispositions, les autres restent valables (11).

475. — Non révocation. — La preuve d'une révocation tacite ne résulterait pas de l'ancienneté du testament (12); ni de l'inimitié survenue entre le testateur et le légataire (13); ni de la survenance d'un enfant au testateur (14), même lorsque le testateur est mort dans l'ignorance de la grossesse de sa femme (15), à moins, dans ce dernier cas, qu'il ne soit démontré que le testateur aurait changé de volonté s'il eût prévu la naissance d'un enfant posthume (16), ou qu'il ne résulte des circonstances que le testateur n'a eu en vue, en

FORMULE 143. — **Révocation pour cessation de cause** (Nᵒˢ 472 à 475).

1° *Exécuteur testamentaire.*

Je nomme pour mon exécuteur testamentaire, M. BERT, ancien avoué près le tribunal civil de....., demeurant à....., en remplacement de M. HUARD. Comme conséquence le legs de six mille francs que j'avais fait à M. HUARD, par mon testament du....., se trouve révoqué.

2° *Domestique.*

Aux termes du même testament j'avais légué à Joseph NODAR, mon valet de chambre, une somme de trois mille francs; comme depuis il a cessé d'être à mon service, ce legs se trouve révoqué.

(1) Rouen, 3 déc. 1840; S. 47, II, 332.
(2) Troplong, 2103; Demolombe, XXII, 245.
(3) Demolombe, XXII, 247; Aubry et Rau, § 725-48.
(4) Cass., 15 déc. 1863; Journ. N. 1863, p. 366.
(5) Demolombe, XXII, 244.
(6) Marcadé, 1038-3, Coin-Delisle, 1035-15; Toullier, V, 657; Duranton, IX, 466; Troplong, 2107; Aubry et Rau, § 725-50; Massé et Vergé, § 502-7; Demolombe, XXII, 248; Caen, 4 juin 1841; Paris, 22 janv. 1850, 10 juin 1852; Cass., 15 janv. 1834, 20 fév. 1837, 5 mai 1842, 15 mai 1878; S. 37, I, 432; 38. II, 262; 41, II, 516; 50, II, 115; J. N. 13949, 14778, 21883.
(7) Paris, 15 juill. 1869; R. G. Defrénois, II, 1440.
(8) Demolombe, XXII, 248.
(9) Coin-Delisle, 1038-16; Troplong, 2112; Demolombe, XXII, 249; Cass., 5 mai 1824; Paris, 19 mars 1877; Cass., 29 janvier 1878; S. 78, I, 212; II, 116; J. N. 21856.
(10) Demolombe, XXII, 250; Caen, 14 juin 1841; S. 41, II, 516.

(11) Duranton, IX, 467; Troplong, 2111; Demolombe, XXII, 251; Aubry et Rau, § 725-54; Nancy, 11 juin 1842; Limoges, 12 juin 1852; S. 52, II, 581; Cass., 29 janvier 1878; Journ. N. 3125.
(12) Coin-Delisle, 1035-13; Demolombe, XXII, 260, Grenoble, 20 mars 1861.
(13) Coin-Delisle, 1035-13; Demolombe, XXII, 262.
(14) Toullier, V, 670; Coin-Delisle, 1035-13; Marcadé, art. 1046; Troplong, 2205; Demolombe, XXII, 263; Nîmes, 17 fév. 1840; Montpellier, 20 avril 1842; Douai, 30 janv. 1843; Limoges, 8 mars 1843; Caen, 8 fév. 1851; Cass., 31 juill. 1861; Grenoble, 20 mars 1861; S. 40, II, 97; 42, II, 547; 43, II, 69; 44, II, 81; J. N. 11562, 17285.
(15) Toullier, V, 670; Duranton, IX, 474; Colmet, IV, 201 bis; Demolombe, XXII, 204; Nîmes, 17 fév. 1840; Limoges, 8 mars 1843; S. 40, II, 97; 44; II, 82; CONTRA Troplong, 2205; Douai, 30 janv. 1843; Cass., 31 juill. 1861; S. 43, II, 69.
(16) Limoges, 8 mars 1843; S. 44, II, 82.

faisant son testament, que de régler sa succession collatérale à défaut d'héritier direct (1).

§ 3. — Révocation judiciaire.

476. — Inexécution. — Ingratitude. — La révocation des dispositions testamentaires peut être prononcée en justice : 1° pour cause d'inexécution des conditions apposées par le testateur ; 2° si le légataire a attenté à la vie du testateur ; 3° s'il s'est rendu coupable envers lui de sévices, délits ou injures graves ((C. civ., 954, 955, 1046); 4° s'il a commis une injure grave à la mémoire du testateur ; dans ce cas, la demande doit être intentée dans l'année, à compter du jour du délit (C. civ., 1047); ou si les héritiers n'ont pu le connaître immédiatement, du jour où ils en ont eu connaissance (2).—Il appartient souverainement aux tribunaux de décider si le fait reproché est de nature à entraîner la révocation (3).

477. — Inconduite. — L'inconduite de la veuve légataire de son mari, même pendant l'année de deuil, ne serait pas une cause de révocation de son legs (4).

478. — Suppression. — La suppression ou destruction par le légataire d'un testament postérieur, ne constitue pas un délit envers le testateur, et, dès lors, n'entraîne pas la révocation pour cause d'ingratitude (5).

479. — Demandeur. — La révocation pour les causes indiquées *supra* n° 476 peut être demandée par toute personne qui doit en profiter ; ainsi : un substitué, un colégataire conjoint, celui qui était chargé de délivrer le legs grevé de conditions, les héritiers légitimes, pour les conditions imposées à un légataire universel dans l'intérêt d'un tiers ou du testateur lui-même (6); ils peuvent, s'ils le préfèrent, dans le cas où la révocation serait encourue pour cause d'inexécution des conditions, contraindre le légataire à les exécuter (7). Ce droit de poursuite est le seul qui appartienne aux tiers dans l'intérêt desquels les conditions ont été établies (8).

§ 4. — Caducité des legs.

480. — Généralité. — La disposition testamentaire est caduque, en conséquence est sans effet pour les causes ci-après :

481. — 1ʳᵉ Cause. — Prédécès. — Quand celui en faveur de qui elle a été faite n'a pas survécu au testateur (C. civ., 1039), même lorsqu'il s'agit d'un legs rémunératoire (9). Cependant jugé que le legs d'une rente viagère fait avec condition de reversibi-

---

3° *Survenance d'enfant.*

Le présent testament sera considéré comme nul et ne produira aucun effet si, à mon décès, je laisse un ou plusieurs enfants nés ou conçus ; pourvu, dans ce dernier cas, qu'ils naissent viables.

FORMULE 144. — Révocation pour inexécution des conditions
(Nᵒˢ 476 à 479).

Je lègue à Léon MARCEL, ma maison située à...., à la charge par lui de servir à Anne BOLLÉ, ma domestique, une rente viagère de mille francs ; laquelle rente devra, dans les trois mois de mon décès, être assurée par l'immatricule au nom de Anne BOLLÉ, comme usufruitière, d'un titre de mille francs de rente trois pour cent sur l'État français,

A défaut d'exécution de cette convention, le legs à lui fait sera révoqué ; en conséquence la maison léguée reviendra à mon légataire universel, à la charge du service de la rente viagère de mille francs, dans les termes qui viennent d'être fixés.

---

(1) Douai, 30 janv. 1843; S. 43, II, 69.
(2) Duranton, IX, 480; Demolombe, XXII, 283; Aubry et Rau, § 727-11.
(3) Orléans, 30 juin 1872; R. G. Defrénois, III, 2830.
(4) Nimes, 14 fév. 1827; Besançon, 1ᵉʳ août 1844 ; S. 46, II, 176.
(5) Bordeaux, 25 juin 1846; S. 46, II, 654.

(6) Troplong, 2194; Demolombe, XXII, 267 ; Cass., 29 mai 1832; Grenoble, 16 mai 1842; S. 43, II, 279 ; Caen, 27 juin 1868; R. G. Defrénois, I, 412; voir cep. Aubry et Rau, § 727-8.
(7) Pau, 6 août 1861; S. 62, II, 467.
(8) Demolombe, XXII, 268 ; Aubry et Rau, § 727-3; Cass., 19 mars 1855; S. 55, I, 648.
(9) Troplong, 2123; Demolombe, XXII, 303.

lité totale ou partielle sur la tête d'une autre personne, peut être considéré comme équivalent à deux legs distincts, dont l'un est valable malgré la caducité de l'autre (1); et que le legs d'une somme d'argent pour n'en jouir qu'après le décès d'un légataire en usufruit, en vertu d'un testament antérieur, n'est pas caduc par le prédécès du légataire en usufruit (2).

482. — Ibid. — Legs conditionnel. — Quand le légataire décède avant l'accomplissement de la condition, lorsque la disposition a été faite sous une condition dépendant d'un événement incertain et telle que, dans l'intention du testateur, cette disposition ne doive être exécutée qu'autant que l'événement arrivera ou n'arrivera pas (C. civ., 1040); dans ce cas le légataire n'en peut demander la délivrance, mais il peut faire des actes conservatoires, et même inscrire le privilége du légataire (3), *supra* n° 335. — Mais la condition qui, dans l'intention du testateur, ne fait que suspendre l'exécution de la disposition, n'empêche pas l'héritier institué ou le légataire d'avoir un droit acquis et transmissible à ses héritiers (C. civ., 1041); il en est ainsi de la condition que le légataire habitera la maison léguée, la circonstance que le légataire est décédé sans avoir pu l'habiter, ne rend pas le legs caduc si la condition n'a pas été la cause déterminante du legs (4).

483. — 2e cause.— Perte. — Quand la chose léguée a totalement péri pendant la vie du testateur (C. civ., 1042), ou, lorsque le legs est soumis à une condition suspensive, si la chose a péri après la mort du testateur, mais avant l'accomplissement de la condition (5). Dans ce cas le legs est éteint et le légataire ne peut réclamer ni les débris, ni les accessoires; ainsi, le légataire n'a pas droit au cadre, quelque riche qu'il soit, du tableau légué dont la toile a été détruite du vivant du testateur (6). Mais si la perte n'a été que partielle, le legs reçoit son exécution pour ce qui reste; par exemple : s'il s'agit d'une maison détruite par un incendie pendant la vie du testateur, le sol et les matériaux s'y trouvant encore appartiennent au légataire (7).

484. — Ibid. — Postérieure au décès. — Quand la chose léguée a totalement péri depuis la mort du testateur, sans le fait et la faute de l'héritier, quoique celui-ci ait été mis en demeure de la délivrer lorsqu'elle eût également dû périr entre les mains du légataire (C. civ., 1042).

485. — Changement de lieu. — On ne considérerait pas comme une perte de la chose son changement de lieu; ainsi, dans

FORMULE 145. — Caducité de legs pour prédécès (N° 481).

Le legs en faveur de Clara MANET sera caduc si elle me prédécède.

FORMULE 146. — Cadncité pour décès avant un terme fixe (N° 481).

Le legs en faveur de Nicias BARET sera caduc, s'il meurt avant d'avoir atteint sa majorité.

FORMULE 147. — Caducité. — Legs conditionnel (N° 482).

Le legs en faveur de Louis MARTIAL sera caduc, si, avant mon décès ou dans les trois ans qui le suivront, il n'a pas acquis le grade de licencié en droit.

FORMULE 148. — Caducité pour perte de la chose léguée (N°s 483 à 485).

Je lègue à Hector JÉROME, mon trois-mats : *Le Coureur*. Si ce navire vient à périr avant mon décès par un naufrage ou autre accident le legs sera cuduc. Mais Hector JÉROME aura

(1) Cass., 19 nov. 1860; S. 61, I, 156; Nimes, 16 août 1865; J. N. 17005, 18412.
(2) Angers, 3 fév. 1873; R. G. Defrénois, III, 2832.
(3) Troplong, 287; Demolombe, XXII, 315.
(4) Cass., 20 juin 1874; R. G. Defrénois, III, 2833.

(5) Marcadé, 1042-1; Aubry et Rau, § 726-7.
(6) Coin-Delisle, 1042-3; Demolombe, XXII, 342; Aubry et Rau, § 726-8.
(7) Marcadé, 1042-1; Coin-Delisle, 1042-3; Aubry et Rau, § 726-9; Duranton, IX, 494; Demolombe, XXII, 343.

le cas où le legs est d'objets garnissant une maison désignée où le testateur habite au moment de la confection du testament, il n'est pas caduc par le fait seul que le testateur a changé d'habitation; dans ce cas, le legs s'applique aux objets garnissant la nouvelle habitation (1).

486. — 3ᵉ cause. — Recouvrement. — Quand le legs est d'une créance, lorsqu'elle a été recouvrée, *supra* nº 294.

487. — 4ᵉ cause.— Répudiation. — Incapacité. — Quand l'héritier institué ou le légataire répudie la disposition testamentaire, ou se trouve incapable de la recueillir (C. civ., 1043).

488. — 5ᵉ cause. — Réserve légale. — Quand les valeurs de la succession sont épuisées par la réserve légale des héritiers; ce dont il doit être justifié, non seulement par l'inventaire dressé à la requête des héritiers, mais encore par une liquidation régulière et contradictoire (2).

489. — Sous-legs. — La caducité d'une disposition, qu'elle soit universelle ou à titre universel, ou même particulière, n'entraîne pas, en principe, la caducité des legs mis à la charge de celui auquel elle était faite(3). Ces legs sont supportés par ceux à qui la caducité profite, *infra* nº 492.

§ 5. — Effets de la révocation et de la caducité.

490. — Profit. — La révocation ou la caducité d'un legs profite à celui qui était chargé de l'acquitter ou au préjudice duquel il aurait reçu son exécution. Dès lors : 1º la nullité ou la caducité des legs particuliers ou à titre universel profite au légataire universel(4); à moins qu'il n'ait été imposé comme sous-legs à un légataire particulier, auquel cas elle profite à celui-ci, et non pas aux héritiers du testateur ni au légataire universel (5); — 2º la révocation ou la caducité d'un legs particulier d'immeuble profite au légataire à titre universel de tous les biens immeubles (6); — 3º la révocation du legs en usufruit profite au légataire de la nue propriété (7).

491. — Action. — Celui qui a le droit de profiter de la révocation ou de la caducité a seul qualité d'agir en justice pour faire déclarer que le legs soit révoqué ou caduc (8). Quant au légataire universel institué par le premier testament que le second a révoqué, il n'a pas qualité pour contester l'institution d'héritier contenue dans le second testament (9) (Arg.; C. civ., 1037).

492. — Exécution. — Celui qui profite de la révocation ou de la caducité d'une disposition testamentaire est tenu d'exécuter les charges et d'acquitter les legs en sous-ordre dont elle était grevée (10) ; ainsi, quand la révocation est d'un legs universel, les legs particuliers mis à la charge du légataire universel, demeurent à la charge des héritiers ou du légataire universel institué postérieurement (11).

---

droit à l'indemnité d'assurance ou autre à laquelle la perte pourra donner lieu, soit contre le débiteur, soit contre ma succession si elle a été payée.

Le legs sera également caduc si le navire vient à périr après mon décès et avant sa délivrance, sans le fait ni la faute de mes héritiers ; et, dans ce cas, mon légataire aura aussi seul droit à toutes indemnités qui pourraient être dues à raison de cette perte.

---

(1) Rouen, 21 fév. 1842; S. 42, II, 262.
(2) Paris, 3 mars 1820; Orléans, 5 déc. 1842; S. 46, II, 1.
(3) Duranton, IX, 457; Troplong, 421; Aubry et Rau, § 726-20; Pau, 24 juin 1862; Nimes, 26 août 1865; S. 63, II, 134.
(4) Grenier, I, 349; Toullier, V, 679; Proudhon, *usuf.*, II, 599; Coin-Delisle, 1046-8; Massé et Vergé, § 503-12; Marcadé, 1003-1; Demolombe, XXI, 532; Limoges, 20 déc. 1830; Cass., 20 nov. 1843, 3 mars 1857; S. 43, I, 859; 57, I, 1182.
(5) Duranton, IX, 319.
(6) Cass., 3 déc. 1872; R. G. Defrénois, II, 1444.
(7) Coin-Delisle, 1046-9; Troplong, 2160; Aubry et Rau,

§ 726-26; Demolombe, XXII, 356; Cass., 22 juill., 1835, 11 avril 1838; S. 35, I, 641; 38, I, 418.
(8) Toullier, V, 679; Coin-Delisle, 1026-9; Demolombe, XXII, 357; Paris, 9 juin 1834; Cass., 29 mai 1832, 22 août 1836, 20 nov. 1843, 3 mars 1857; S. 34, II, 353; 43, I, 859; 57, I, 184.
(9) Montpellier, 20 fév. 1871 ; R. G. Defrénois, II, 1441.
(10) Duranton IX, 457; Coin-Delisle, 1046-11; Troplong, 421; Aubry et Rau, § 726-22; Demolombe, XXII, 358; Pau, 24 juin 1862; S. 63, II, 134.
(11) Rennes, 14 mai 1825; Paris, 18 juill. 1831; Limoges, 12 juin 1852; S. 31, II, 306; 52, II, 581.

CHAPITRE TROISIÈME

DU DROIT FISCAL

SECTION I. — DU TIMBRE

SOMMAIRE ALPHABÉTIQUE

493. — Testament public. — Le testament par acte public doit, comme tout autre acte notarié, être écrit sur du papier au timbre de dimension (*Loi 13 brum. an VII, art. 12, 1°*); à peine contre le notaire, outre l'acquit du droit de timbre, d'une amende de 20 francs (*Ibid. art. 26, 5° et loi 16 juin 1824, art. 10*). Il n'est dû qu'une seule amende, alors même que l'acte serait écrit sur plusieurs feuilles de papier non timbré.

494. — Olographe. — Mystique. —Les testaments olographes ou mystiques sont soumis à la même prescription. Mais comme ils constituent des actes sous seings privés, la contravention est passible de l'amende de 5 francs quand la date du testament est anté-

rieure à la promulgation de la loi du 2 juillet 1862 (1) (*Lois 13 brum. an VII, art. 26, 3° et 16 juin 1824, art. 10*); et de 50 francs si elle est postérieure (*Loi 2 juill. 1862, art. 22*).

495. — Réitération. — Révocation. — L'amende applicable au testament olographe écrit sur papier non timbré ou sur timbre hors d'usage est due, quoique ce testament ait été depuis réitéré par un testament notarié, ou révoqué par un testament postérieur (2).

496. — Acte de suscription. — Si l'acte de suscription d'un testament mystique est écrit sur une enveloppe non timbrée, même quand il en résulte que le testateur a fait clore et sceller son testament en présence

---

FORMULE 149. — **Caducité par suite de recouvrement** (Nᵒˢ 486 à 489).

Je lègue à Eugène LELONG, une créance au capital de cinq mille francs due par M. Edgar CHEVRET, en vertu de l'obligation qu'il a souscrite à mon profit suivant acte passé devant Mᵉ....., notaire à....., le......
Si cette créance n'existe plus au jour de mon décès par suite de remboursement ou de cession, le présent legs sera caduc.

FORMULE 150. — Révocation d'un legs universel; — maintien des autres legs (Nᵒˢ 490 à 492).

Je révoque purement et simplement le legs de l'universalité de ma succession, que j'ai fait à M. Charles JORÉMY, aux termes de mon testament olographe en date du.....
Mais toutes les autres dispositions contenues dans ce testament sont expressément maintenues. Mes héritiers naturels, qui profitent de cette révocation, seront tenus de les exécuter et délivrer dans les termes et de la manière fixés, au lieu et place de mon légataire universel.

---

(1) Garnier, 17117, 1ᵒ.

(2) Garnier, 17117, 4ᵒ; Délib. 31 mai 1823. CONTRA Dict. not., *Test.*, 858.

du notaire (1), le notaire n'est pas passible d'amende pour cette contravention en raison de ce qu'elle est le fait du testateur (2). Mais lors de la présentation du testament à la formalité de l'enregistrement, après le décès du testateur, il est dû, outre le droit de timbre, une amende de 5 francs quand l'acte est antérieur à la loi du 2 juillet 1862, et de 50 francs quand il est postérieur, *supra* n° 494. — Il n'est dû qu'une seule amende lorsque le testament mystique ainsi que l'enveloppe sur laquelle l'acte de suscription est écrit sont l'un et l'autre non timbrés, ces deux actes étant indivisibles (3).

497. — Codicille. — Un codicille ou testament postérieur peut, sans contravention, être écrit à la suite du testament précédent et sur le même papier alors même qu'il contient simplement la révocation de ce testament (4). Si c'est sur une feuille de papier non timbrée ou d'un timbre hors d'usage que le testament et le codicille ont été écrits, les deux peines ne se confondent pas, et une amende est due pour chacun d'eux (5).

498. — Acte révocatoire. — L'acte de révocation peut être écrit à la suite du testament révoqué et sur le même papier (6).

499. — Enveloppe. — L'enveloppe d'un testament olographe, même signé par le testateur, n'a pas le caractère d'un acte, et, dès lors, n'est pas assujettie au timbre (7).

500. — Valeurs et rentes. — Le testament étant l'œuvre du testateur et non du notaire qui doit écrire les volontés telles qu'elles lui sont dictées, ce dernier ne serait pas passible de l'amende édictée par l'art. 49 de la loi du 5 juin 1850 et par l'art. 2 de la loi du 30 mars 1872, pour la contravention qui résulterait de l'énonciation d'actions ou obligations françaises ou étrangères ou de titres de rentes ou effets publics d'un gouvernement étranger ou tous autres titres étrangers non cotés aux bourses françaises, sans faire mention de l'acquit du droit de timbre (8).

SECTION II. — DE L'ENREGISTREMENT

SOMMAIRE ALPHABÉTIQUE

(1) Roll. de Vill., *acte de susc.*, 112; Dict. not., *Ibid.*, 112; contra Garnier, 1455.

(2) Décis. Min. Fin., 3 nov. 1807; Inst. 359.

(3) Roll. de Vill., *acte de susc.*, 113.

(4) Loi 13 brum. an VII, art. 23; Délib., 11 juin 1823; Sol. 22 fév. 1860.

(5) Garnier, 564, 8°; Sol., 1er déc. 1866, 23 avril 1871; voir cep. J. N, 19017.

(6) Loi 15 juin 1812, art. 1; Instr., 591.

(7) Sol. 14 août 1830, 9 sept. 1840, 9 juill. 1852, 1er juill. 1858, 16 nov. 1866.

(8) Décis. Min. Fin., 2 fév. 1853; Inst. 1954.

§ 1. — Délai.

501. — Testament. — Le testament par acte public et le testament olographe ou mystique quand le dépôt en a été ordonné aux minutes d'un notaire, doivent être soumis à la formalité de l'enregistrement dans les trois mois du décès du testateur, à la diligence des héritiers, donataires, légataires ou exécuteurs testamentaires (*Loi 22 frim. an VII, art.* 21).

502. — Acte de suscription. — Cette disposition est applicable à l'acte de suscription du testament mystique (1).

503. — Révocation. — Comme aussi à la révocation de testament, même faite par une déclaration notariée (2).

504. — Militaires. — Le délai ne court, à l'égard des testaments des militaires décédés en état de service hors du territoire français, que du jour où l'acte de décès a été inscrit sur les registres de l'état civil de leur dernier domicile en France (3); ce qui est applicable aussi au cas où le militaire en activité de service est décédé en France, mais hors de son département (4).

505. — Double droit. — A défaut d'enregistrement dans le délai prescrit, le testament est passible du double droit (*Loi 22 frim. an VII, art.* 38); mais en ce qui concerne seulement le droit d'enregistrement et non à l'égard du droit de transcription sur la disposition à charge de rendre qui ne constitue qu'un droit d'hypothèque (5), ni du droit sur les dispositions indépendantes quand elles ne sont pas elles-mêmes sujettes à l'enregistrement dans un délai déterminé (6), ni du droit sur l'acte de suscription qui se confond avec le double droit exigible sur le testament mystique (7).

506. — Testament non déposé. — Il n'y a pas de délai de rigueur pour l'enregistrement du testament olographe tant que le dépôt n'en a pas été fait aux minutes d'un notaire (8).

507. — Testateur vivant. — Le testament ne doit pas être enregistré du vivant du testateur, à moins que la formalité ne soit expressément requise par lui (9). Néanmoins si, par suite de la présentation à cette formalité faite par erreur, il a été enregistré pendant l'existence du testateur, on doit considérer que c'est sur la réquisition de ce dernier que la présentation en a été faite, par suite le droit est acquis et il n'est pas restituable (10).

508. — Décès. — Le notaire qui présente un testament par acte public à la formalité de l'enregistrement, mentionne la date du décès à la marge ou sur la chemise; le receveur ne serait pas fondé à exiger la représentation de l'acte de décès (11).

509. — Relevé. — Les receveurs tiennent une table spéciale des testaments par actes publics, et font mention sur les répertoires, lors du visa trimestriel, des testaments qui y sont portés, dans le but d'assurer le recouvrement du droit lors du décès du testateur (12). Mais ils ne sauraient du vivant du testateur demander la communication de son testament (*Loi 22 frim. an VII, art.* 54.).

510. — Caducité. — Renonciation. — Révocation. — L'obligation de faire enregistrer le testament, *infra* nos 518 et suiv., cesse par le fait que l'exécution du testament ne peut plus être réclamée, ce qui arrive : 1° Quand les dispositions du testament sont devenues caduques par le prédécès du légataire ou son incapacité de recueillir (13); si c'est un usufruitier, son décès avant d'avoir accepté le legs dispense également de la formalité de l'enregistrement (14); — 2° quand le testament ne contient qu'un legs de la quotité disponible et que le légataire se trouve être le seul héritier du défunt (15); — 3° quand les

---

(1) Instr. 200, § 73.
(2) Garnier, 14720, 17031; Dél. 11 niv. an XIII; Décis. Min. Fin. Belge, 28 janv. 1857.
(3) Décis. Min. Fin. 29 janv. 1811.
(4) Sol. 17 oct. 1832; J. N. 7931.
(5) Cass., 28 nov. 1848; S. 49, I, 19; Sol. 14 déc. 1857, 3 fév. 1864, 27 nov. 1867; J. N. 15759, 18446.
(6) Garnier, 17088; Inst. 200, § 1 et 452.
(7) Garnier, 1559.
(8) Roll. de Vill., *Test*, 530 ; Dict. not., *Ibid.*, 827; Garnier, 12076, 2°.

(9) Inst. 432, § 3; Dél. 4 juill. 1830.
(10) Garnier, 17113; Dél. 4 avril 1821, 15 sept. 1835, 28 juin 1839. CONTRA Sol. 9 déc. 1834, Roll. de Vill., *Test.*, 576; J. N., 13235.
(11) Décis. Min. Fin., 16 nov. 1812.
(12) Inst. n° 318.
(13) Dél. 18 nov. 1819; Sol. 13 juin 1832, 3 oct. 1850.
(14) Sol. 4 déc. 1852.
(15) Dél. 13 juin 1832.

dispositions renfermées dans le testament sont incompatibles avec celles d'un testament postérieur (1); — 4° quand le légataire renonce aux dispositions que le testament renferme à son profit, alors même que la renonciation serait faite plus de trois mois après le décès (2); — 5° quand le testament a été expressément révoqué par le testateur (3).

511. — Abstention. — Il ne suffit pas pour être dispensé de l'acquit du droit, que le légataire s'abstienne de réclamer l'exécution du testament; une renonciation est nécessaire (4).

§ 2. — Tarif.

512. — Droit fixe. — Sont sujets au droit fixe de 7 fr. 50 c., les testaments qui ne contiennent que des dispositions soumises à l'événement du décès (*Loi 28 avril 1816, art. 45, 4°, et 28 fév. 1872, art. 4*).

513. — Enveloppe. — L'enveloppe qui renferme le testament olographe, n'est pas assujettie à la formalité de l'enregistrement, alors même que le testateur a écrit ces mots : *Ceci est mon testament*, et a signé (5); à moins que le notaire à qui le dépôt en a été fait avec le testament n'en requiert l'enregistrement et le visa pour timbre, auquel cas il est perçu le droit fixe de 3 francs, comme acte innommé, et le droit de timbre selon la dimension du papier sans amende (6).

514. — Pluralité. — Lorsqu'il existe plusieurs testaments, chacun d'eux donne ouverture au droit de 7 fr. 50 c.; ce qui s'applique au testament postérieur ou codicille portant modification d'un précédent testament (7). Quand un testament olographe est revêtu de la date et de la signature du testateur après chacune des dispositions, on considère qu'elles forment autant de testaments, et on perçoit le droit sur chacune d'elles (8).

515. — Duplicata. — Si plusieurs exemplaires d'un même testament ont été déposés soit à un seul notaire, soit à plusieurs, chacun d'eux est passible du droit fixe, la copie faisant foi comme l'original pour le cas ou ce dernier ne se retrouverait pas (9).

516. — Acte de suscription. — L'acte de suscription, comme acte de complément, est passible du droit fixe de 3 francs (10).

517. — Acte de révocation. — La révocation de testament, qu'elle soit faite par une déclaration devant notaire, ou par un acte testamentaire ne contenant aucune disposition de biens, est passible du droit fixe de 3 francs (*Lois, 28 avril 1816, art. 43, 21° et 28 fév. 1872, art. 4*).

§ 3. — Débiteurs des droits

518. — Acquit. — Le droit des testaments est acquitté par les héritiers et légataires, leurs tuteurs et curateurs, et les exécuteurs testamentaires (*Loi 22 frim. an VII, art. 29*).

519. — Successeurs. — Cette disposition doit être entendue en ce sens que l'obligation de faire enregistrer le testament incombe aux successeurs du défunt tenus de l'exécuter, tels sont : les héritiers non exhérédés et, à leur défaut, le légataire universel, les droits auxquels le testament donne ouverture étant une charge de l'hérédité (11).

520. — Exécuteur testamentaire. — L'exécuteur testamentaire, ayant pour mission de veiller à l'exécution du testament, est aussi tenu de le faire enregistrer. Mais après qu'il l'a présenté à l'enregistrement et acquitté le droit fixe, il ne saurait être recherché pour un droit supplémentaire par suite de l'insuffisance du droit perçu (12).

521. — Notaire. — Quant au notaire dépositaire d'un testament olographe en vertu

---

(1) Sol. 11 mars 1861; Garnier, 17083.
(2) Garnier, 17084; Dél. 6 fév. 1836, 17 janv. 1837; Cass., 26 fév. 1823; Sainte-Menehould, 28 avril 1856; Montpellier, 26 déc. 1870; R. G. Defrénois, II, 1974.
(3) Garnier, 17088; Sol. 12 juin 1861.
(4) Dict. not., *Test.*, 820; Garnier, 17078; Cass., 24 oct. 1810, 26 fév. 1823; Dél, 11 oct. 1838; Montpellier, 26 déc. 1870; R. G. Defrénois, II, 1947; voir cep. Saint-Dié, 16 déc. 1848; Jur. N., 8398.
(5) Dél. 14 août 1830.

(6) Garnier, 17008; Sol. 9 sept. 1840, 9 juill. 1852, 1er juill. 1858.
(7) Dél. 11 juin 1823.
(8) Garnier, 17069, 1°.
(9) Garnier, 17070; Sol. 31 déc. 1866, 3 janv. 1867.
(10) Garnier, 1557.
(11) Garnier, 17067, 2°; Cass., 24 oct. 1810; Tulle, 18 mars 1853; Dict., not., *Test.*, 836; Bagnères, 25 juill. 1877; R. P. 4794.
(12) Caen, 31 janv. 1868; R. P. 2054.

d'une ordonnance du juge conformément à l'art. 1007 du Code civil, et qui ne rédige pas un acte de ce dépôt ainsi que l'en dispense une décision du ministre de la justice du 9 sep. 1812, il ne peut être contraint à l'acquit du droit; mais il doit en délivrer un extrait au receveur de l'enregistrement dans les dix jours qui suivent l'expiration du délai de trois mois à compter du décès du testateur, afin que l'administration de l'enregistrement en poursuive le recouvrement contre les héritiers ou légataires ou l'exécuteur testamentaire (1). — S'il a dressé acte du dépôt, cet acte ainsi que le testament y annexé sont soumis à la formalité de l'enregistrement dans le délai ordinaire des actes notariés, et le notaire est tenu à l'acquit des droits, même celui de transcription si une disposition est faite à la charge de rendre, sauf son recours contre les parties intéressées (2).

§ 4. — Dispositions diverses.

522. — Tuteur. — La nomination d'un conseil à la mère tutrice, ou d'un tuteur à un mineur, ou encore d'un tuteur à une substitution, quand elle est renfermée dans un testament, est, comme les legs, soumise à l'événement du décès, et ne donne ouverture à aucun droit particulier (3). Si l'acte testamentaire se borne à nommer un tuteur ou un conseil à la tutelle et ne contient aucun legs, il est sujet : dans le premier cas, au droit fixe de 6 francs, comme nomination de tuteur (*Lois 19 janv. 1845, art. 5 et 28 fév. 1872, art. 4*); et dans le second cas, au droit fixe de 3 francs, comme acte innommé (*Lois 22 frim. an VII, art. 68, § 1, n° 51, 18 mai 1850, art. 8, et 28 fév. 1872, art. 4*). — La fixation d'une indemnité au tuteur pour ses peines et soins ne rend exigible aucun droit particulier (4).

523. — Enfant naturel. — La reconnaissance expresse d'enfant naturel dans un testament forme une disposition indé-

pendante et rend exigible le droit de 7 francs 50 c. (*Lois 28 avril 1816, art. 45, 7° et 28 fév. 1872, art. 4*), en outre des droits perçus sur le testament (5). — Il en serait autrement si la reconnaissance était seulement implicite, comme résultant d'un legs à l'enfant naturel en cette qualité d'enfant; dans ce cas, les deux dispositions se confondent (6).

524. — Adoption. — L'adoption testamentaire par le tuteur officieux, *supra* n° 422, est passible du droit de 3 francs, comme acte d'adoption (*Lois 22 frim. an VII, art. 68 § 1, n° 9; 18 mai 1850, art. 8; 28 fév. 1872, art. 4*).

525. — Reconnaissance de dettes. — La disposition d'un testament portant que les héritiers ou autres successeurs du testateur paieront à un tiers une somme déterminée pour le remplir de sa créance contre le testateur ou d'un dépôt qui lui a été confié, donne ouverture au droit d'obligation à un pour cent, s'il n'est pas justifié que ce droit a été payé sur un acte précédemment enregistré (7). L'administration exige aussi le droit d'obligation sur l'énonciation dans le testament de sommes dues par le testateur à un tiers sans titre enregistré (8).

526. — Ibid. — Confusion. — Ce droit n'est pas exigible quand, au décès du débiteur, il y a confusion entre la qualité de créancier et celle de débiteur, ce qui entraîne l'extinction de la dette; par exemple, si la somme se trouve due au légataire universel qui appréhende la totalité de la succession (9); ou si celui en faveur de qui la reconnaissance a été passée est décédé avant le testateur et que sa succession ait été recueillie par les mêmes personnes que celles à qui la succession du testateur est dévolue (10).

527. — Ibid. — Révocation. — Si la reconnaissance de dette est renfermée dans un testament qui a été révoqué par un testament postérieur, elle cesse d'exister et, par conséquent, ne donne ouverture à aucun

---

(1) Décis. Min. Fin., 20 sept. 1807, 11 mars 1873; R. G. Defrénois, III, 3528.
(2) Cass., 17 avril 1840; J. N. 13744; S. 49, I, 442.
(3) Dél. 5 juin 1816.
(4) Dél. 20 sept. 1835.
(5) Garnier, 17112; Sol. Belge, 17 mars 1841, 4 oct. 1869.

(6) Roll. de Vill., *Test.*, 546.
(7) Garnier, 17118; Inst. 1282, § 9; Sol, 20 juill. 1830; Rouen, 2 juin 1847; Epinal, 24 avril 1849.
(8) Garnier, 17118, CONTRA Dict. not., *Test.*, 782.
(9) Garnier, 17122; Dél. 5 juill. 1823.
(10) Dél. 10 juill. 1824.

droit en cas de présentation à la formalité de l'enregistrement du testament révoqué (1).

528. — Ibid. — Restitution. — Décidé que le droit de titre à un pour cent perçu sur un testament portant reconnaissance de dette, n'est pas restituable, bien qu'il soit ultérieurement justifié que la dette n'existait plus au décès du testateur (2).

529. — Dot non versée. — La déclaration faite par le testateur que la dot qu'il a constituée à l'un de ses enfants n'a pas été intégralement versée, de sorte que cet enfant ne doit le rapport que de la somme effectivement versée, ne saurait être considérée comme une disposition indépendante et ne donne ouverture à aucun droit (3).

530. — Legs au créancier. — Le legs fait au créancier pour le remplir de sa créance, a, en vertu de l'art. 1023, le caractère de libéralité, *supra*, n° 308; en conséquence, c'est le droit de mutation par décès qui est dû sur la chose léguée, et non pas le droit de dation en paiement ni celui de libération; alors même qu'il s'agit du legs par le mari à sa femme d'un immeuble à lui propre pour la remplir de ses reprises (4).

531. — Legs au débiteur. — Le legs fait au débiteur du montant de la créance contre lui, constitue une remise de dette à titre gratuit, et ne donne pas ouverture au droit de libération, mais à celui de mutation par décès (5).

532. — Reprises. — Si un époux, par son testament, fixe le montant des reprises de son conjoint, non établies par un acte antérieur ni par état en bonne forme, cette déclaration n'est pas de l'essence du testament, par conséquent en forme une disposition indépendante qui rend exigible le droit de 3 francs (*Lois 22 frim. an* VII, *art.* 68 § 1, *n° 6 et 28 fév.* 1872 *art.* 4), et non pas le droit d'obligation, ni, a plus forte raison, celui de mutation

par décès (6). Décidé que le droit de mutation par décès serait dû, si l'époux, à défaut de justification de la reprise, déclarait en faire *don et legs* au besoin (7).

533. — Rente viagère. — La stipulation du testament portant que le légataire institué est chargé de continuer le service d'une rente viagère que le testateur fait à un individu dénommé, sans énonciation de titre, ne donne pas ouverture sur le testament au droit de constitution de rente; c'est le droit de mutation par décès qui est exigible (8).

534. — Obligation verbale. — Les legs faits par une femme dotale aux créanciers de son mari, afin de les désintéresser, comme conséquence de son obligation verbale de garantie, constituent des libéralités assujetties au droit de mutation par décès, et non pas des reconnaissances de dettes passibles du droit d'obligation (9).

535. — Don manuel. — Quand le testateur mentionne des dons manuels qu'il aurait faits à ses héritiers ou à d'autres personnes et même ajoute qu'au besoin il leur en fait don et legs et dispense les héritiers d'en effectuer le rapport, une telle mention ne saurait équivaloir à la déclaration du donataire ou de ses représentants exigée par l'art. 6 de la loi du 18 mai 1850, et, par conséquent, n'autorise pas la régie à exiger sur les objets donnés manuellement, soit le droit de mutation par décès, soit celui de donation entre vifs (10).

536. — Exécuteur testamentaire. — La nomination d'un ou de plusieurs exécuteurs testamentaires est de l'essence du testament, et dès lors, ne donne ouverture à aucun droit particulier (11). Si un legs est fait à l'exécuteur testamentaire pour l'indemniser de ses peines et soins, il ne rend pas exigible le droit d'obligation à 1 pour 100; c'est le droit de mutation par décès qui est dû (12).

---

(1) Garnier, 17123.
(2) Seine, 3 mars 1847.
(3) Garnier, 17118, 6°; Dél. 12 fév. 1828.
(4) Marseille, 20 janv. 1837; Sol. 14 août 1867; J. N. 19137; Garnier, 17119. Contra Privas, 8 mars 1844; Garnier, 17118, 4°.
(5) Garnier, 17120; Moissac, 29 mars 1871.
(6) Garnier, 17121; Dél. 1er oct. 1830; Cass., 8 août 1836; S. 36, I, 837; J. N. 9363; Sol., 24 sept. 1862.

(7) Villefranche, 14 août 1829; Dél. 23 avril 1830; J. N. 7147.
(8) Dél. 12 oct. 1827. Contra Lyon, 13 avril 1874, cité par Garnier, 17178.
(9) Rouen, 22 fév. 1866; R. P. 2286.
(10) Douai, 26 mai 1852; J. N. 14899.
(11) Dél. 5 juin 1816.
(12) Dél. 26 déc. 1830; J. N. 7327.

557. — Substitution. — Transcription. — Quand un legs est fait avec charge de conserver et de rendre, *supra* n° 407 et suiv., il est de nature à être transcrit en ce qui concerne les immeubles grevés de cette charge, et le droit de 1 fr. 50 c. par 100 fr. est perçu sur la valeur des immeubles grevés de restitution, lors de l'enregistrement du testament (1), à la condition toutefois qu'ils aient pu valablement y être soumis (2).

558. — Clause révocatoire. —

La clause de révocation de précédents testaments contenue dans un testament postérieur, constitue une disposition dépendante qui fait partie intégrante du testament; dès lors, elle n'est passible d'aucun droit particulier (3).

559. — Mention d'actes. — Comme conséquence du principe établi *supra* n° 500, il peut être fait dans les testaments la relation d'actes sous seings privés, sans qu'il en résulte l'obligation de les faire enregistrer (4).

(1) Sol., 22 avril 1836; Inst. 1518, § 14; Seine, 18 juin 1840, 2 juill. 1841, 15 nov. 1856; Cass., 28 nov. 1848, 25 avril 1849, 10 août 1852; J. N. 9510, 10407, 10800, 13555, 13735, 14153, 15905.

(2) Sol., 12 mai 1838.
(3) Dict. not., Reg. de test., 182; Roll. de Vill., *Ibid.*, 115.
(4) Décis. Min. Fin., 14 juin 1808; Inst. 390, § 16.

TABLE DES FORMULES

TABLE DES MATIÈRES

CHAPITRE TROISIÈME.

Du droit fiscal.

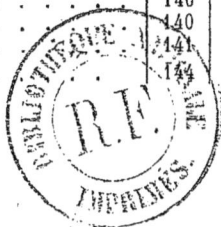

FIN.

Besançon. — Imprimerie Outhenin-Chalandre fils et Cⁱᵉ.

Du même Auteur

I. — TRAITÉ PRATIQUE ET FORMULAIRE GÉNÉRAL
DU NOTARIAT DE FRANCE ET D'ALGÉRIE
Suivant une méthode nouvelle, plaçant la Formule à côté de l'explication théorique

Divisé en quatre parties, comprenant : 1º La Législation spéciale au Notariat ; — 2º Le Droit civil expliqué selon l'ordre du Code civil ; — 3º Le Droit fiscal (enregistrement et hypothèques) ; — 4º Un Traité spécial sur la responsabilité des Notaires.

3º édition, 5º tirage (1879), 4 vol. grand in-8º. Prix : **35 fr.**, *franco ;* avec les 3 volumes du *Répertoire,* **49** fr.

II. — RÉPERTOIRE GÉNÉRAL PRATIQUE
DE NOTARIAT, DE DROIT CIVIL ET FISCAL ET DE FORMULES D'ACTES
RECUEIL PÉRIODIQUE
1º De Lois et Décrets, avec Commentaire ; 2º de Jugements, Arrêts, Solutions, Décisions, etc.; 3º et de Formules d'actes notariés

Faisant suite au *Traité-pratique et Formulaire général du Notariat*

Trois volumes in-8º, caractères compactes. Prix : 21 fr. (*franco*)

Ces trois volumes renferment : 1º Un Traité complet, avec la Jurisprudence jusqu'au 1er septembre 1876, des Lois fiscales de 1870, 1871, 1872, 1873, 1874 et 1875, complété par un Tableau des Droits fixes et une Table des matières ; — 2º La Législation et la Jurisprudence, suivant l'ordre du Traité-Formulaire, avec référence à cet ouvrage, depuis le 1er janvier 1867 jusqu'au 30 septembre 1876 ; — 3º Diverses Formules inédites d'actes notariés, notamment d'actes de créations d'obligations hypothécaires au porteur, et de ventes et hypothèques de navires.

Ils complètent le *Traité pratique et Formulaire général du Notariat* qui, à ce moyen, se trouve au courant de la Législation et de la Jurisprudence jusqu'au 1er septembre 1876.

Les quatre volumes du **Traité pratique et Formulaire général**, et les trois volumes du **Répertoire général**, pris ensemble, *franco*, **49** francs.

III. — TRAITÉ ET FORMULAIRE
DES SCELLÉS ET DE L'INVENTAIRE
Format portatif, fortes couvertures (1876). — Un vol. in-8º, prix : **6** fr. (franco).

Cet ouvrage est entièrement nouveau. Il contient 107 formules ; et le Traité en regard 617 numéros. Les inventaires se faisant à domicile, il est appelé à rendre de grands services, en ce qu'il offre, indépendamment des formules appropriées à tous les cas, le moyen de résoudre promptement les difficultés qui peuvent surgir pendant le cours de l'inventaire.

IV. — TRAITÉ-FORMULAIRE DU CONTRAT DE MARIAGE

Comprenant les matières du Traité-Formulaire général applicables aux contrats de mariage et aux Conventions y relatives, réunies en une forte brochure, format des dossiers. **Prix : 4 francs** (*franco*). — Nécessaire surtout pour les Contrats de mariage reçus à domicile.

V. — TRAITÉ PRATIQUE ET FORMULAIRE
DES LIQUIDATIONS ET PARTAGES
En vente : *LIVRE PREMIER.* — DES LIQUIDATIONS ET PARTAGES DES SUCCESSIONS ET SOCIÉTÉS.

Un vol. in-8º jésus, de 650 pages, à 2 colonnes (1878). Prix : **10** fr., *franco.*

Ce **premier livre,** formant un ouvrage distinct avec tables alphabétique et de concordance, comprend, dans un ordre méthodique qui en facilite l'étude : 1º Un Traité théorique et pratique, au courant de la Doctrine et de la Jurisprudence jusqu'en septembre 1878, des matières ci-après : — Titre entier des **Successions** et des Dispositions du code de procédure qui s'y rattachent ; — Titre des Donations et Testaments en ce qui concerne la **quotité disponible** ordinaire et entre époux amplement expliquée au point de vue pratique ; — Titre des **Sociétés civiles et commerciales** touchant leur formation et existence, — dissolution et partage. — 2º Un Traité de l'**enregistrement** relatif aux actes concernant l'ouverture et le partage des Successions. — 3º Et toutes les **Formules** possibles, au nombre de **93.** nécessitées par la dévolution des hérédités et les opérations de liquidation et partage, mises en concordance avec les matières du Notariat.

SOUS PRESSE, *pour paraître en décembre* 1879 :

DEUXIÈME LIVRE. — DES LIQUIDATIONS DE : COMMUNAUTÉS ; SOCIÉTÉS D'ACQUÊTS ; REPRISES APRÈS RENONCIATION ET SÉPARATION DE BIENS ; RESTITUTION DE DOTS, etc.

Un très-fort volume in-8º jésus, à 2 colonnes.

Besançon. — Imprimerie Outhenin-Chalandre fils et Cie.

www.ingramcontent.com/pod-product-compliance
Lightning Source LLC
Chambersburg PA
CBHW071854200326
41519CB00016B/4380